U0629353

走向创新强国

——世界主要国家的创新发展之路

主　编　宋　敏　张燕生

副主编　李旭超　罗　知

本书是国家社科基金重大项目"新形势下全球创新网络演化及风险治理研究"（20&ZD072）的阶段性成果

科　学　出　版　社

北　京

内 容 简 介

作为全球最大的发展中国家，中国在支持创新方面采取了独特而务实的政策方法，同时也广泛借鉴发达国家的经验。然而，不同国家的创新环境和阶段性需求各有不同，直接照搬他国模式没有必然适用性。本书将通过系统回顾主要国家不同历史阶段的创新政策，探寻其内在演化规律，并结合我国自身条件进行深入剖析，以期为我国制定切实可行的长期创新战略提供参考。

本书内容系统全面，从政策制定、科技投入、技术转化、人才培养等各个环节分析不同国家的做法，对比揭示其优劣势和适应方面。本书读者群体广泛，既可为决策者和学术界服务，也可为各行业企业提供借鉴，促进我国创新体系的完善与产业升级。

图书在版编目（CIP）数据

走向创新强国：世界主要国家的创新发展之路 / 宋敏，张燕生主编. —北京：科学出版社，2025.1

ISBN 978-7-03-078283-0

Ⅰ. ①走… Ⅱ. ①宋… ②张… Ⅲ. ①世界经济－研究 Ⅳ. ①F11

中国国家版本馆 CIP 数据核字（2024）第 060257 号

责任编辑：陶 璇 / 责任校对：王晓茜
责任印制：张 伟 / 封面设计：有道设计

科 学 出 版 社 出版
北京东黄城根北街 16 号
邮政编码：100717
http://www.sciencep.com
北京富资园科技发展有限公司印刷
科学出版社发行 各地新华书店经销

*

2025 年 1 月第 一 版 开本：720 × 1000 1/16
2025 年 1 月第一次印刷 印张：15
字数：300 000

定价：168.00 元

（如有印装质量问题，我社负责调换）

前　　言

本书经过写作小组数年的探索与研究，终于完稿并与读者见面了！

2018 年上半年，时任国家发展和改革委员会学术委员会秘书长张燕生教授来武汉与我及华中科技大学经济学院张建华院长商议启动一项关于国家科技战略的重大研究课题。武汉大学团队负责研究及编著全球主要创新大国的创新历程，而华中科技大学团队负责研究我国关键核心技术及产业发展现状。经过多次深入研讨，数易其稿，武汉大学团队终于完成了本书的编著。在本书的编写过程中，本人及团队受益于张燕生教授对全球科技发展过程的深刻理解及对课题组的悉心指导。在此我表示衷心的感谢！同时也十分感谢团队所有成员，特别是罗知教授与李旭超副教授的杰出贡献！司海涛、赵婧、卢洁宜、郭慧宇、张学人、刘华珂、郭一帆等同学也为本书的校对工作付出很多努力，一并感谢。感谢国家社科基金重大项目（20&ZD072）和国家自然科学基金面上项目（72273097）的支持。

本书的写作过程是伴随着中美贸易争端进行的。时任美国总统特朗普在 2018 年上任伊始便提高了对中国出口美国商品的关税及对中国高科技企业采取遏制战略。课题组及时认识到中美贸易争端的关键是两国对关键核心技术及未来产业制高点的抢占。中国对关键核心技术或美国遏制中国的所谓"卡脖子"技术的突破是中国保持和提高国际竞争力的关键。基于此，有必要对世界主要创新国家的创新历程，不同阶段各国的科技竞争及科技领先地位的更替，做出较为全面及深入的分析和总结，以启示我国的科技创新探索。正所谓"他山之石，可以攻玉"。

本书的特点是从科技创新发展历程的视角研究全球主要创新国家从第一次工业革命以来的科技创新变迁。本书重点关注各国创新历程中政府的作用。本书的基本结论是政府在创新过程中具有不可替代的重要作用。一个重要事实是，不论是在老牌的发达国家如英法德美，还是在后起的东亚诸国，政府在推动国家追赶领先国家的过程中都起了关键的作用。不同国家在推动国家创新体系的建设中都积极地运用了法律、监管、财政金融及社会政策等工具。值得注意的是，英国、日本、韩国等国家，都采用了中长期的科学技术规划以指导该国科技及产业的发展。另外，中日韩在追赶西方发达国家的过程中都积极地采取了针对性的产业政策。当然，在不同的发展阶段，各国也采取了差异性的政策与法规来推动科技及产业的创新。具体细节留待读者自己发现。

总之，本书从历史的视角考察了全球主要创新国家的创新历程，总结分析了各创新大国在创新历程中的经验与教训。虽然本书未就政府与市场在创新中的作用进行更深入的学术探讨，但是本书所提供的基本事实和基本结论还是具有一定价值的。

最后，本人代表团队向科学出版社的同仁在本书的出版过程中的辛勤付出致以深深的感谢！

宋　敏

2023 年夏于武汉珞珈山

目　　录

第一章 科技领先者：美国的创新体系

李旭超　赵　婧[①]

第一节 美国的创新发展现状

美国毫无疑问是当今世界舞台上的科技明星，其自 20 世纪第二次世界大战以来建立起的创新体系呈现诸多鲜明的特点，本节从历史趋势、跨国对比、研发分类等角度对美国科学研究与试验发展（research and development，R&D）支出的历史概况做一个数据刻画。

美国国家科学和工程统计中心的数据显示，2021 年美国 R&D 规模初步结果为 7160 亿美元。相比 2009 年（4550 亿美元）这一受到全球金融危机影响而形成低谷的年份，美国 R&D 规模从 2012 年开始一路攀升，如图 1-1 所示。

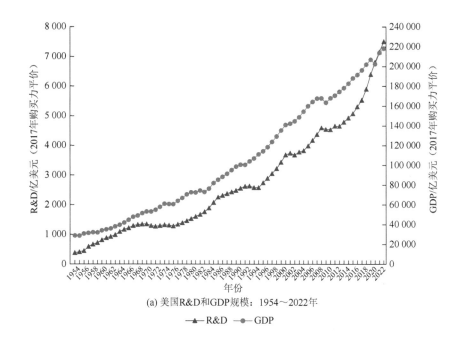

(a) 美国R&D和GDP规模：1954～2022年

━▲━ R&D　━●━ GDP

---

① 李旭超系武汉大学经济与管理学院副教授，赵婧系武汉大学经济与管理学院博士研究生。

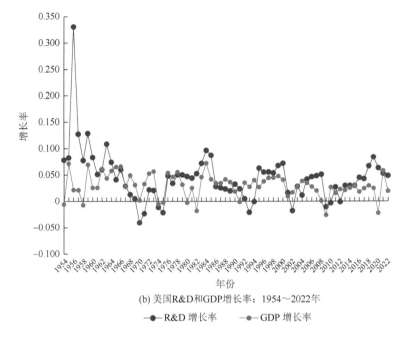

(b) 美国R&D和GDP增长率：1954~2022年

—●— R&D 增长率   —●— GDP 增长率

图 1-1   美国 R&D 和 GDP 规模和增长率：1954~2022 年

资料来源：美国国家科学和工程统计中心（National Center for Science and Engineering Statistics，NCSES）

从历史趋势上看，无论是规模还是增长率，美国 R&D 与 GDP 保持着较好的一致性，同样经历了 20 世纪 70 年代"滞胀"时期的低迷和 20 世纪末期高新技术产业发展带来的飞速提升阶段。美国 GDP 和 R&D 相继在 2009 年和 2010 年到达低谷，而 2009~2015 年期间美国 R&D 平均增长率只有 1.5%，低于 GDP 1.7%的增长率。相比之下，1998~2008 年 R&D 的平均增长率则高达 3.8%，这反映了金融危机带来的深刻影响。当我们只考虑 2011~2015 年的数据，R&D 增长率则回升至 2.3%并超过了 GDP 平均增长率的 2.2%。近几年美国 GDP 和 R&D 的稳步上升体现了全球经济的回暖，但自 2018 年以来中美两个大国之间的贸易摩擦不断升级，2020 年初暴发新冠疫情以来，世界经济不确定性增加，由贸易延伸至金融、产业等各个领域，其中也包括科技创新。美国 R&D 增长率在 2019 年达到高点（8.4%）后显著下降，2021 年 R&D 增长率仅为 4.8%。

经济合作与发展组织（Organization for Economic Co-operation and Development，OECD）提供的数据为从全球视角考察美国 R&D 提供了可视化途径。全球 R&D 的分布集中在几个区域，包括北美（美国、加拿大、墨西哥）、欧洲（欧盟、英国）、亚洲（中国、日本、韩国、印度）及其他区域。单看排名靠前的几个国家或地区可以发现，美国始终是全球最大的研发者，中国的 R&D 规模在 2014 年超过欧盟，仅次于美国，居于世界第 2 位，2021 年 R&D 规模达到 5626 亿美元；日本和德国分列第 4、第 5 位，韩国、英国和法国紧随其后（图 1-2）。

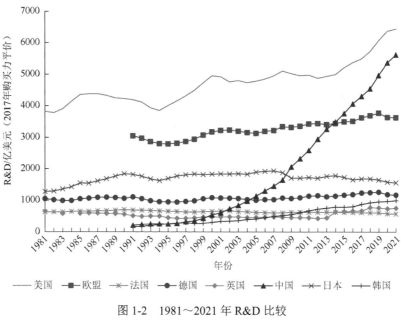

图 1-2　1981～2021 年 R&D 比较

资料来源：经济合作与发展组织

全球研发总额在 2000～2021 年增长了 1.937 万亿美元（现价），其中美国贡献了 28%（5383 亿美元）的增长，此外有 22% 来源于中国，13% 来源于欧盟。如图 1-3 所示，美国 R&D 占 GDP 比例在 1994 年达到 2.32% 的低谷后，于 2009 年上升至 2.8% 的历史高位，2010～2015 年一直徘徊在 2.7% 至 2.8% 之间，2016 年达到 2.85%，并在随后几年不断上升。2015 年美国这项指标的排名为世界第 11 位。美国排名的下跌反映了其他经济体研发结构的改变：欧盟整体的研发占 GDP 比值自 2000 年的 1.7% 上升至 2021 年的将近 2.2%，原因是其成员国德国和法国的研发力度加大。亚洲主要研发力量显示出同样的趋势，日本的同期研发占比从 2.9% 升至 3.3%，而在研发实力排名靠前的几个国家中，增长最快的两个国家也在亚洲，他们分别是中国和韩国。中国研发占比从 2000 年的 0.9% 猛增至 2021 年的 2.43%，并且其体量与美国接近，预示着尚有提升空间。韩国在 2000～2021 年研发占比则从 2.2% 升至 4.9%。

人们对知识创造、应用发明和实际创新的过程一般遵循这样一种模式：首先是基础研究，其次是应用研究，最后是实验发展。基于这种分类模式和已有数据，可对美国研发状况作一个大致的描绘（图 1-4）。

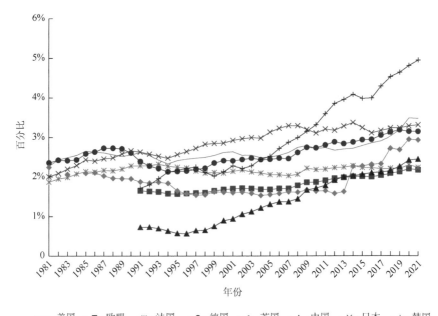

图 1-3　1981～2021 年 R&D 占 GDP 比重比较

资料来源：经济合作与发展组织

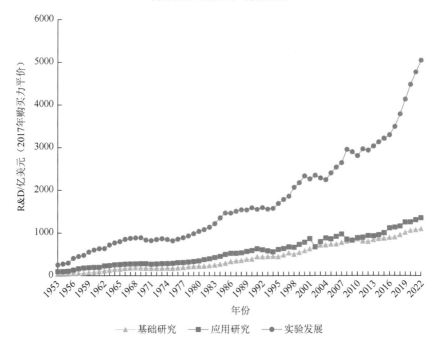

图 1-4　1953～2022 年按研发类型分类的 R&D

资料来源：美国国家科学和工程统计中心

2021 年，美国基础研究支出初步结果达到了 1076 亿美元，占总研发开支的 15%。根据美国国家科学基金会《科学与工程指标》报告提供的数据，其中近一半（45.5%）的基础研究支出由高等教育机构执行，商业组织则以 371 亿美元（34.4%）的执行额位居第 2，联邦政府［包括机构内部实验室和联邦资助研究与发展中心（Federally Funded Research and Development Center，FFRDC）］与其他非营利机构则执行了剩余的 20.1%；从资助来源看，联邦政府仍然是基础研究的主要资助者，资助额占比 40%，商业组织也提供了 36% 的经费来源，高等院校、非营利组织和其他机构共资助了 24% 的基础研究支出。

同年，美国应用研究支出达到 1307 亿美元，在研发总开支中的占比与基础研究相似（18%），其执行组成中，商业组织是首要执行者，62% 的应用研究支出由其展开，高等教育机构（16.3%）、联邦政府（14.8%）和非营利组织（6.9%）完成剩余部分；在经费来源上，商业组织资助了 60.3% 的应用研究支出，联邦政府紧随其后占比 29.3%，剩余的 10.4% 由高等教育机构和非营利组织提供。

商业组织在实验发展上仍然保持着绝对的统治地位，其在占研发总支出66.7% 的实验发展活动中担任着第一执行者和资助者的双重身份。2021 年，91%的实验发展工作由商业组织执行，这一部分经费的 84% 都是由其自身提供，从整个实验发展的资助来看，商业组织更是提供了 87.6% 的资金。相比之下，其他主体的作用显得微乎其微了。

美国 R&D 按这三种分类划分的组成自 21 世纪以来并没有很大的变化，基础研究和应用研究各占据了 20% 左右，其中基础研究从 20 世纪 50 年代的 10%逐渐上升至 20%，体现出其日益受到重视；实验发展则保持着 60%～70% 的份额。美国国家科学与工程统计中心在对美国 R&D 的系列追踪中，将研发主体划分为联邦政府、非联邦政府（主要是州政府）、商业组织、高等教育机构和其他非营利组织（图 1-5）。

自 20 世纪 50 年代起，商业组织至今一直是研发经费的首要执行主体，在1953～2021 年，其占 R&D 执行的比例维持在 65%～80% 的高水平，使得商业组织的执行部分与研发总支出的升降趋势几乎吻合，2009～2010 年受到金融危机冲击的商业研发萎缩很快在总 R&D 上体现出来。相比之下，其他执行主体的地位显得微不足道。高等教育机构目前是规模上仅次于商业组织的执行者，但也仅占了不到 15% 的份额。然而，高等院校在美国整个研发体系中发挥的作用不容忽视，根据国家科学和工程统计中心提供的数据，近乎一半的基础研究由大学和学院展开，产出的不仅是基础性科研成果，还为美国研发系统不断培养和输送研究型人才。高等教育机构的重要性愈加受到重视，其执行的研发支出占比从 20 世纪 50 年代的5% 稳步提升至 2010 年的 14%，并在随后几年稳定在 10%～14% 的水平，其在诸如 20 世纪 70 年代石油危机、2001 年"9·11"事件、2008 年金融危机等基本面遭

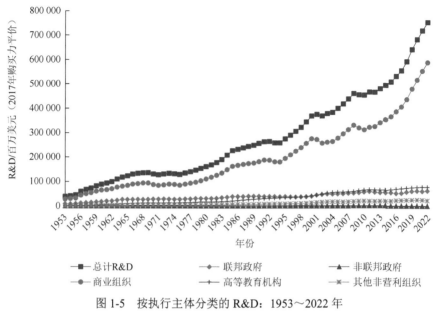

图 1-5　按执行主体分类的 R&D：1953～2022 年

资料来源：美国国家科学和工程统计中心

受冲击的背景下仍旧表现出稳定的规模和比例增长。另一个重要主体是联邦政府，其执行的研发支出占比在 21 世纪初才被高等院校超过，并在近年来呈不断下降的趋势，2021 年的最新占比只有 8.2%。虽然联邦政府中政府机构和 FFRDC 占比较为薄弱，但仅就规模来看，其在 2021 年 605 亿美元的 R&D 已超过除中国、日本、德国、韩国和法国以外的任何一个国家或地区。最后剩余的部分由非营利组织承担，其执行了 3.4% 左右的研发活动，2001～2021 年几乎没有显著的变化。

　　在国际上，商业组织同样是大多数国家的研发主要执行者。根据美国国家科学基金会《2024 年科学与工程指标》报告提供的数据，在东亚地区，如中国、日本和韩国，2021 年国内商业组织执行的研发支出至少占 75%，占据所有研发主体中的主导地位，而在欧洲国家，如研发实力较强的德国、英国、法国，国内商业组织执行的研发支出占比也接近 60%。

第二节　美国的创新之路

一、第一次工业革命时期：起步阶段

　　第一次工业革命时期的美国，和法国进程类似，在 18 世纪 70 年代开始对工业革命的成果加速吸收，这段时期的美国技术创新与机械化起源地英国的技术变革一样，前期呈现出几个相似的特点。

第一，技术创新以兴趣驱动为主转向由生产力驱动，但技术的进步仍属于渐进式的发展，其灵感主要来源于工匠技能的不断积累和生产经验的总结与改进。

第二，科学理论并没有直接作为技术创新的理论指导。现代创新成果产出一般遵循基础研究—应用研究—实验开发的研究范式，即科学理论研究是最终技术成果的必要支撑，然而早期的工业技术革新并没有看到二者之间的明显联系。哪怕到了 20 世纪，美国的技术创新从现存技术知识中吸取的营养成分也并不亚于从"科学"中吸取的，甚至在某些特殊情况下，技术创新比那些可以对其性能或构思做出解释的科学理论出现得还要早。这意味着早期的技术创新并不完全来自系统的科学研究，其中相当一部分甚至超前于完整的理论构建，这要归功于位居生产前线的工匠群体对生产改进的经验积累和总结。

虽然美国的高等教育始于 17 世纪，但直到 18 世纪仍然致力于古典文学和神学；独立战争时期，美国开始走向工业化技术人才需求猛增的道路，在此之前美国的科学活动主要集中在对自然环境及资源的描述和分类上，成立了一些松散的科学团体，实际上并未跟上机械化的技术潮流。这些因素共同导致了自然科学领域的基础研究在当时的社会视野中不够亮眼，更无力支撑起技术变革的迅猛发展，这在已经到来的追求动力革新的机械化时代中显然比不上更为实际的工艺和技术，技术创新更多来源于工匠自身的经验摸索和总结。

二、第二次工业革命时期：赶超阶段

（一）科学理论的支撑

19 世纪中期，以美国、德国为首的西方国家在接受了蒸汽时代的动力升级后，掀起了第二次工业革命，人类由此进入了"电气时代"；与之前不同的是，第二次工业革命时期的技术创新更为明显地建立在科学的基础上。

19 世纪常被誉为科学的世纪，经典科学的各个门类相继趋于成熟，逐步建立起了庞大而严密的自然科学体系。物理学、生物学等学科理论得到更新和总结，同时涌现出一批新的细分学科，如电磁学、热力学、化学等，并在此基础上衍生出具有实际用途的科技新发明。法拉第发现的电磁感应现象及后续总结出的电磁理论成为后续电动机、发电机、电报、电话等发明的理论基础，也凸显出了第二次工业革命典型的电气化特征；英国人斯特里特提出燃料与空气进行混合并燃烧以获取动力的概念，为 19 世纪中叶内燃机的发明及其改进提供了基本原理；元素周期表、气体化合体积定律、燃烧氧化学说、元素分析法、有机及无机化学等化学理论，支撑了化学工业的建立；物种起源和生物进化论打破了神创论的思想，进一步巩固了生物遗传学的发展。

相比于蒸汽机革命，第二次工业革命进一步凸显了科学、技术、产业之间的重要互动关系，知识创造、技术发明、技术商业化形成了较为完整的链条。在世界工业化进程中，呈现出这样一种规律：那些孕育或者吸收他国先进科学理论知识及技术创新的国家，往往在成果迅速商业化后得到了经济实力的增强；反之，则落后于时代潮流。美国凭借电力技术发明及广泛商业化，实现了工业重组和经济腾飞，1894 年，美国的工业总产值便跃居世界首位，占世界工业总产值的 1/3。

在第二次工业革命中，技术发明不再单纯依靠个人兴趣，或是小作坊内为数不多的技术革新，而是直接受规模化的工业生产的牵引。19 世纪后期美国日益壮大的垄断资本主义成为技术发明产业化的重要力量，这是一种将技术发明与工业生产、市场化关联起来的新的科技创新模式。许多技术发明家在研制新技术之前，便预测到技术的可能应用及潜在利益，并在新技术研制成功之后，通过各种途径将其商业化及规模化。例如，美国电话之父贝尔于 1877 年创办贝尔电话公司；美国莱特兄弟 1903 年制造出第一架飞机，1908～1909 年创办莱特飞机公司，使得人类的技术发明及成果转化自 19 世纪以来达到了崭新的高度。

（二）技术创新的集中爆发

尽管近代科学在 19 世纪取得了前所未有的诸多突破，西欧国家在诸如化学、物理、热力学等方面的研究成果稍微掩盖了美洲大陆的光芒，但不容置疑的是，20 世纪的美国所发生的技术创新让人眼花缭乱，由此带动美国继续保持自 19 世纪末以来所建立的工业强国地位，其中最具代表性的技术领域主要有三个，即内燃机、电力和化学，它们具有相同的特点，都是整个产业链最基础也最核心的部件。得力于它们的技术突破，整个配套产业焕然一新，任何一个哪怕看似微小的改进都可能积累成最终产品的巨大完善。

内燃机和化学领域的技术发展和广泛应用在美国最先得到了充分的体现，这是源于这个国家独有的地质结构和资源禀赋。20 世纪初，美国广袤的土地和多样的地形使得货物运输和人们的长途旅行必须跨越地理上的“鸿沟”，即不仅对运输方式的承载能力和安全性做出要求，还需要造价上的足够低廉来满足美国人口日益增长带来的市场需求和生产商的成本底线。这些独特的运输方式在 19～20 世纪的美国孕育形成，包括铁路运输、汽车和飞机工业，它们的发展和壮大受到美国资源禀赋等地理特征的明显影响。20 世纪的美国在运输动力上的选择范围已然和如今没有多大区别，包括电力和外燃机（主要是蒸汽）与内燃机（包括汽油和新发明的柴油）等，其中内燃机逐渐占据了美国市场，渗透于铁路、公路和航空等动力需求领域。这三种动力装置都有一套改进的填料方式，对于燃料的使用较发明之初得到了显著的提升，虽然在能源利用率上存在一定差距，使得内燃机驱动的运输工具在航程上稍有优势，但市场上显示出的价格差异却十分明显，由于国内石油资源的勘探及开采，使用石油燃料的内燃机相比于煤炭驱动的蒸汽机车在燃料成本上要低廉得多，同样的成本优势也发生在与电力的比较上。虽然后续使用柴油的内燃机造价昂贵，但内燃机的填料方式带来的便捷性以及后续较少的维修费用使得美国市场逐渐被内燃机所占据。借助燃料资源的天然优势和在此基础上发展的内燃机动力推动，美国的汽车、轮船、飞机工业也纷纷迅速发展，迎合人口众多而又在地理上较为分散的美国民众的需求。

在这些领域，虽然资源起到了根本的支持，但也不能忽略技术创新的作用。如 20 世纪初汽车工业的技术创新，其中最具代表性的是福特公司。20 世纪 20 年代福特在汽车制造数量上获得了显著增长，福特在制造方法上大做文章，以一种近乎革新的改变创造出一条极为"精密"的生产流水线，这条生产线以传送带运送半成品，并由特定细分流程的工人完成整条生产链的工作，使得不熟练工人也能通过简单的操作最终组装成熟练工人才能完成的产品。此外，由于大量高精度标准互换零部件的生产，在特定的操作完成后减少了调试等后续校准所花费的时间，从而在一定程度上降低了额外的生产成本。总而言之，这部庞大的生产机器由诸多精密的零件组成，使得高昂的造价在高效的生产下变得不那么显眼。事实上，尽管福特的生产组织具有高固定成本，但随着生产规模的扩大，单位成本得到大幅下降。这种流水线生产模式被后世的其他产业借鉴，诸如收音机、手机等电子消费品的生产装配线，它们的成长路径与汽车发展具有相似性，并且都受到了国内外广大市场的需求刺激，汽车在美国而不是欧洲各国的迅猛发展（包括生产方式的革新）就是这方面的鲜明体现。

上述对于内燃机技术及以其为动力的工业的讨论，也从侧面反映了化学工业在 20 世纪初期受到的巨大需求刺激，因为从石油资源的开采到汽油、柴油等的提炼是化工从业人员需要考虑的事情，由此便展开了对于石化产品的一系列研究和产业化。第二次世界大战之前，美国还称不上科学技术上的领导者，在化学工业上更是如此，美国一直在引进学习 19 世纪后半期德国在有机合成染料领域的领先技术。然而，20 世纪前 20 年里，美国汽车、航空工业对于内燃机的广泛应用大大促进了对于石油产品的需求，这促使美国石油化工产业迅速发展，在化学基础研究领域，诺贝尔奖得主在 1940 年后从德籍为主变为美籍为主。美国化学技术的进步虽然得到了德国在有机合成领域的经验铺垫，但也受益于庞大的国内市场和丰富的资源储备。市场规模为资本投入提供了大规模生产的盈利空间，资源禀赋则带来了较低的生产成本和良好的市场前景，这两个因素共同促进了美国的技术进步和产业化。

三、第二次世界大战时期：对科学和创新的再认识

（一）重视科学与创新

1. 联邦政府支出暴涨

第二次世界大战的爆发以及之后美国的参战改变了前述联邦政府在创新体系中的地位，最直观的体现是联邦政府在研发项目的投入大幅增加了。卷入战争意味着军事力量的竞争，究其根源是科研实力的较量，联邦政府投入到科研上的资金从 1940 年的 0.832 亿美元暴增至 1945 年的 13.136 亿美元，这种迅猛增长的主要来源之一是国防部（Department of Defense，DOD），同时期其 R&D 从 0.296 亿美元增加至 4.236 亿美元（以 1930 年美元价格计算）。

2. "大科学"（big science）的先驱

"大科学"一词源于美国著名科学家德里克·普赖斯 1963 年出版的《小科学，大科学》一书，指规模庞大、投入巨大、结构复杂、功能综合、横跨多学科、需要国家集中动员、协调各种社会资源才能得以运行的科学（赵晓敏，2017）。联邦政府在战争期间投资的大规模科研活动给接下来的美国创新体系建立了重要范式，遗留下的设施和成果深刻影响了接下来几十年美国的科技与生活。

"曼哈顿计划"可以说几乎是战争的直接产物，也是联邦政府在创新体系中扮演重要角色的典型范例。从 1942 年开始，历时 3 年的"曼哈顿计划"耗资近 20 亿美元，其研究经费曾远超国防部的费用，但它的成果也是毋庸置疑的，开创了一种科研设施政府所有、科研人员集体参与的大型科研创新模式，以洛斯阿拉莫斯国家实验室为典型的国家实验室在战时的创新体系中起到了举足轻重的作用。"曼哈顿计划"聚集的科学家数量之多前所未有，以英美为核心的各国科学家在一同工作，其中不乏爱因斯坦、费米、波尔、费曼、冯诺依曼、奥本海默、吴健雄这些杰出的科学家，他们的科研领域涉及从基础物理到加工制造的各个领域，这些因素共同加速了"曼哈顿计划"的进程。从 1942 年正式立项开始，当年年末芝加哥大学就成功建成全世界首个实验型原子反应堆，并进行可控链式反应。次年，被誉为"原子弹之父"的科学家奥本海默受任在洛斯阿拉莫斯国家实验室开始从事制造原子弹的工作。1944 年，同为三大武器国家实验室之一的橡树岭实验室生产出第一批浓缩铀 235。距离计划开始仅 3 年后，世界上第一颗原子弹在美国新墨西哥州的一片沙漠成功引爆，紧接着美国在日本广岛和长崎投放的两颗原子弹加速了第二次世界大战的结束。

3. 科学研究与发展办公室的地位

科学研究与发展办公室（Office of Scientific Research and Development，OSRD）由国防研究委员会改组而来，其成立受到日本偷袭珍珠港的直接影响，因为研究咨询机构这一定位不再能满足战事的迫切需求，因而该局直接对总统负责，享受政府拨款并可充分使用政府部门的实验室和设备，此外还能与政府、大学和工业界等科研机构签订合同以推进科学研究。OSRD 被赋予的广泛权力主要用于应对德国高技术战争的严峻形势，其目标是集合一切资源（资金、设备和人才）以提升军事力量。

虽然这种科研活动的联合行动早已有之，但如此大规模的组织管理实属罕见，其高效运行背后离不开万尼瓦尔·布什的领导和组织方式。

OSRD 的早期投资额并不大，但正如前文提到的，其在制度创新上小有成就，将政府、大学和工业界的科研力量紧密结合在一起并使其高效运作，合同制便是这种协调机制的核心。OSRD 延续了国防研究委员会（National Defense Research Committee，NDRC）制定的合同制的工作方式，即与工业界和大学的科研单位或个人签订合同，由他们提交任何能直接服务于战争的研究项目申请，合同签订成功后由 OSRD 拨付经费。NDRC 成立初期即对全国学术单位的科研情况做了调查，这份清单使得 OSRD 在划分经费时能够游刃有余，以较小的投资额完成对大量研究领域的资助，这种高效的工作开展方式使得 OSRD 成为全国科研资源的动员中心，做到人尽其才、知人善用。

OSRD 的另一特点在于权力的分配。OSRD 虽然打着集中战时资源的旗号，但其实行的却是分权制，将权力下放到各个细分领域的处长手上，由这些专门从事该领域的科学家自行决定内部设计和工作开展，征用得力且熟悉的助手以加速项目的进行；此外，OSRD 还在 NDRC 的基础上将原本五个大类重新划分为 19 个处，使得各个领域的带头人更能专心于工作。总之，这种层层架构的分权制不仅给予了科学家足够的学术自由和激励，还精简了工作领域划分从而加速成果研发，极大地促进了美国战时军事水平的提升。

4. 支持非公共部门研究

第二次世界大战期间与私人部门的成功合作促进了战后研究与开发体系的发展，这种体系极大地依赖联邦政府对政府外研究与开发项目的资金支持。1940 年，联邦政府对研究与开发的投资大量被用来支持公共部门从事的研究项目，要么由联邦行政官员投资于国家标准计量局、农业局、公共卫生服务组织等研究项目，要么由联邦政府捐助成立州立机构，如农业试验站。相对而言，战后时期，联邦政府在研究与开发上的投资大部分都用以支持非政府组织从事的研究项目。此外,联邦政府对大学研究资助的显著增长,促使大学中大型基础研究中心建立。联邦政府对工业领域的研究与开发项目的投资,连同大型联邦采购合同,对战后时期一系列高新科技产业的出现产生了深远的影响。

5. 重视科学与大学

在第二次世界大战后 20 多年的研究与开发体系中,联邦政府对研发的投入占研发总投入的 1/2～2/3,其他大部分则来自私人部门(工业组织)。在这期间,大学作为基础研究项目的承担者的重要性增加。1953 年,所有基础研究中大学承担的项目仅占 1/4,FFRDC 在大学的基础研究项目的投资中也不足 1/3。但到了 2007 年,大学承担了美国 58% 的基础研究项目。

从以上可以看出,直到第二次世界大战,联邦政府在大学研究中的重要作用才真正地显现出来。实际上,赢得战争需要科学支持,于是华盛顿向大学提供了大量研究资助和合同,正如我们所见,在大学任职的科学家在战争中发挥了关键作用。大学在第二次世界大战中的突出表现,有力地表明大学对于国家安全以及先进的研究在保持国家领先于潜在对手方面的重要性。于是,到 20 世纪中叶,一种长期的关系形成了:政府提供源源不断的经费,持续地支持国家一流大学的研究。虽然大多数美国大学最初的建立并不以研究为目的,但一系列事件的发展使研究成为许多大学的主要功能,特别是规模较大的大学。

6. 科学:永无止境的领域

联邦政府在战后对于研究与开发支出的规模和结构的转变也受到了万尼瓦尔·布什的影响。布什作为战争期间研究与开发政策的监督者,在 1945 年提出了著名的关于战后联邦科学政策的报告,即《科学:永无止境的领域》(*Science: The Endless Frontier*)。布什预估到了后来经济学家所分析的事情。他论证说,基础研究是经济增长的最终源泉,并提倡建立独立的联邦管理机构,以负责所有国防和非国防领域(包括卫生保健在内)的基础研究投资。布什提倡基础军事研究的发展方向是民用研究,这是他对战争经验的总结,正如他极力建议由他领导的"国家研究基金会"把工作重心放在对外部研究,特别是国家大学机构内研究的资金支持上。由于布什拒绝国会对其建议成立的机构进行监管,加上战后国内政策的复杂性,布什的建议被束之高阁。尽管如此,布什 1945 年的报告毫无疑问推动继任者杜鲁门总统在 1950 年签署法案,即成立美国国家科学基金会,其主要任务是在和平年代推动基础和应用研究,同时实施科学培训和教育计划。布什曾在报告中提议,政府对研究的支持应面向推动三个领域的进步:国家安全、国民健康和经济发展。至此，美国科学政策一直聚集在这三个领域，《科学：永无止境的领域》也经常被称为"美国现代科学政策的基础"。

（二）第二次世界大战后的自满、危机和契机

1. 第二次世界大战后的自满和危机

第二次世界大战刚结束后的一段时间，美国对推进科学进步和发展新技术颇为自满，就连强烈依赖技术的军方对科学的兴趣也降低许多。战后继任的杜鲁门总统大幅削减了军费开支，美国国防开支从 1945 年 815 亿美元锐减至 1947 年的 131 亿美元，联邦政府的研发投资中国防开支的比重在 20 世纪 50 年代初呈现出下降趋势。然而，美国的这个倦怠期是短暂的。1957 年 10 月，苏联成功发射斯普特尼克 1 号，制造了一种几近疯狂的氛围，而英国曼彻斯特卫报直截了当地指出"俄国的弹道导弹如今能够打在世界的任何一个角落"。这让美国备感压力，并由此重新部署，更加注重科学和工程教育。

在第二次世界大战结束到 1985 年间，美国与苏联陷入敌对状态。两个超级大国在外交问题上展现出博弈性的争斗，二者之间的紧张程度不断升级，但都没有发生直接的军事冲突。冷战采取了以能力竞争造成对方最大伤害的形式，这主要是基于技术能力的竞赛。斯普特尼克的发射，隐约浮现出冷战中的双方力量的不平衡可能导致的灾难性后果。这种日益紧张的实力较量逼迫两个国家都倾其所有投入到科学技术的激烈竞争中。

2. 斯普特尼克：危机？契机？

如今，一些公众人士已然表示出对于科学发展前景的担忧，经济全球化背景下科学技术的力量日益凸显，美国如果要在新的环境下保持住自身的领先地位就必须强化第二次世界大战以来政府对于科学的资助。奥巴马总统曾在 2011 年的国情咨文中提到斯普特尼克发射的意义，并且呼吁抓住时下的斯普特尼克契机，支持发展教育，加大科研投入。的确，比起美国历史上任何一个事件，斯普特尼克危机更使美国民众和政策制定者认识到政府创立支持科学与教育的政策的重要性，目的是保持美国在科学、技术和军事方面领先于世界其他国家的地位。

1958 年是美国科学政策历史的一个关键时点。这一年美国采取的一系列措施成为后来半个多世纪国家科学政策的基础，这一切很显然受到斯普特尼克的直接推动。"斯普特尼克"发射后的两个月内，艾森豪威尔总统即任命麻省理工学院（Massachusetts Institute of Technology，MIT）校长 J. 基利安为第一任总统科学与技术特别助理，领导新成立的总统科学顾问委员会（President's Science Advisory

Council，PSAC），将总统的行政命令和科学连接起来，提高政府决策的科学性和对于科学的关注度。PSAC 的建立标志着科学成为政府决策的重要考虑因素。斯普特尼克的发射也推动了 1958 年"太空法案"的通过，该法案在美国国家航空咨询委员会的基础上创制了美国航天航空局（National Aeronautics and Space Administration，NASA）。NASA 的主要职责是负责制定和实施太空计划，同时对航空航天学进行研究。NASA 的成立更像是应对斯普特尼克发射而形成的直接产物，因为其构成上整合了美国国家航空咨询委员会的数个研究中心以及陆军、海军的一些研究单位，缓解了长期以来海陆空三军在太空问题上的纠纷，在一定程度上加快了太空计划的推进。同年，国会还通过了《国防教育法案》，将教育和国防的关系明确下来，从教育侧重点、经费规模、奖励机制和师范教育等方面加强了高等教育的规模和质量，以满足国防安全的需要。这一法案的通过不仅是对斯普特尼克发射的反应，从此更将美国教育置于国家战略发展的重要地位，并产生深远的影响（郑宏，2011）。另外，艾森豪威尔总统还于 1958 年在国防部建立了高级研究计划署（Advanced Research Projects Agency，ARPA）。ARPA 的主要职责是防止出现像斯普特尼克这样出乎意料的技术突破，产生具有巨大技术回报潜力的高创新性、高风险的新技术。

紧随着斯普特尼克的发射，美国对已有科学机构的资助也大幅增加。1959 年，国会给国家科学基金会的拨款从上一年的 0.34 亿美元增加至 1.34 亿美元。这种爆炸式的增长是整个后斯普特尼克时代的特征。国家科学基金会预算从第一个全年（1952 年）的仅仅 350 万美元增长至 1968 年的 5 亿美元。同时，更多的措施和政策强化了大学和联邦实验室的地位，这一体系最终带来了无可匹及的科学发展。也许建筑这个体系的第一块基石是斯普特尼克危机发生 12 年前的那份报告：布什起草的《科学：永无止境的领域》，正是它成为现代美国科学政策的基础，推动了杜鲁门总统签署成立国家科学基金会的法案。

从 1957 年到 1968 年，美国开始了一段科学技术发展的黄金时期。1958 年，美国成功发射了人造地球卫星；1961 年肯尼迪总统提出阿波罗登月计划，8 年后美国宇航员成功登上月球，阿波罗登月计划激励了美国一代年轻人投身于科学技术事业，这一阶段涌现出许多优秀的科学家和工程师：1960 年美国培养出 6000 名科学和工程学博士，到 1971 年已经超过 1.8 万名（樊春良，2007）。许多对今天社会经济发展产生广泛影响的科学技术都是那个时期发明的，如激光。美国的科学技术系统不仅发明出核武器和洲际导弹，还发明了喷气式飞机、计算机，以及创造了很多医学奇迹。美国开始成为现代高技术的策源地。

在第二次世界大战末期以及应对斯普特尼克发射时期而完成的各项建设，奠定了如今美国科学运行的基本结构。一系列重大的政策决定使大学成为促进科学发展的主要载体。自此，政府资助的基础研究得以开展，为支撑国家安全和满足其他需要而促进科学发展创立了联邦实验室体系，激励一代年轻人投身于科学和工程学业。

四、第三次科技革命至今：领先阶段

（一）科技的繁荣

随着第二次世界大战之后和冷战前期政府对科学技术发展的支持，科学事业出现繁荣，这不得不归功于 20 世纪初以来科学领域的诸多重大突破。与以"科学"著称的 19 世纪一样，20 世纪的科学事业呈现出繁荣现象，尤其是在第二次世界大战后政府对于科学的大力资助，第三次科技革命呈现出更宽领域的深层次变革。

20 世纪初，相对论与量子力学的建立打破了人们对于时空关系、微观物质运动规律的传统认识，使物理学理论乃至整个自然科学领域都发生了重大变革，成为第三次科技革命的先驱理论基础，并由此诞生了固体物理学、核物理学等一批新兴学科，以及针对微观世界的电子显微镜、天文望远镜等研究工具；DNA 双螺旋结构的发现使人们观察到生命遗传的奥秘所在，人类由此迈入了分子生物学时代，分子遗传学、免疫学、细胞学等新学科极大地改变了人们对生物特性的认识和改造利用；随着分子生物学的发展，生物工程这一庞大的应用学科也建立起来，引起医药、食品、冶炼、农业等领域的技术变革；电子管、晶体管、大规模集成电路、计算机、互联网和物联网的相继出现，使得 IT 行业成为近半个世纪以来发展最为迅猛的新兴行业，带领人类走进信息化时代；此外，原子能、航空技术等领域的技术累积也使得人类不断突破原有的限制，一步步走近梦想，感受到技术进步带来的新便利。

（二）聚焦科学发展

从 20 世纪五六十年代美国在科学事业上取得的成就可以看出，美国的注意力聚焦在科学上，旨在通过科学来解决一系列社会问题和治理问题，这一决心在联邦政府的支持力度上得到体现。1964 年，美国 R&D 占 GDP 总量的 3%，达到了20 世纪后半叶的最高水平，其实际数额也在逐年攀升。美国成为第三次科技革命的引领者，离不开自身对于科学和技术的高度重视。联邦政府对于科学的关心在第二次世界大战前后有了极大反转，科学事实上已经上升至国家战略的重要地位，政府 R&D 占 GDP 的比重从 1953 年的 1.3% 上升至 1961 年的 2.6%，并在整个后半世纪都保持着接近 3% 的高水平，在发达国家中位居前列，其规模更是无人能比。前文所述美国政府为应对斯普特尼克危机而采取的诸多措施仅仅是现代美国科学政策的一个起源点，围绕着科学的重要地位，整个后半世纪都在不断加强教育和科研与国家安全和发展的紧密联系，科技在政府看来俨然成为国家实力的重要支撑。

第三节　美国的创新体系特征

一、不同阶段活跃的创新主体

各个创新主体的作用及它们之间的运行关系是创新体系的核心。美国的创新主体在不同的历史时期变化很大，理解美国不同时期的创新主体，有助于我们更好地理解美国的创新体系特征。

第一次工业革命时期，工匠群体是主要的创新主体，当时创新体系还未初步形成，技术创新相对现代还处在比较原始的阶段。工业化初期的基础研究并不存在专业化和系统化的机构组织和管理，而且与早期技术相联系的研究活动本身尚未完全投入到自然科学上，这些因素导致了自然科学领域的基础研究在当时的社会视野中不够亮眼，更无力支撑起技术变革的迅猛发展，这在已经到来的追求动力革新的机械化时代中显然比不上更为实际的工艺和技术，因此技术的进步主要来源于工匠技能的不断积累和生产经验的总结与改进，科学理论并没有直接作为技术创新的理论指导。

第二次工业革命时期，创新主体主要是工业实验室和大学，而联邦政府在整个研究与开发系统中的地位与战后相比要相对渺小得多。美国的工业研究室和大学模式都是学习德国的产物，企业占据了研发投资和组织的主体，工业研究室则扮演着工业研究的实施者。美国的大学也向德国大学学习，转变模式，开始更加注重科学研究，以约翰斯·霍普金斯大学为代表的一批研究型大学在美国迅速建立，为创新承担了更多科研的任务。

第二次世界大战时期，联邦政府作为重要的创新主体渐渐发挥了更重要的作用，在创新体系中的地位提高，正如前文提到的，最直观的体现是联邦政府在研究与开发项目上的投入大幅增加了，从 1940 年的 0.832 亿美元增加到 1945 年的 13.136 亿美元。第二次世界大战后，联邦政府、大学和工业界组织等创新主体分工明确，各司其职，且互动密切，共同促进美国创新体系的发展，推动了美国科技的繁荣。

二、不同阶段的创新体系特征

美国的创新体系受时代背景、制度背景、资源禀赋、技术阶段等诸多因素的影响。从第一次工业革命时期至今，美国的创新之路在不同阶段显示出了独特的智慧和发展路径，这是一条蕴含着美国特色的道路。尽管美国经验并不可以全部照搬，但细致梳理美国不同阶段的创新体系特征，包括各个创新主体发挥作用以及他们之间的互动，可以帮助我们理解不同主体应该在哪个阶段、以哪种方式、以哪种程度介入创新，这对中国成为创新大国、技术强国有所启示。

（一）第一次工业革命时期的创新体系特征

第一次工业革命主要源于经验积累，较少受到科学基础研究的支撑，美国主要通过技术引进开启了国内发展。恩格斯在 1794 年曾感叹，美国即将成为这个世界上最强大的国家，这个年轻的国家仅用了十几年就走完了英国这种老牌工业国家上百年才走完的道路。

1. 偷窃技术

18 世纪末，大洋彼岸的英国正处于工业革命时期，得益于动力织布机的发明，纺织业飞速发展。为了维持技术优势从而保持市场份额，英国禁止织布机和图纸离境，禁止纺织工人移民。取得独立不久的美国仍然是个落后的农业国家，对于工业产品的需求主要依赖于曾经统治自己的殖民者，国内的产品无法与英国的廉价工业产品抗衡，这正是源于纺织技术的差距。在如此背景下，美国商人洛厄尔以养病为名，在英国游历两年，途中不断参观纺织厂，最终凭记忆将织布机技术带回美国，促成了美国的工业革命在纺织工业的发端。波士顿西北有个城市叫洛厄尔（Lowell），就是以此人的名字命名的。另有一说，1789 年，塞缪尔·斯莱特从英国移居美国寻找机会，因为他熟悉纺织品制造业尤其是棉纺织工艺，但因此也违反了英国关于限制技术工人离境的禁令；之后他成功在罗德岛的波塔基特建立了一个纺织品生产工厂，使工业革命在美国实现。这两个例子大同小异，说明了 18 世纪后期的美国如何通过"偷窃或是接收技术"实现本土的技术更新，赶上工业化的浪潮，尝到了技术升级的甜头。

2. 专利保护

另一个美国经验体现在专利保护领域。美国《独立宣言》强调了美国人民具有追求幸福的权利，虽然有人认为"追求幸福"替代了"财富占有"的价值观念，但是其实质上包含了对于财富私人拥有的认可：美国 1787 年宪法第一条第八款第八项即规定"国会……为促进科学及有用技术的发展，得确保作者和发明人对其有关的作品和发现，享有一定期限的独占权"。知识产权条款一方面注重赋予这种专有权，另一方面注重以此刺激知识创造活动，最终增进公共利益。随后，美国历史上第一部专利法于 1790 年通过。通过专门立法确认发明人的私人权利，而不是君主授予的特权，标志着具有现代意义的专利制度的形成。

美国的专利制度通过专门法律授予发明者对其发明物拥有产权来激励创新活动，并获得长久的社会收益，而不是让人们觉得专利权是王权授予或是天赋权利。潜在的发明者会因此受到利益激励，国家授予其专利一定期限的排他性权利会提升整个社会的创新意识和能力，促进经济发展。在普及性方面，美国的专利制度也考虑得十分周到。法律要求专利所有者需要向专利局提供他们所发明的专利技术的详细图纸、用途和具体模型，并且承诺这一发明是最终版本，即未隐瞒其他可改进的技术细节。这不光使发明者在规范化的产权注册中获得对发明所有的信心，也让其他对专利感兴趣的人能快速获得相关信息，推动技术的普及。由于法律对违反专利所有的排他性的行为的处罚作了严格规定，任何试图申请和运用新技术的个人或组织都需要更全面地了解当前行业的技术发明状况，这也在一定程度上推动了技术普及。此外，与英国相比，美国的专利申请具有较为规范的标准程序，并且收费低廉，体现了其面向广大民众的实用性。

3. 关税政策

整个 19 世纪，关税问题或许是最有争议的热点话题之一，两党之间的争论由财政经济蔓延至政体、外交政策等方面，关税则是经济领域具有代表性的战场，关税保护或者自由贸易成为双方的主要分歧点，其背后反映着各自的利益牵连，局势的纷繁变化更是对 19 世纪美国内政外交的鲜明写照。

关税最初是由美国首任财政部部长汉密尔顿在关于制造业的报告中提出的构想，他以长远的目光预见美国必须走工业国的发展道路，而自身的幼稚工业以后来者的身份居于世界市场的不利地位，更别提当时美国与英国工业品之间品质的显著差异，所以必须对制造业加以保护，关税便是最为主要的措施之一。然而，这一提议受到代表南部种植园主利益的民主党议员的强烈反对，因为对英国廉价的工业品征收关税将提高南部居民的生活成本，这无疑是在将种植园的利润"偷"进东北部制造商的腰包。因此，汉密尔顿的提议被束之高阁，18 世纪90 年代的进口税率为 5%～15% 不等，总体税率并不高，其基本目标是满足财政需要（偿还独立战争时的地方和国家债务），这也是民主党所赞同的，他们反对的是过度加税。

整个 19 世纪的关税争论行业主要集中在纺织和钢铁行业。在独立战争以前，关于纺织业的税率讨论更多，之后焦点转向钢铁。1812 年英美战争开战加剧了自1807 年禁运以来美国国内对进口商品的负担和生活成本，一种代表联邦整体利益的民族主义在国会中开始占据重要地位，并成功赢得了南部民主党人对于适当增加关税以保护国内制造业稳定供应的认同。被搁置的汉密尔顿构想重新焕发生机，

1816年关税法案旨在防止英国廉价工业品的倾销对本国制造业产生巨大的冲击，将平均关税税率提高到25%，这种保护性关税只是一个开始，上升过程持续到1828年国会通过了50%的独立以来最高关税，被自由贸易者讥为"可憎的关税"。如此高昂的进口税率使得南部的地方主义势力取代了民族主义，19世纪30年代初期南部数州对于联邦税率的不承认以及之后杰克逊总统宣称的武力镇压，达成了1833年的"妥协性"关税法案，承诺在未来10年内不断调低税率至25%。19世纪40年代，西部开发和南部领土扩张带来了农业生产的规模扩张，同时英国工业革命的完成以及对农作物进口关税的大幅降低为美国的农产品提供了广阔的市场，倡导自由贸易的力量在国会占据了上风，促成了1846年的《沃尔克关税法》，关税开始仅仅旨在提高政府收入，同时增加一些免税产品分类。在此背景下，美国农业得到了繁荣发展，但好景仅持续到1857年。英国资本撤离带来的动荡成为共和党人的有力武器，将国会制定的关税税率在1861年南北战争时期重新提高至1828年的水平，高税率兼具战争需要，钢铁行业的保护性关税开始受到重视并成为主导，直到战争结束，美国统一了支持"美国体制"的力量，开启19世纪后半叶长达半个世纪的保护主义关税政策。

尽管人们对关税的争论来由讨论很多，但对于关税的影响效果却没有更全面的论证。关税的作用通常是这样假定的：处于发展阶段的幼稚工业需要通过关税保护成长到足以参与竞争的阶段，在这种环境下，关税保护最有可能获得最佳的社会效益。然而，如果没有关税，棉纺织工业的发展究竟会有多慢还是一个问题。首先，美国南北战争前关税的保护作用一般被认为集中于少数几个突出的产业，如棉纺织业和钢铁业。英国在这些产业享有技术领先地位，这些产业对英国早期工业化至关重要，但没有理由认为所有的早期工业化国家都必须如此。美国拥有非常不同的要素禀赋和国内市场，那么它的工业路径就可能与英国不同，关税的有效性值得探讨；其次，在其他没有得到有效关税保护的产业如制鞋业中，生产力和产出也得到了显著增长，这表明美国的工业在大体上是可以参与国际竞争的。最后，即使对于特殊的行业在幼稚期进行保护是有必要的，但这也很有可能造成其他资源在转移过程中的损失，侵害了一部分行业和地区的固有利益，因而难以证明取得了社会效益的最优化。此外，一直到南北战争结束以后，美国的关税总体仍然很高，如此地保护其合理性同样值得质疑。

（二）第二次工业革命时期的创新体系特征

相比于第一次工业革命时期，第二次工业革命时期的技术创新更为明显地建立在科学的基础上，同时技术创新与商业化形成了非常重要的互动关系，可以说是科学支持了创新，商业引导了创新（宋敏，2021）。美国在第二次工业革命时期实现了科学、技术与产业的互动，但基础科学大多数源于欧洲，此时，美国处于技术和商业的前沿，但不是科学的前沿。

1. 学习德国的工业实验室

现代欧美国家在研发体系中的一个显著的共同特点就是企业是研发投资和组织的主体，工业研究实验室则扮演着工业研究的实施者。这一起源要追溯到 19 世纪70 年代德国在化学工业研究中最早建立起来的一批实验室，它们与当时探讨科学理论的大学实验室或是商业中专门管理发明申请与转售的利润导向机构不同，将科学研究与企业自身的产品需求紧密连接在一起，加速创新成果的产生和转化。20 世纪初期，美国的一些化工及电子设备企业也建立了相似的专门研发机构。在德国和美国得到发展的化工行业，得益于 19 世纪后半期物理和化学等学科的发展，但市场竞争的加剧与德国统一时较为含糊的专利条例最终压缩了企业的利润空间，逼迫企业在提升生产效率和开发新产品中选择一条出路。拜耳公司曾雇用了数位化学家从事新产品的研发，然而由于工业应用的具体问题在工业发展中期逐渐复杂化，单凭个体的智慧不足以迅速完成推陈出新，这就需要建立一个不被日常事务滋扰的专门科研集合体，并且设置在企业内部听命于管理层对产品需求的判断。在德国，工业实验室的先驱者是拜耳公司，早在 1868 年其便开始大量雇用科学家服务于印染工厂的染料开发；而美国通用电气也于 1900 年建立了美国第一个工业科学研究实验室，专门从事创新活动。

这种集体参与的研发实验室显著促进了美国工业企业采纳新技术，不断冲击着当时仍占主流的发明家-企业家模式，从而使发明创新工作从企业所有者身上分离出来，交由高等院校培养出来的科学家从事，并且与企业自身的经营动向直接挂钩，成功地加速了创新成果的商品化。此外，无论在工业实验室建立前后，大型公司对于外部技术的追求都从未停止。美国电力制造企业通常从大学和科研机构获取先进的工业技术对抗激烈的市场竞争，但这也带来了公司经营的不确定性。因为科研院校的话语权在增强，一些持有技术的开发者很可能成为潜在的竞争者，从而影响公司未来的技术升级成本，这迫使诸如通用电气这样的大型公司将可利用的资金投入到自有的研发部门中，增强对于前沿技术的了解和掌握。这种工业的内部研究模式逐渐成为研发的主要方式，并在约瑟夫·熊彼特的著作《资本主义、社会主义和民主》中得到证实；此外，熊彼特还发现工业研究会加强优势企业的地位，这也符合大型企业选择采用这种新模式的演进思路。

2. 学习德国的大学模式

教育一向被认为是大学院校的主要使命。柏拉图建立"学院"，其最初意图是通过分析时代的突出问题，培养服务公众的人才。现代意义上的大学开始于中世纪建立的以英国牛津和剑桥为首的一批大学，其传承了古希腊高等教育的学科分布以及专注人才培养的原则，但同样对于自然科学的研究不够重视。

在 19 世纪中后期，德国的大学在洪堡等的政策指引下开始转向专门致力于推进科学研究的高等教育；许多美国大学也接受了这一变化，并相应地进行大学重组。以约翰斯·霍普金斯大学为代表的一批研究型大学在美国迅速建立，同时带动了哈佛、耶鲁、威斯康星等传统院校以柏林大学作为模板进行转变。新的大学模式注重科研与教学相结合，鼓励在保持师生间传道授业的同时，齐心探讨科学研究问题，这种模式在科学取得重大突破的时代因社会对技术与日俱增的重视而加速发展。除此之外，美国大学吸收了德国大学的诸多优秀特点，如自由的学风，以及讲授法和专题讨论（seminar）等先进的教学方法，并且保留了自身独特的"威斯康星"思想——将大学的理论和技术优势与社区联系起来造福于社会——从而使得美国在第二次世界大战前建设成大规模的一流研究生教育，更好地服务于美国社会发展的需要（朱淑华，2009）。

3. 工业界与大学的密切互动

19 世纪末至第二次世界大战前的半个世纪时间里，美国高等教育规模的扩张为社会输送了一大批受过严格教育的研究人员，从而加强了与各种经济组织的联系，这与德国印染企业早期的人才招募有几分类似。美国在 20 世纪末取得的工业头号强国地位也预示着工业领域对人才的需求扩张。21 世纪初形成的"威斯康星思想"将大学与地区发展之间的联系进一步紧密化：大学一方面接受州政府在农业等应用领域的资助，另一方面帮助州政府向人们传播生产技术知识。但是，大学的基础研究并没有像第二次世界大战后一样得到联邦政府的大力支持，事实上联邦政府在战前并没有系统地资助大学基础研究的政策；许多大学更依赖于州政府的资助，也仅仅针对本地农业、地质等应用领域。大学基础研究领域的资助主要来自慈善基金会和大型公司，这些关心科学及其社会福利的先进人士和需要从根本上提升产品差异性的企业经营者愿意向大学投入这笔资金，大学则更欢迎私人资助，因为它不像政府干预那样威胁到学术的独立性。

虽然州政府为地方大学提供的经费资助有限，但也促使大学通过与地方性工业组织产生各种联系来造福于地区经济。规模庞大的高等教育为工业组织提供了前所未有的人才供应，良好的市场前景在美国高校的课程设置中体现出来，其课程设计较欧洲更为贴近商业化的需要，工业组织与一些高等院校产生了密切的联系，由《莫里尔法》基金资助的麻省理工学院在 1913 年成立了电子工程专业，这一专业受到通用电气等多家公司的长期资助，电子工程系的事务则更是早已经通过咨询委员会收到这些公司的指导性意见。这种与工业组织的合作在一定程度上加速了相关领域的前沿突破，受资助院校科研实力的增强与大型公司的行业地位巩固似乎合理地解释了二者间日益密切的联系。第二次世界大战前工业研究人员的构成情况证实了工业组织与大学间联系的显著成果。美国制造业中从事实验室工业研究的人员数从 1921 年的 2775 人增长到 1940 年的 27 777 人，大学培养的研究人才是这一时期工业研究队伍壮大的重要来源；而工业研究的壮大主要集中于化学、石油和橡胶产业，这和早期与大学合作的大型公司所处行业具有相似的分布。

4. 联邦政府的支持

自 1862 年《莫里尔法》通过直到第二次世界大战，联邦政府并未对大学的经费来源出台系统的扶持政策，事实上联邦政府在整个研究与开发系统中的地位与战后相比要相对低得多，更接近于 21 世纪以来的处境。有学者认为，20 世纪 30 年代联邦政府的 R&D 占总 R&D 的 12%～20%，剩余的大部分来自工业组织，这体现了上文讨论到的美国工业研究兴起及工业界、大学二者紧密联系的趋势。由于赠地法案的存在，一些公立大学以及私人开办的大学拥有自己的经费获取途径用以投资科研事业，但他们的经费仍然需要工业组织和州政府的有益补充。一项研究表明，州政府对于非农业大学的研究资助甚至超过了联邦政府。与州政府相比，联邦政府显然还没有很好地融入与大学和企业的互利合作中，但联邦政府的确在两个领域发出了自己的声音，在某种程度上间接促进了美国创新实力的增强，这两个领域分别是反托拉斯政策和专利制度。

1）反托拉斯政策倒逼企业创新

19 世纪下半叶，美国资本主义在国内统一市场和关税保护中自由发展，繁荣扩张的同时带来了激烈的市场竞争，行业中企业规模不断增加，大型企业逐渐垄断整个行业乃至国家的经济命脉，其中以钢铁、石油为代表，卡耐基、洛克菲勒这样的大财阀不断扩张，借力于摩根公司的资金提供，从事着愈演愈烈的兼并活动。这些垄断组织操控价格和产量，提高行业壁垒，威胁到人们的生活保障以及给美国的经济发展增添了不确定性，由此引发了联邦政府和国会的关注。1890 年出台的《谢尔曼反托拉斯法》（Sherman AntiTrust Act）首次表明了政府对于阻碍洲际和对外贸易的垄断性商业契约和联盟的反对。

要求公平市场竞争的呼声和愈加清晰的法律条文达成了一致的市场共识，然而《谢尔曼反托拉斯法》对于横向兼并的遗漏反而助长了新一轮兼并浪潮的起势。1895～1904 年的兼并活动达到了一个高点，大型公司寻求横向兼并来控制价格和市场构成。1901 年开始的北太平洋铁路和大北方铁路的联合便是鲜明的例子。二者在摩根的组织下成立了北方证券公司这一庞大的垄断组织，企图掌控美国西北部广阔的铁路网，并由此影响到下游的一系列与铁路运输关联的货物流转成本。最终，1904 年最高法院的裁决终止了这项合并计划，其意义远不止于这一单领域的兼并规范化。从此，美国政府和最高法院先后完善了对于反垄断的法律体系，如1914年颁布的专门反对横向兼并的《克莱顿法》，除明确禁止收购竞争对手股票的兼并方式之外，还补充了预防垄断的"早期原则"，后续还进行了数次修正。上述一系列法案的出台表明了政府民主主义的态度，企图通过兼并来获得市场份额的大型公司面临愈加严格的限制，不得不通过转向内部研发或获取外部技术来提升自己的产品竞争力，规范地参与市场竞争。通用电气便是这种应对策略的代表，该公司通过找准市场前景和投入资金研发，引领了个人电脑市场的发展。

美国的反托拉斯政策在第二次世界大战后得到了延续，并且更加严格，使得许多大型公司不得不转向企业内部研究的方式来开发项目。以杜邦公司为例，1912年正值反托拉斯政策力度加大的时期，杜邦公司由于在炸药领域的垄断地位而被要求拆分为三个独立的公司。该公司随后选择了多元化经营，从外部引进许多工艺创新并将其进一步发展，维持自己的领先地位；而在第二次世界大战后，面临严峻的反垄断政策，该公司转而扩大自身研究与开发项目，十年后推出新一代尼龙产品，显著提升了产品在市场上的地位。

2）专利保护激励企业创新

学术界一般认为，美国专利制度自1790年来主要经历了1836年、1952年和2011年三次较大的修改，但19世纪后半期至第二次世界大战前后的美国环境，促使司法和立法部门对知识产权相关法律做出了不少适宜的改变。

1870年，修订的专利法案建立起确定第一发明人争端的解决机制，并且取消了对于国外获取授权专利的美国境内再申请制度。这一改变进一步简化了专利申请环节，并且通过引入更多的审查人员以提高解决专利冲突的效率，强化了企业通过自身研发获取先发专利的意向。

随着1890年《休曼法案》（Sherman Act）的推出，大型公司在兼并后利用专利权合法性形成垄断的行为受到公开抵制，兼并浪潮中伴随的专利争端以及对于兼并合法性的质疑催生了上诉法院的产生，申诉程序交由专门的上诉法院审理，这减轻了专利局的工作负担。之后的20多年里，国会增加了专利局的检查人数，并改进了内部考察流程，不断提高建立知识产权的效率和标准化。直到20世纪20年代出现经济危机时，专利权的有效性再次饱受人们责难，法院加强了专利授权的严格要求，但由于经济发展的需要，法院在另一些方面放松了对于专利申请的要求。如1939年，相关成文法条规定自1839年施行的申请人在申请专利前公开或使用发明的两年宽限期降低为一年，这在一定程度上有助于工业研究的恢复发展。

尽管专利制度在19世纪末以来经历了紧张与宽松的波动发展，但对于主要专利保护期限的一贯规定反而加强了大型公司对于其核心产品专利权到期的忧虑，这与当时激烈的市场竞争和兼并浪潮是分不开的。合法的专利权成为前述工业实验室加速发展的制度基础和现实动力，20世纪初通用电气公司建立起的第一个工业实验室多少有几分出于专利保护的考虑。这些大型公司对于工业研究的投资回报在严格的专利制度下得以实现，法院积攒的专利侵权经验以及高昂的败诉成本巩固了专利权持有者的合法权益，同时也使得一些公司在没有违反法律的前提下通过专利权获取了一定的市场势力。如专利权为通用电气公司参与第二次世界大战的国际电气设备的国际卡特尔同盟构建提供了法律认可，这些大型公司利用反托拉斯法发展初期一些较为含糊的概念分享着各种国际协议带来的市场利润，并在相关的诉讼中声称他们的合法权益（专利权）受到法律保障，从根本上不会影响到市场竞争的持续发展。

第二次世界大战后，专利权对于工业研究的作用显得更为复杂。战后兴起的诸如电子、医药等高科技产业相较于20世纪末的垄断行业享受着不那么严格的专利保护，一大批小型初创企业参与到与大型企业的竞争当中，专利技术细节的公开以及专利到期后的非排他性使得这些公司能够快速学习本领域的知识成果并近乎免费地使用一些基础性的技术来源，这降低了市场新进入者的各种成本，有利于技术扩散和初创企业成长。

（三）第二次世界大战后的创新体系特征

20世纪四五十年代，第三次科技革命的诸多成果选择在美国发生，无论是化学、物理的基础理论还是与之相生的计算机、通信、生物技术等应用领域，都离不开第二次世界大战后美国创新体系的几大特征，包括重视基础研究、联邦资助R&D的重要地位、创新主体分工明确、风险资本的参与和适时的人才政策。前两次工业革命所依赖的基础科学知识大多作为全球公共知识而传播，不具有国别的排他性。但有所不同的是，第三次科技革命的基础科学却为美国政府所有，虽然不可避免地逐步扩散到其他国家，却依然牢牢掌握在美国政府手中，这就为其他国家的技术创新和商业化设置了障碍，有利于美国保持领先地位，此时美国已经处于世界科学前沿。

1. 重视基础研究

在第二次世界大战后的研究与开发体系中，联邦政府的资助在基础研究中占据着不可替代的重要地位。从1953年到2012年的半个多世纪里，联邦政府承担了不到30%的基础研究项目，并且这个比例大致呈下降趋势，然而联邦资金却资助了超过半数的基础研究项目，1962～1980年的近20年内，这一比例更是高达70%。从这些数据可以看到，虽然万尼瓦尔·布什关于成立一个从事基础研究的独立机构的提议未能如愿，但第二次世界大战以来基础研究的地位已然上升至新的高度，尤其是在 1958 年布什的建议被部分采纳的一段时间内，联邦政府事实上成为基础研究的头号代言人。作为基础研究的核心承担者，美国高等院校在这一时期接受的研发资助是第二次世界大战前所不敢想象的，高等院校承担的基础研究项目从 1953 年的 8.5 亿美元猛增至 2017 年的 405.5 亿美元（以 2012 年不变价美元计算）。虽然美国高等院校基础研究的成长仅从资助规模来看是远远不足的，但可以肯定的是，第二次世界大战期间逐渐形成的联邦政府对于高等院校研究的重视和支持在整个冷战时期延续下去，使得一批在第二次世界大战期间成长起来的实验室和院校研究中心凝聚了来自世界各地的人才，成为世界性的科学研究中心。

新产品的市场化背后承载着技术上的突破创新，而技术往往建立在长期理论知识成果的积淀和总结的基础上。人类社会在 20 世纪方方面面的改变证实了万尼瓦尔·布什对于基础研究重要性的判断。例如，资助科学研究而发展的庞大的空间技术、战时的雷达通信技术；打开生命奥秘的生物技术带来了抑制和杀灭传染病菌的有效药物、基因改良的高产农作物；微电子技术的精密化将家用电脑、智能家居等信息化产品带入人类生活；互联网带来了信息爆炸的时代。这样的例子数不胜数，它们独具特色的优越性能终究来自基础理论的构建。此外，近现代产品往往是各种技术的集合体，也就意味着其理论溯源很可能来自长时段的诸多研究。MP3 播放器便是这样一个典型的产品，其微盘存储、锂电池、液晶显示器、动态随机存取存储器和信号压缩等关键技术就分别得益于巨磁阻效应、电化学、薄膜晶体管、集成系统电路设计和傅里叶变换等基础或应用学科的成果，而这只是一个以音频播放为主要功能并已被智能手机取代的产品，便已经受益于诸多基础研究领域的成果，更别提现代智能产品的各种独特设计背后的理论来源了。

2. 联邦政府 R&D 投资占重要地位

1）联邦投资的起落

联邦政府不仅仅对基础研究颇为重视，就总的 R&D 而言，其也发挥了不容忽视的重要作用。文献计量学家弗朗西斯·纳林及其同事在 1997 年的一项研究中发现，专利更多地参考了公共资助的研究出版物，而不是工业研究的出版物。具体来说，在 1987~1988 年和 1993~1994 年两段时间内产生了 30 多万个美国专利，其中约 73% 的专利引用公共资助的科学论文（来自美国和海外的大学、政府和其他公共机构），只有 27% 参考了行业文献。尽管我们知道美国国家 R&D 资助来源的结构在 20 世纪后半期发生了重大变化，即工业界投资占比在 20 世纪 80 年代初期超过联邦政府并且反差持续扩大，但我们仍能通过上面专利引用的例子看到联邦政府在 R&D 资助中的重要地位。

长期以来，经济学家一直在寻找经济增长的驱动力，直到第二次世界大战后技术作为新的要素被正式提出来并被纳入经济增长模型当中。1957 年，经济学家罗伯特·索洛运用经济理论和数学分析计算出在，1909~1949 年美国大约有 87% 的经济增长是由"最广义的技术进步"带来的。那么，因为技术来源于科学研究，所以政府便有了充分的理由和责任资助科学事业的发展。20 世纪 70 年代中期以后，政府资助在国家 R&D 中的绝对和相对比重的下降，似乎预示着经济增长动力的愈发疲软。美国学者戈登在其著作《美国增长的起落》中证实了这一想法：1970 年后美国的经济增长已经放缓，GDP 的年均增长率从 1920~1970 年的 2.82% 下跌到 1970~2014 年的年均 1.62%，未来可能会持续下降。从经济增长动力的构成上看，教育和资本深化的拉动力在 1970 年前后没有多大变化，整个增速的下滑来源于全要素生产率方面，也就是索洛在衡量经济增长中所指代的技术进步这一要素，这很难让人不联想起 20 世纪 70 年代以来联邦政府对于 R&D 投资水平的下降。戈登还在著作中指出，经济增长的领域变窄，技术进步主要集中在娱乐、通信和信息技术领域，而且变化是演进的、连续的。一个合理的推测是，基础研究领域的停滞没能带来飞跃式的技术突破，发展为主的工业 R&D 则注重产品的完善和市场拓展，这些都只是在基础研究上做的延续性的、连续的探索和开发，像蒸汽、内燃机、电力等根本上改变生产力的动力出现或是核能的重大理论突破早已在之前，或者准确说在 20 世纪初几十年时间里就打下了基础，后续的改变所剩无几。

2）分散管理、多元资助、职能导向

第二次世界大战期间联邦政府对于全国研发资源的紧急动员不仅对战争胜利起到关键作用，还为战后美国的科研管理体系建立了基本范式，即联邦政府、工业界和大学三者力量的协调运转，其中联邦政府的机构设置在战后一段时间内便已成型。科学发挥的重要作用给政府成员留下深刻印象，布什在 1945 年《科学：永无止境的领域》中的提议便是成立一个由政府出资、科学家领导的支持所有自然科学领域基础研究的独立机构。这份提议得到了广泛的尤其是科学共同体的拥护，因为科学在战争中的地位是显而易见的，在当时看来和平年代的基础研究仍然十分必要，更何况敌对关系并非就此结束。然而这一愿景被军方的原有研究机构反对，这会将研究经费从他们手中挪走，科学家独立管理的设想也与美国宪法的分权精神相违背，因而长期争论的最终结果是：虽然成立了美国国家科学基金会，但美国原子能委员会（Atomic Energy Commission，AEC）、美国国立卫生研究院（National Institutes of Health，NIH）等其他政府部门也成为资助科学研究的主要部门，研究交叉领域的科学家往往可以辗转于多个政府部门间寻求资助，这种多元的资助管理体系由此基本形成。分散管理、多元资助的美国科研体制在世界上独具一格，然而美国的科研管理机构设置看似冗杂，但建立的美国国防部、美国国立卫生研究院、美国能源部（Department of Energy，DOE）、美国航天航空局等部门具有鲜明的职能导向，这有助于让分散的资金在专职的管理下得到有效利用，此外多元的管理部门能为科研工作者提供足够的选择（叶小梁，2000）。从历史上看，这种分工明确、多元资助的管理体制的确促进了美国科技在第二次世界大战后长时间的繁荣。

3）危机驱动、需求拉动、部门推动

美国第二次世界大战期间及战后的研究导向变化，都与一系列实际存在或是设想中的危机有关，危机驱动的同时，逐渐建立起的多元资助体系将研究的重心交由对口的部门，由部门推动寻找解决危机的办法，迎合广泛的社会需求。

其中，一个例子来源于第二次世界大战时期。1937 年 2 月，纳粹德国开始实行"铀计划"。1941 年末，珍珠港事件爆发，美国正式加入第二次世界大战并向纳粹德国宣战，在这样的背景下，1942 年 6 月美国陆军部开始实施"曼哈顿计划"，即利用核裂变反应来研制原子弹的计划，其主要目标是赶在纳粹德国之前研制出原子弹从而在战争中取得优势地位。这一规模巨大的计划历时 3 年，耗资将近 20 亿美元，于 1945 年 7 月研制出世界上最早的两颗原子弹，并完成第一次核爆炸，最终加速了第二次世界大战的结束。"曼哈顿计划"集结了世界各地的优秀科学家，也离不开军队和政府领导上下对于危机的一致认识。

战后美国面临的危机并未销声匿迹，斯普特尼克 1 号的发射标志着美苏两个超级大国在航空、外太空领域较量的开始。此刻，美国战后多元的资助体系基本形成，其中美国航空航天局在太空竞赛上承担起重要责任。1961 年 4 月苏联将宇航员送入太空，刺激了美国军方对于自身落后的恐惧心理。次月，美国就将自己的宇航员也送入太空，时任总统肯尼迪在一次演讲中宣布，在 20 世纪 60 年代结束之前将美国宇航员送上月球。阿波罗计划由此展开，在 1962 年到 1972 年的 10 年间，美国航空航天局成功组织了数十次航天飞行任务，1969 年 7 月阿波罗 11 号载人航天飞行器将三名宇航员送至月球表面，迈出了人类登月史上的一大步。这一系列成果，不得不说是直接由苏联的斯普特尼克危机点燃了导火索。

20 世纪七八十年代的石油危机沉重地打击了美国这个庞大的工业国家，工业产值一度下跌 13%，高油价和主要进口来源的禁运逼迫政府实行石油配给，工业生产和人民生活的节奏放慢。石油危机却让美国在能源领域开始更长远的思考和准备，"开源节流"成为不二法门。电力、风能、核能、可燃冰等替代能源的寻找日益重要，但从开发到大规模生产往往需要很长的时间，无法解决时下的困境。政府尝试了许多其他办法，如建立战略能源储备以应对国际石油市场的供求波动；在消费方面提高汽车的能耗标准，提倡节能减排的环保出行。

20 世纪 90 年代冷战结束，美国需面对人口老龄化带来的威胁。第二次世界大战后出生的婴儿潮一代在 20 世纪 90 年代已经步入中年，在不久的将来成为美国社会中需要扶养的一大群人，劳动人口的比例下降不利于工业的持续发展；对于人类健康和生命的探索在 20 世纪末也被提上议程，人类基因组计划被誉为生命科学的"登月计划"，人们寄希望于通过对人类基因组的测序进一步认识基因，帮助对于癌症、肿瘤、肥胖等威胁人类健康的疾病的攻克。

2001 年"9·11"事件过后，全球反恐行动打响，美国科学技术再次回到国土安全上。技术在反恐中发挥重要作用，如可以识别制造核武器的材料、追踪个人行为、提升旅行安全以及截断敌对势力的通信等。同年发生的炭疽邮件事件加剧了恐怖袭击的阴影，应对炭疽开发疫苗耗费了大量资金，2004 年时任总统布什签署《21 世纪生物防御》总统令，明确美国生物防御的几大支柱。此后的奥巴马总统和特朗普总统也相继在 2009 年和 2018 年推出生物防御的相关计划。

2008 年"金融危机"过后，美国经济受到重挫。奥巴马政府提出"再工业化"和"重振美国制造业战略"，并于 2012 年 3 月提出将在 10 年内创建 15 个制造业创新研究所（Institute for Manufacturing Innovation，IMI），以此组成制造业创新网络，布局新的产业增长点。

之前，以华为为代表的中国企业受到美国的"不公正待遇"，诸如禁止华为的人员参加美国学术会议或是担任要职。美国政府对这家来自中国的科技巨头"关照有加"，是否暗示着中美科技实力的一次交锋？在新兴的人工智能和 5G 通信领域，无论中美双方谁强谁弱，但对于彼此，似乎都有几分斯普特尼克危机的意味，谁又能抓住这次契机呢？至少我们可以看到，美国政府已经开始打压中国的崛起势头，以华为为代表的中国通信行业正处于风口浪尖。

3. 各创新主体分工明确、互动密切

前面我们已经论证了第二次世界大战后美国建立起的多元资助体系在每一次危机来临后能够积极推动科学技术的发展，解决时代迫切的现实需要。从资金的筹划到科技成果的孕育和运用，依靠的却是创新主体明确高效的分工合作。概括来说，在联邦政府的资助下，大学主要负责基础研究，联邦政府（包括机构内部实验室和 FFRDC）也参与了基础研究和应用研究，商业组织主要负责应用研究和试验发展，州政府则致力于促进本地经济增长，支持有益于自身的科研活动。

1）大学

在多元的资助体系中，学术机构同样可以从各个渠道获得科研资助，即使其科研规模远不及工业界的广泛研发投入。2021 年，美国大学的研发支出达到 778 亿美元，其中 405 亿美元来自联邦政府的资助，213 亿美元来自其本身的经费，其他组织则资助了剩下的 160 亿美元（以 2017 年不变价美元计算），这种构成方式在 2001～2021 年内没有太大变化。然而如前所述，高等教育机构在基础研究上起着重要作用，第二次世界大战以来基础研究的主体一直都是高等教育机构，哪怕联

邦政府和工业界在 R&D 总规模上占据着绝对优势。20 世纪 80 年代工业界取代联邦政府成为美国 R&D 体系中的最大资助者，然而基础研究的增长速度依旧保持稳定，这让人担忧工业界过于专注短期利益而不愿投资学术研究。事实上，虽然联邦政府在研发总开支中的地位下降，但联邦政府的投资中高等教育机构所占的份额自第二次世界大战后稳步上升，1953 年高等院校接受来自联邦政府的经费资助占联邦研发开支的 5.4%，其后比重持续上升，1993 年达到 10%，2021 年达到32%。联邦政府对于高等教育机构这一研发主体的重视近乎体现在基础研究开支的稳定增长上，也更坚定了大学作为基础研究主体的架构安排。

战后高等教育机构获得的经费支持并不能够完全解释大学科研成果的产出增长，其中一个重要变化发生在知识产权领域。思想是科学生产的基本元件，优秀的思想凝聚而成的设计创造能够实现极大的社会价值，大学作为思想碰撞的自由场所，不仅尊重意见的差异，还注重智慧的所有；大学主要承载的是基础科学的研究，并不具备明显的市场前景，没有必要对大学里思想的所有权作必要的规定（除了思想的独创性对于科学研究者本身的价值），然而事实并非如此，美国大学与工业组织一样，也拥有成规模的专利申请和授权，但不像人们通常认为的，美国大学的专利产出者与专利所有者之前并不一致。思想是科学世界的通货，一个能创造新技术、新设备、新机器、新歌剧或新艺术的思想，都能获得相当大的价值。既然大学是高度鼓励新思想发展的机构，那么它们也需要明确什么是新思想、怎样确认新思想的所有者、如何保证新思想不被别人偷窃、如何使新思想的获取以及新概念的所有者能够得到适当的承认。思想的所有权——知识产权不仅是工业界开发的前提条件之一，而且在大学范围也相当重要。

在 1980 年《拜杜法案》（Bayh-Dole Act）颁布之前，由联邦经费产生的科研成果归联邦政府所有，依靠政府资助基础研究的大学实际上并没有多少知识产权。由于当时并没有统一的知识产权转让政策，工业组织如果想获取高等院校的知识成果，必须得与产权的持有人——联邦政府进行沟通，这往往意味着复杂的手续和漫长的等待过程，如此使得工业组织对此望而却步。在此之前，工业界和高等院校的交流并不多，且主要是以资助研究并从高等院校输送人才至工业界的方式进行的，以技术转让或许可进行的联系并不多见。据统计，1980 年联邦政府拥有 28 000 项专利的所有权，但其中只有不到 5% 授权给工业组织进行开发，大学作为知识的生产者每年只拥有不到 250 项。

1980 年《拜杜法案》及后续一系列法案的推出改变了大学的尴尬位置，法案规定了联邦政府资助、大学产生的发明创造的所有权向市场转移的统一框架，它针对在多元合作的研发活动中对于产权的归属问题给出了一个较为清晰的回答，许多院校设立了专门的技术转移办公室，如麻省理工学院就建立了技术许可办公室来指导许可权转移，由此简化了大学与其他市场主体合作的流程手续。更重要的是，无论发明是否获得联邦政府资助，法案都使得大学获得了其教职员工发明的知识产权，避免了更多的专利权浪费和科研人才流失，从而加强了大学对自身技术的利用程度和商业化，带来了公私合作的迅猛增长。

《拜杜法案》的通过是技术转移的里程碑事件，打通了政府、大学和工业界之间的技术转移限制，从而加速了成果的商业化，为纳税人提供更为优质的生活。当然，《拜杜法案》也遭遇了一些批评，比如，其强化了对于科研人员的金钱刺激，企图打破基础研究对于科学知识的纯粹追求。此外，一些人担忧大学对于独占性专利许可的过度滥用，增加市场应用的额外成本（李晓秋，2009）。即便如此，《拜杜法案》对于大学专利申请的热情提升以及公私合作的激励作用毋庸置疑，其历史作用仍然显著存在于第二次世界大战以来大学地位转变的过程中。

2）联邦实验室

联邦政府的研发经费除投向工业界和高等院校外，主要用于支持自有联邦实验室的建设，这类研发机构的代表是 FFRDC，其经费占比与大学相当。如果将 FFRDC 与联邦内部的研发部门结合起来，所组成的联邦实验室受到的研发资助在20 世纪 90 年代初便超过工业界成为联邦政府资助的首要受益者。据估计，美国 R&D 系统中共有 16 000 个实验室，其中 700 个为联邦政府所有，这些联邦实验室的经费绝大部分来自联邦政府下设的各部门和局，它们雇用 10 万名科技专业人员，从事着美国研发事业的 7%~10%，剩余 70%的经费则依照国会要求，以外包方式交由大学、工业界等其他机构执行。

联邦实验室的研发资助虽然近乎完全来自政府，但联邦实验室常常与大学联系在一起，并且由大学以及工业界的科研人员参与到项目的实施过程中，这难免让人混淆联邦实验室与大学、企业自身的研究中心之间的区别，然而这些联邦实验室却在美国科研体系中承担着独特而不可缺失的作用。美国国家科学基金会曾从范围、安全性、宗旨等方面对联邦实验室进行描述，可以看出联邦实验室的任务具有大规模、长周期、高投资风险、敏感保密性强、交叉领域多等特点，这些显然是大学和私人企业通常无力独立承担的项目，因此政府通过提供资金创造良好的科研实验条件供大学和工业研究人员使用，来推进国家需要的"高、精、尖"领域的理论发展和技术突破。

将大学和联邦实验室比较，会发现很大的不同：首先，大学的研究一般是身兼教职的科研人员带着自己的学生组成科研小组进行讨论，研究的问题较小，对科研基础设施要求更低，相比之下联邦实验室则可以提供足够大的空间和经费支持以开展大型项目；其次，大学的人员流动性比较强，研究的问题更小，因而结项期限往往较短，对于教学和科研相结合的大学环境来说，联邦实验室所肩负的国家特殊领域长期攻关的使命更适合于国家实验室的专职人员来解决；最后，大学是追求真理的地方，注重思想的自由探索，而联邦实验室的任务则具有国家使命，是追求直接成效的保密性研究工作。

虽然大学和工业界在目标和研发侧重点等方面有着显著差异，但工业界的研发机构与大学一样无法取代联邦实验室的地位。在人员组织方面，工业界的科学家和学术界的同行一样，具备较高的流动性，并且哪怕同样是受到任务指派，也并不是长期任务，而是较为短期的产品改良。此外，工业界和联邦实验室目标的导向性不同造成了显著差异：一方面，虽然工业界拥有更多的研发经费，但政府研究的领域往往具有较大的不确定性，如医疗健康、国防安全和新能源等服务于广泛社会利益的方面，这使得工业界厌恶这种并不服务于自身商业利润的战略投资；另一方面，这些领域尤其是国防安全的客户只有政府本身，从而缺乏广阔的商业市场。

通过将大学及工业界与联邦实验室做对比，可以鲜明地看到三者在人员流动、开放性、外部性、研究方向等方面的显著差异。就研究的类型而言，联邦实验室与工业都侧重应用研究，是具有导向性的，但不同的是，联邦实验室将基础知识适应于具体的政府需要，如国家和国土安全、能源开发、环境质量和公众健康。因此，联邦实验室的研究中大多是肩负使命的，与大学研究相比具有明确的导向性。一个典型的例子是美国能源部国家实验室，最初它的建立就是为了帮助国家在第二次世界大战中建造原子弹，可以说是"曼哈顿计划"的主要执行部门，其下属的洛斯阿拉莫斯国家实验室、橡树岭实验室等成为"曼哈顿计划"和原子弹建造的核心。

联邦实验室大致可以划分为两种模式：一种是政府所有并且经营的，称为国有国营（Government Owned-Government Operated，GOGO），如 NASA 管理的约翰逊与肯尼迪航天中心；另一种是政府所有私人经营，称为国有民营（Government Owned-Contractor Operated，GOCO），许多联邦实验室包括能源部的大多数国家实验室都是这种，其承包商可以是大学、大学联盟、私人企业、非营利性组织等。FFRDC 就是 GOCO 的典型代表，这是由私人管理和经营的研究机构，按照 GOCO 的模式签订政府的管理和经营（management and operation，M&O）承包合同，并接受政府在人员和预算方面的监督控制。第一批接受承包合同的FFRDC 由美国国防部成立于 20 世纪四五十年代，目的是吸引工业界的其他技术人才以满足日益增长的研究需求。这样的起源同样发生在美国能源部建立起来的联邦实验室中，这些 FFRDC 的数量和规模一直在增长，中间曾遭遇一定限制，截至 2021 年，美国共有 43 个 FFRDC，四个机构负责 FFRDC91.3%的联邦资助研发支出，分别为美国能源部、美国国防部、美国航空航天局以及卫生与公众服务部。这看似很奇怪，联邦实验室的最初想法是开展大学和企业无法执行的研究，然而事实上其与大学和工业界的紧密联系使得联邦实验室成为某种意义上的集合体，正如 GOCO 的经营模式一样：一方面，大学作为联邦实验室的合同承包方能够得到联邦政府的研究经费，并在完成实验室任务的前提下优先使用实验室的先进设备，此外大学的师生也有更多机会参与联邦实验室的大型科研项目（李斌等，2014）；另一方面，联邦实验室内的各个研究组负责人多数由大学的教授担任，而实验室培养的学生也来自这些大学，联邦实验室的声望在某种程度上与著名院校一同成长，事实上许多实验室本身就由著名大学的研究中心转化而来，如劳伦斯伯克利国家实验室、喷气推进实验室和阿贡国家实验室等。

和大学一样，联邦实验室也会产出知识成果。那么问题是：联邦实验室产生的知识去向如何呢？负责将这些知识从实验室转移到公众的一个机构是联邦技术转让实验室联盟（Federal Laboratory Consortium for Technology Transfer，FLC），该联盟组建于 1974 年，其主要职能包括提高实验室技术创新商业潜力的意识、加强实验室基础研究和应用发展之间的沟通、促进实验室与地方技术转移组织联系等。1980 年美国通过了《史蒂文森-魏德勒创新法案》（Stevenson-Wydler Act），于 1986 年修改后成为《联邦技术转移法》。《史蒂文森-魏德勒创新法案》要求所有联邦实验室都要设有研究和应用办公室（Office of Research and Technology Applications，ORTA），来识别具有潜在商业前景的技术，加速它们的产业化过程。所以，《史蒂文森-魏德勒创新法案》在某种程度上是联邦实验室的《拜杜法案》。1986 年《联邦技术转移法》的一个重要贡献在于允许联邦实验室直接与工业企业签订《合作研究与发展协议》（Cooperative Research and Development Agreements，CRADAs），1989 年的《国家竞争力技术转移法》把 GOCO 加入 CRADAs 中，进一步开放了联邦实验室与私营企业之间的技术转移限制（武学超，2011）。

然而随着冷战结束，联邦实验室这一强烈依靠国家战略需求而建立起来的科研主体，在国家创新体系中的处境变得越来越复杂，其中浮现出不少值得讨论的议题。

首先是管理模式。21 世纪以来，美国能源部实验室所出现的一些管理不善和安全漏洞的现象，让人们开始质疑美国能源部实验室的管理模式。事实上，美国能源部联邦实验室系统自 20 世纪创立以来，一些承包商至今未改变。对此有机构提议定期展开招标合同，增加承包商的变动率及构成情况以避免固有承包商因缺乏竞争而招致的渎职行为。对此，美国能源部于 2004 年与一些国家实验室签署了竞争性管理文件，如加州大学在合同到期时不一定能续约洛斯阿拉莫斯国家实验室的合同；还有一些实验室则改变了承包商构成情况，如阿贡和费米国家实验室分别在 2006 年和 2007 年新增了一个大学（或大学联盟）的经营管理者。当然，有人认为竞争性合同并无必要，因为流动性的增加将降低一些对工作变更不确定性更为厌恶的科学家进入实验室的意愿，此外，频繁的重新招标所产生的变动成本以及短任期带来的政策短视损害长远发展，这些问题让原本的模式显得更为恰当。

　　其次是存在的使命。就像第二次世界大战结束后国防开支锐减一样，冷战结束后的联邦实验室面临着艰难的处境。虽然在冷战时期，美国能源部实验室在设计和建造武器上的实力一定程度上威慑住了苏联，但这一武器力量上的突出地位在苏联解体后转而成为似乎"无用"的东西，拖累国防开支。20 世纪 90 年代初期，联邦实验室的处境仍旧处于十分不确定的状态。不过到了 90 年代晚期，人们的担忧开始减少，当然这仅仅体现在联邦实验室的定位上——它开始多样化了。准确地说，适应了时代的需求——老龄化等国民健康问题的需要，这与第二次世界大战以来美国能源部长期从事的与国防相关的武器建造等任务似乎格格不入，但事实如此。美国能源部能够做到这样的转变在很大程度上归因于其具备大型的研究设施以及之前在这套装备上工作的经验积累，虽然生命科学和国防科学之间无法直接对比，但二者对于基础研究和大型研究设施的要求是相通的，联邦实验室正好迎合这个需求，大学、工业界乃至联邦政府的其他实验室都或多或少缺乏设备或者经验。例如，人类基因组图谱计划的最初执行方是美国能源部而不是美国国立卫生研究院，因为美国能源部的实验室在大科学项目上更有经验，美国国立卫生研究院自然不愿意去承担这个有较大风险的项目。尽管事实上人类基因组计划在之后交由美国国立卫生研究院负责，美国能源部在项目的启动上还是有重要地位。进入 21 世纪，引起人们和政府日益关注的恐怖主义等国家安全问题再一次给美国能源部提供了存在的理由。虽然新成立的美国国土安全部似乎被"指定"为专门机构，但这个新部门仍需要美国能源部这个老机构提供诸如在高素质的科研人员等方面的帮助，二者的合作也需要考虑到竞争关系的存在，如何尽量发挥各自的优势而减少隔阂，以及如何在新老两个部门间协调这些问题需要进一步考虑。

　　最后是否选择私有化。对实验室未来的关注，也引发了对于实验室管理自由度甚至性质的呼吁。负责美国能源部预算的参议院拨款委员会联席主席 T.J.高蒂尔（T.J. Glauthier）曾指出："能源部应该在政策层面上指导并监督这些项目，具体到这些项目应达到的目标，而实验室本身应该负责确定如何实施。"这样的提议是对长久以来美国国家实验室主管诉求的反映，他们常常抱怨美国能源部事无巨细的管理使他们丧失了机构自主权。为此，委员会向国会提出了诸多建议，包括允许实验室使用不超过 6%的预算用于自由研究，以此来获取更多的自治权（谢雨桐，2015）。在这个问题上还有更激进的意见被提出，在一份由摩托罗拉前 CEO（chief executive officer，首席执行官）罗伯特·高尔文担任主席的委员会完成的报告中，委员会建议实验室企业化，撤销现有的管理合同换以实验室主任制，摆脱政府官僚机构和国会在微观操作上的过度控制。这些对更多自治权的呼吁似乎没有得到实质性的进展，联邦实验室仍然保持着原有的运行体制，而一些实验室自身的问题更是将自治权推向诉求的对面。参议员詹姆斯·兰克佛德（James Lankford）指出当时洛斯阿拉莫斯发生了一起含放射性物质的工具失窃案，全国发生了 76 起类似的失窃案。此外，预算超支的现象让人们对于更多自治权表示担忧，例如，美国国家核安全管理局在橡树岭试图建立铀处理设施的项目开支从 10 亿美元飙升至 65 亿美元。此外，还有一种观点从科学性出发，认为联邦政府有必要拥有自身的高端实验室，从而为前沿技术项目提供政府内部的专业意见，增进政府决策的科学性。这种观点似乎能部分解释现有体制的长久运行，哪怕后冷战时代里联邦实验室的使命曾受到诸多质疑，但其作为政府自有的智库，地位几乎无可替代。

3）工业组织 R&D

自从工业革命以来，工业在近现代社会发展中起着愈发重要的作用，工业进步带来的生产力提高（蒸汽、电力）和生活方式的改善（汽车、飞机）数不胜数，工业上的种种发明和激烈的市场竞争使其成为社会经济最为活跃的领域。工业并不仅仅是产品的贸易，虽然贸易在人类不断跨越地理限制的征途中强烈刺激着人们的财富欲望，但前提还是产品的生产制造，对于原料的采集、加工和成品，再到产品的包装和销售。并且一般来讲，产品的生产工艺和技术在很大程度上影响着其市场竞争力，赚得盆满钵溢的商人或工业生产者无论接下来的策略如何，更好的产品（从他处购买或是自己生产）都会成为其考虑因素之一。

20 世纪以来，美国工业发展和竞争日益激烈，产业发展的多样化和复杂程度都远超之前，工业 R&D 相关的投资在国家总 R&D 支出的比重在 20 世纪 70 年代之后超过联邦政府并且不断增加，在这样一个具有庞大的国内竞争性市场的国家这很容易理解。除了营销策略，归根结底还是要以产品的质量、外观等去面对广大消费者，更何况在交通运输日益便利、关税保护逐渐放开的全球化进程中还要面临其他国家的竞争，工业界对于研发的重视与日俱增。

工业界 R&D 除在国家总开支中的份额上升外，仍然有必要将其与大学和联邦实验室区分开来。在基础研究和应用研究的差异方面，大学往往更专注于研究前沿知识，拓展人类认知的边界；而联邦实验室和工业界 R&D 则侧重于应用研究，具有实际的目标，并且与现实需要紧密关联。在这一层面，由共同的特点细分出的行业或产业差距可以初步将国家实验室和工业界划清界线，联邦实验室由国家控制，关注点往往是关乎国计民生的重要领域，如国防、国民健康等，其肩负使命，并且大多面向政府这一几乎唯一的需求主体；工业界的研发同样侧重应用和发展，但涉及的领域往往是人们日常所需的产品和服务，面向的是广大的民众，当然也包括政府采购需要。工业界的研发并没有得到多少政府的帮助，但无论得到与否，其目标都是以利润为导向，通过设计和制造更好的产品赢得市场竞争，国家利益和社会发展的责任感并不像政府控制下的联邦实验室那样强烈，如果有，更多是由企业自身文化和发展理念所驱动。

即便我们将工业界的 R&D 定位为服务于利润目标的企业行为，但毫无疑问的是，20 世纪以来，并且在早于工业研发成为国家研发主体的时候，工业实验室对于国家 R&D 就取得了较为显著的促进作用。例如，著名的贝尔实验室成立于1925 年，至今共拥有超过两万项专利，取得了无数的发明创造，如晶体管、激光、太阳能电池和 UNIX 操作系统。贝尔实验室还产生了八位诺贝尔奖得主，其在科技领域的诸多成就使得如今的母公司阿尔卡特-朗讯成为通信领域的世界领导者之一。

这种规模化的工业实验室，以及在基础研究上取得的成就，似乎与我们对于工业组织研究的现时印象有些不符，但是历史解释了我们的疑惑。这些工业实验室在 20 世纪后半叶逐渐遭到淘汰，或者被迫改革。新兴的实验室规模在不断缩小，如 20 世纪 90 年代组建的英特尔和微软实验室，早期它们的科技研究人员都不超过 500 人，发展至今规模远不及贝尔实验室。这种趋势的可能解释包括研发中心的高额成本以及规模庞大带来的效率下降。此外，随着 CEO 任期的缩短以及市场竞争的激烈，不仅管理者个人在决策方面更加短视化，市场压力也促使工业实验室的研究工作更加任务化、集中化，相应的研究经费拨款方式也从以定额比例拨款为主转向以合同承包为主，基础研究在工业实验室中的份额正在不断下降。

当把大学、联邦实验室和工业界分别与联邦政府关联起来时，我们会发现似乎它们多少都得到了来自政府在 R&D 方面的强大资助，在工业界执行的研发任务中，来自联邦政府的资助低于来自国外商业组织的资助，与工业界自身相比更是相去甚远。政府是否应该也大力资助工业界的研发计划呢？美国政府倾向于对工业研发采取不干预的做法，并不像对待大学基础研究那样支持工业 R&D，可能的解释是美国市场对于"看不见的手"的推崇，政府的干预，包括各种科学政策或者意见指导，都可能影响到竞争市场的公平，一份疏忽大意的评价报告直接推动竞争格局的改变；哪怕是设计合理的优惠政策，也会让没有享受到的部分企业怨声载道。所以，政府与其插手工业界的利益纠葛，不如将投资转向符合长远目标的大学基础研究，或者是迎合自身需求、履行机构责任的国家实验室研究项目。

4）州政府

第二次世界大战后美国的创新体系中还有一个日益重要的角色——州政府。州政府在创新体系中的地位直到 20 世纪 80 年代都没有得到很好的体现。很直观的一个现象是，20 世纪 70 年代之前全美仅有一个设立了专门管理科学政策和活动的地方政府机构。实际的投资额更是明确了这一事实，不仅在 20 世纪 80 年代之前，哪怕到了 21 世纪前几年，国家 R&D 总投资中来源于州政府的份额也微乎其微，往往不及 1%。州政府在研发创新上的投资长久以来被联邦政府和工业界所掩盖（即便州政府在行政上仅次于联邦政府）。

联邦政府和大学之间的合作是互惠互利的，但大学与州政府的关系却并没有那么融洽。一方面，联邦政府资助使得大学基础研究对其产生依赖；另一方面，州政府在大学研究成果上并没有看到多少前景，诸如带动就业和经济发展。这一形势在 20 世纪 80 年代被打破，随着传统制造业在全球化中由于人力、原材料等因素失去竞争优势而日渐式微，而高技术产业如生物技术的兴起以及具有该产业的州在经济增长上超乎平均的事实让州长意识到高技术产业可以作为地方经济新的增长点，大学从事的基础研究作为高技术产业的技术源头的作用愈发凸显；此外，得益于《拜杜法案》，大学成为自己研发成果的知识产权所有者，走上正轨的技术转移活动加速了基础研究到产品的漫长过程，并最终带动当地产业和经济的发展，州政府也因此受到激励去支持大学的研究。这一转变预示着州政府将不仅同以往一样间接影响地区科研活动（提供大学教师薪资、审批地方土地资源用于科研院校和机构），也开始更为全面和直接地参加到国家创新体系中，作为地方力量与大学、工业界等创新主体产生更加广泛而紧密的联系。

1999 年通过的《烟草和解协议》在资金方面助推了州政府对地方科研事业的支持。法案规定，烟草公司在未来 25 年内支付给各州高达 2000 亿美元的偿付金，以补偿烟草消费带来的健康问题和治疗费用。弥补外部性损失的资金交由州政府管理而不是联邦政府或是直接划为医疗卫生领域，这给予了州政府很大的自由空间，为其参与大学和地方产业发展的协调工作提供了保障。直到 20 世纪末，各州政府机构已经在支持科研方面达成了普遍共识。根据美国国家科学基金会在 1999 年的一份报告，各州对 R&D 的支持集中于三个方向：一是增强地方院校的科研能力，并且鼓励其与维系当地经济发展的工业合作，以期加速成果转化；二是支持企业家创业和高技术公司的成立，带动本地产业升级和经济发展；三是促进新技术融入现有的生产线和配套设施，提高原有机器生产效率。

州政府的参与有效推进了美国创新体系的完善和发展，如州政府在许多创新区域集群形成过程中发挥重要作用。第二次世界大战后，美国的工业生产由政府主导的单一国防军工逐渐转向以电子信息产业为代表的多元化发展，但传统汽车生产线的国际转移和海外竞争对手如日本在晶体管及集成电路等电子产品方面的竞争使得创新在国内产业的生存中显得十分重要，在这些领域上缺乏政府投资的美国工业亟须一条出路。

事实上，早在《拜杜法案》颁布之前的 20 世纪 50 年代，大学就通过对当地企业员工进行技术培训等方式提升公司的人力资本，大学本身教育培养出来的人才加入区域性的创业公司或是成为合伙人，提高了初创公司的存活能力，更关键的是将大学的研究成果转化为商业回报。大学与地方公司之间的合作模式吸引和孵化了创新的区域集群，其中最有代表性的是硅谷和 128 公路区。硅谷的起源常被人们追溯到斯坦福大学与周边企业的密切合作，产学研一体的发展范式使其成为美国乃至全球的创新中心，一大批以硅原料生产晶体管的中小企业在与大学和同行的竞争与合作中淘汰或升级，不断提高整个创新集群的科技实力。同样成功的 128 公路区环绕着波士顿市区，坐拥哈佛大学、麻省理工学院等众多院校，被誉为美国的"高新技术公路"。这种创新集群的理念基础是："隐性"知识往往是"黏滞"的，从校园研究获得的知识，往往不能快速扩散，并且均匀地分布在各个区域。公司和机构在地理上的密切联系应该能够为集群内的公司更好地提供获得知识的渠道，从而带来竞争优势。

为了吸引高技术企业促进创业，大多数州都提供税收优惠政策，这在许多解释硅谷和 128 公路区成功的文献中并没得到重视，它们更强调风险投资和天使投资的作用，诸如 128 公路区毗邻当时金融业繁荣的纽约，硅谷的初创公司在创立前几年对风险投资的依赖很高等；然而，州政府的税收优惠对于高技术产业集群的影响也不能忽视。

此外，州政府也对生物科学领域的发展产生推动作用。进入 20 世纪 90 年代，冷战结束使得国防开支缩减严重，而州政府在经济、教育、环境和国民健康等领域的自由度更高了。人口老龄化对于健康的需求以及基因技术的发展催生了美国国内生物科技产业的繁荣，州政府也灵敏地感知到新兴产业对于地方经济的重要机遇，积极鼓励地方生物技术产业的发展。

4. 金融的参与

金融在美国创新体系中的作用其实早在前文已经提及，在 19 世纪末的兼并浪潮中金融资本的力量介入企业的重组事务，如北方证券公司这一垄断组织的形成便离不开 J.P. 摩根公司等提供的资本运作；但这一时期人们的关注点较多在于行业组织结构的加速集中及其对社会的复杂作用，金融资本作为大财阀市场力量的工具发挥的消极作用为人们所诟病，其对于公司重组的基本"魔力"以及积极作用直到第二次世界大战后才体现出来，至今已成为美国经济发展尤其是技术创新不可忽视的重要支撑。

金融的基本作用在于资金融通，银行等传统的金融机构自诞生以来便参与到国家资金流动性的增长中。然而，这种流动性与资金的收益要求是紧密相连的，资金的获取（借贷）往往要求以高额的偿还利息作为代价，因此作为资金的需求方必然需要承担十足的风险，哪怕对于所借贷资金的回报前景非常乐观。除国家之外，最大的资金需求方恐怕就是企业了。无论是为了维持生产、扩大经营规模的现有企业，还是拥有良好市场前景的初创企业都需要充足的资金支持，但高额利息的资金借贷所带来的风险使得传统企业一般以自有资金进行生产运转。通过内部建设来实现增长，虽然也有来自个人、家庭和商业伙伴的资金支持（风险投资的雏形），但其并未组织化、规模化，其对于企业尤其是初创企业的积极作用仍然有限。这种传统的企业运作方式在威廉·拉让尼克的著作《创新魔咒：新经济能否带来持续繁荣？》中被描述为"旧经济企业模式"。其还有诸多鲜明的其他特点，比如，在战略上以相关技术为基础扩展至新的产品市场、财务方面于纽交所上市并支付稳定股利、从一而终的人员雇用等，与这种形成发展于 20 世纪前三十年的所有权经营权分离的企业模式相对应的，是始于第二次世界大战后的新经济企业模式——战略上采取专业化发展，通过收购新兴技术公司积累力量；基于行业标准的技术交叉授权，产业链垂直专业化并且将一般性工作外包或海外转移；财务上于纳斯达克上市，接受有组织的风险投资，不派发股利并以股票回购支撑股价；组织上实行无保障就业，以股票期权支付高流动性雇员的薪资等。在信息技术行业中，旧经济企业包括 IBM、惠普、AT&T、施乐、德州仪器等，新经济企业则包含戴尔、微软、英特尔、苹果、亚马逊等，划分的时间节点是 1957 年，这一年远比因风险资本促成的硅谷闻名于世的时间要早，但正是这个时间点，仙童半导体公司的成立催生了一批与旧经济企业不同的创业公司，这些公司在 20 世纪接下来的时间里走出了与传统模式截然不同的发展路径，其中金融，准确说是风险投资及股票市场的转变，极大地促成了新旧企业模式的更替，并对美国创新产生了复杂的作用。

信息通信技术行业与新经济企业模式的演进是息息相关的，但仍然要看到的是，旧经济企业模式下发展的技术为信息通信技术产业新经济的崛起所奠定的坚实基础。美国政府于 1949 年对 AT&T（American Telephone and Telegraph Company，美国电话与电报公司）发起的反垄断诉讼以及 1956 年的判决，使得 AT&T 和西部电气必须以合理费用向其他企业转让其专利，最终的结果便是贝尔实验室的研发成果（包括 1947 年发明的晶体管）支撑起后续整个信息通信技术产业的发展。

1957 年，八位科学家和工程师离开了加州的伯克利国家实验室，在附近创建了仙童半导体公司。仙童半导体公司的创立引发了后续一系列的创业浪潮，奠定了硅谷作为微电子技术中心的坚实地位。伯克利和仙童之间的这种流动给当地带来了充盈的活力，截至 1970 年，共有 42 家半导体公司建立于仙童附近，直到 1985 年，在硅谷新建的半导体公司中有 32 家的创始人曾经供职于仙童公司，还有 35 家创始人则供职于上述这些仙童公司培养出来的创业企业，其中有著名的英特尔和国家半导体公司，二者均属于"仙童之子"。诞生于第二次创业浪潮（1968～1972 年）的这些企业与第一次浪潮（1959～1964 年）中企业面向的市场不同，它们的竞争领域在于存储器芯片，英特尔凭借其在 1971 年发明的微处理器，成为 IBM 推出的个人电脑产业中微处理器的主要提供商。英特尔的微处理器以及微软的操作系统在计算机产业中确立起"开放式系统"的标准。

这种垂直专业化所依赖的全产业范围的行业标准与之前旧经济时代流行于一体化的大公司，如 AT&T 和 IBM 等企业的内部专有标准截然不同。产业范围标准的存在促进了高技术员工在其职业生涯中进行跨企业流动的可能，新经济企业的经理注重行业范围内的经验，包括技术和产品市场最新进展的知识，而新员工往往可以为其贡献相关知识和经验。信息通信技术产业在硅谷的区域集中也有利于劳动力的跨企业流动，与此同时，由区域集中和员工流动形成的网络会产生新的知识，而该地区劳动大军吸收这种知识显然要比区域外的高技术员工更有优势。

高技术员工的跨企业流动导致一种新的薪酬形式——非经理人股票期权的出现，以此来吸引、保留和激励更广大的员工。这种非经理雇员股票期权在 20 世纪 60 年代出现，其作为原本高层管理者避税的重要方式让位于高科技初创企业对于科学家、工程师和管理人员的迫切需要，以股票期权的超高上限来吸引其他公司的员工放弃稳定的就业和日后的高薪。此外，高科技创业企业之间的激烈竞争也使得股票期权作为留住人才的激励手段而被愈加重视。由此可以看出，股票市场在新旧经济企业之间的拉力战中发挥着关键作用，其不仅帮助新经济企业的代表——硅谷的初创公司从老牌大公司那里汲取人才和知识，还以期权的方式使创立初期的企业在人员高度流动的硅谷稳定下来，更重要的是，这种高度流动性的实现所带来的知识交流为硅谷地区的迅速成长增添了无穷动力。

金融体系对于新旧经济企业模式的更替和创新发展还体现在风险投资上。大多数硅谷企业的创立都与风险资本有关，并且其重要性在 20 世纪下半叶不断上升。在 20 世纪的最后 5 年里，随着互联网浪潮兴起，一批新的创新公司成立，旧金山-奥克兰-圣何塞综合都市统计区（Consolidated Metropolitan Statistical Area，CMSA）的风险投资笔数占到全美国的 28%，金额比例则为 14%，远超波士顿和纽约地区。

如前文所述，风险资本的雏形早已出现，但真正意义上第一家正式的风险投资机构则是 1946 年成立于波士顿的美国研究与发展公司（American Research and Development Corporation，ARD），其宗旨是支持企业家创办新的企业，以实现先进科技的商业化。第二次世界大战后，麻省理工学院和 ARD 成为 128 公路区高科技走廊的重要支柱，前者为军工和企业实验室输送人才，后者则为怀有商业化前景的初创企业提供资金援助。同样的模式也出现在西海岸的斯坦福大学周边，虽然刚开始伯克利国家实验室在西海岸的落户还未得到风险资本公司的青睐，但是两年之后从伯克利"出逃"的八个人在创办新企业时显然得到了风险资本的眷顾，他们几经波折得到了一名具有风险融资经验的专业人士阿瑟·洛克和纽约长岛的仙童摄影器材公司提供的支持和资助，随后正如人们所看到的，仙童半导体迅速成长为西海岸半导体产业的源头，催生了数以百计的半导体初创公司。

从 1959 年开始，西海岸的风险投资公司如雨后春笋般成长起来，风险投资之父阿瑟·洛克也于 1960 年离开原有公司，成立了专门从事风险投资的戴维斯-洛克公司，并在随后英特尔的成立过程中提供了高达 250 万美元的启动资金。事实上，硅谷地区的风险投资机构与半导体企业的开办相辅相成，风险投资公司也经历了相应的三次创设浪潮，并且在第二次浪潮过后，半导体和风险投资公司的联系进一步加深了，这体现在半导体公司开始向风险投资公司输送一些资深的专业人士。如曾担任仙童半导体销售经理的唐·瓦伦坦在 1972 年创办了红杉资本（Sequoia Capital），后来成为硅谷最成功的风投企业。次年，全国风险投资协会选址于西海岸，赋予了这一地带风险资本在全国的领先地位。20 世纪 80 年代，技术导向的风险投资公司已经与硅谷融为一体了，这些企业的组织模式是由风险资本家担任普通合伙人，他们需要募集资金、审查并挑选创业企业以形成投资组合（降低了风险资本家投资活动的风险）、对企业内部的资源配置加以控制等，这种合伙人模式在日益成熟的风险资本发展阶段中为新技术的商业化提供了更有力的保障，因为从风险投资公司来看，他们由一群既拥有大量资金又具备专业知识的复合人才组成，在孵化期间更可以凭借原有的社会地位和阅历为初创企业寻找合适的买家和市场增长点，提高了初创企业的存活率，最终带来地区的活力与繁荣。

　　21 世纪以前，金融市场（尤其是股票市场）在新旧经济企业模式的更替中发挥着重要作用，以风险资本的企业创建以及财务配置功能和股票期权的劳动配置功能助推了硅谷的繁荣，企业家、风险资本家和高技术员工的通力合作引领了创新型经济的到来。然而，股票市场也产生了投机和股价操纵的行为，为经济蒙上了不稳定、不平等的阴影。20 世纪 90 年代后期，美国股市成为一个高度投机的市场，虽然存在一些极具创新性的企业，但市场的狂热让不少滥竽充数的公司股票也取得了近乎夸张的价格增长，从 1998 年 3 月到 2000 年 3 月，纳斯达克综合指数上涨了 149%，与此同时，道琼斯工业指数和标准普尔 500 指数分别只上涨了 21% 和 36%。在股市泡沫化震荡发生之后，股价操作成为又一个股票市场发展的"魔爪"，其主要手段是股票回购，以此来填补投机行为减少带来的空白，维持股价的高位。2000～2007 年，作为信息通信技术行业的核心企业，思科、微软和英特尔这三家企业的 R&D 共计 1130 亿美元，但同期它们用于股票回购的金额却高达 1640 亿美元。事实上，股票回购在新经济企业的成熟期更为常见，管理者宣称股票回购旨在向公司权益的持有者发放现金回报，但不得不让人怀疑其真正动机在于抬高股价以满足自身薪资增长和股东价值的最大化。

5. 适当的人才政策

　　与第二次世界大战后微电子产业发展相伴随的，还有美国的人才引进政策，其在全球化进程中对高技术人才产生了重要的吸引力，进一步巩固了美国在世界科研和高技术发展中心的地位。

　　20 世纪六七十年代，科学和工程领域的人才外流问题困扰着一些亚洲经济体，在亚洲成为美国科学和工程师的海外头号来源地时，人们强烈地意识到美国将这些新兴工业化国家辛苦培养的技术人才"据为己用"。这种形势在很大程度上是由 1965 年的《美国移民和国籍法》（U.S. Immigration and Naturalization Law）

造成的，该法废除了原本的限额，鼓励对人才的引进。结果，来自亚洲的专业人才移民人数在 1965～1967 年逐年翻番。几乎与悲观预期相一致，在赴美留学的亚洲学生中，学成归国的比例在第二次世界大战后二三十年里保持很低的水平，来自印度、韩国、中国等亚洲地区的优等生大多选择在美国安顿下来。20 世纪 90 年代初《移民法》将劳工类移民签证的限额调高了近 10 万份，加剧了其他地区的人才外流。

此外，非移民工作签证的颁发也极大地促成亚洲的高技术人群流入美国高技术工作岗位，作为高技术工作者签证的 H-1B 签证持有人也可以申请永久居留，从而实质上成为移民的另一条路径。在 1990 年《移民法》生效前，H-1B 和 L-1 签证的发放并没有年度限额，因此只要满足高技术人才要求或者美国跨国公司的内部管理人员要求，便可以获得在美国从事技术工作的可能。如此宽松而又有针对性的人才政策虽然曾引起美国国内人才的不满以及引起对于非法移民身份合法化问题的讨论，但无论如何，高技术人才的涌入给美国企业雇主提供了更多样甚至性价比更高的选择，对于在第二次世界大战后短短半个世纪内经历了微电子、医药、互联网三次高技术浪潮的美国，这些由开放的人才政策招致的资源显得尤为珍贵。

第四节　美国创新对中国的启示

一、立足庞大稳定的国内市场

需求扩张作为从事研发活动的原动力，是促进产业技术进步，形成经济发展良性循环的基本前提。一方面，幅员辽阔、人口众多引发的巨大消费需求一直以来都是美国的鲜明特征，两次工业浪潮中推动着纺织业、钢铁、近现代交通运输业等的迅猛发展，无论在广度还是深度上都举世罕见。究其原因，庞大的国内市场功不可没，其为企业大规模生产创造了可观的利润空间。福特公司是这方面的典型例子，流水线作业带来的高产形成了规模经济，使美国一度成为世界上最大的汽车消费市场。另一方面，在规模经济尚未形成强大壁垒时，市场的"大蛋糕"与消费者的不同偏好赋予了市场充足的竞争活力，利润的刺激促使竞争者改进现有生产工艺和流程，甚至开发新产品迎合独特的市场需求，如 20 世纪 20 年代克莱斯勒公司对福特的冲击开启了新的车身模型的研发浪潮。这样的发展步态在其他行业同样快速而普遍，背后往往离不开国内市场的有力支撑。

作为世界上最大的发展中国家，中国也应利用需求升级对产业创新的牵引作用，特别是要关注市场需求侧具有规模报酬递增性和网络经济效应的产业，充分发挥市场优势，持续释放内需潜力，拉动先进技术发展。

二、强化组织创新和流程创新

美国早在 19 世纪末便成为世界上最大的工业生产国,并在第二次世界大战前实现 GDP 赶超英国。支撑这种经济崛起的力量并不主要是科技实力,事实上美国在战前并非全球科技的领导者,只是模仿者和追随者,如在化工领域对德国的效仿表明当时美国的技术熟练程度远不及德国企业。这一阶段许多案例表明美国主要在生产流程和企业组织创新方面实现了赶超,具有标志性的流程创新包括前述的福特公司的流水线生产模式,以及在 19 世纪受到国防预算支持的伊莱·惠特尼(Eli Whitney)成功开发了"可互换部件"(interchangeable parts)技术,这是对现有技术的实质性改进和组织创新,进而发展成制造业的"美国系统",并且开了美国国防部支持创新、军转民的先河。这些改变通过优化组织结构和业务流程,消除无效环节和重复劳动,提高创新效率和生产力,显著降低了烦琐的调整成本,从而催生了汽车、电话、收音机等一系列大规模生产的爆发和国际转移,为美国带来了较为持续的经济繁荣。

中国可借鉴美国经验,积极进行组织创新和流程创新,改进生产流程,优化制度设计,提升企业的生产力和竞争力,进而提高创新效率、促进产业升级,加快技术创新向产业化转化的速度,使中国创新体系更具有持续性和稳定性。

三、注重基础研究和应用研究

研究与发展通常作为研发经费的粗略划分依据,这两者以实际是否生产产品进行区分。其中,研究可依需求细分为基础研究和应用研究,发展可以认为是运用研究所获得的知识,生产实用材料、设备、系统和方法。

自第二次世界大战以来,美国对于科学转化为技术的过程有着这样的线性化认识,即研究与发展起始于基础研究,之后是应用研究,接下来是新技术的发展以及有效利用。就以往技术在经济领域的大范围转型和应用的经验来看,基础研究和应用研究对经济发展的影响深远。今天繁荣的美国市场上汇集着大量可以将科技来源追溯到大学及联邦实验室基础研究成果的产品,小到 MP3 播放器的微小设计、以研发雷达技术催生的微波炉制造,大到民用客机的早期军用雏形,以及以研发核弹为出发点发展的核电领域等。这些并不追求实际用途的基础研究以及专注于国防安全的应用研究,最终大多在商业领域被改造应用,成为商业开发的源泉。

中国目前处于后追赶阶段,仍然遵循着"引进发达国家基础技术—进行技术创新—面向国内市场进行商业化—推广到国际市场"的模式。因此,在后追赶阶段开始重视基础研究和应用研究，既是该阶段的被动选择，也是实现未来技术领先的主动选择。

四、推动各创新主体分工明确

从早期乃至现在，美国的公共部门和企业部门的确在研发领域存在一定的重合，各个主体并不完全专注于某一类型的研发投入。但随着第二次世界大战结束，战后美国的创新体系呈现出鲜明的特征，从资金的筹划到科技成果的孕育和运用，依靠的是创新主体明确高效的分工合作，即公共部门从事与商业利益不直接相关的基础和应用研究，而企业部门从事与商业利益直接挂钩的技术开发，并且存在适当的机制沟通协调两个部门。

大学日益成为美国基础研究的主体，其经费不仅来源于捐赠等途径，在第二次世界大战后也得到了联邦政府的大力支持。高等院校从事的研究也逐渐与欧洲神学分离，转向对自然科学领域的探索。这种探索由实际需求引发，不断抽象化为基础学科的探索。美国向德国学习的高等教育体系以及联邦政府的支持将诸多有志于漫长基础研究的科研人才汇集一堂，基础研究推进的高难度任务需要前人经验和发散性思维，这注定了基础研究需要自由开放的环境，习明纳教育方式在高等院校的普遍采用贴切现实需求。美国政府部门自身同样设立了国家科学基金会、国立卫生研究院、国家航空航天局等研发相关的机构，建立了一系列的国家实验室，这些组织设计一方面考虑了高等院校知识成果的自有参考标准，另一方面主要是为了满足现实的特定需求（国防、卫生等）。这类应用研究具有保密性、投入成本高、建设周期长、指向性明确等特点，因而不具备托付给大学乃至私人企业的条件。企业部门对于技术开发的专注则来源于以下两点：一是基础研究或是未来扶持领域的应用研究往往回报不稳定，不符合企业赚取利润的根本需求；二是特定国防领域的应用研究只面向单一政府供应，不及大众消费市场广阔。

当然，公共部门和企业部门的研发成果只有对接，才能最终实现社会总体效益的优化。美国在此颇受好评的举措便是《拜杜法案》的施行，其搭建了高等院校和企业部门之间成果转化的桥梁，也激发了科研机构的创新意识，加速了从思想到设计再到商业应用的过程。针对联邦实验室成果转化的则有《联邦技术转移法》，二者共同打通了技术转移的基本渠道，进一步完善分工明确的美国创新体系。

中国应借鉴美国经验，做到强化协同创新力度，明确各类主体在创新体系中不同的功能定位，各司其职，激发各类主体创新激情和活力，构建功能互补、深度融合、良性互动、完备高效的创新体系。

五、灵活安排专利制度

以专利制度为代表的知识产权保护通过保障发明者在一段期限内的垄断收益，有效修正了创新产出的正外部性，为研发活动提供了激励，但是在某些领域产权保护制度会导致损害市场竞争的垄断行为出现，不利于技术扩散和协同发展。美国一直以来坚持专利保护实用主义，由行业水平和社会环境决定专利保护的强弱，如 1956 年美国联邦政府要求 IBM 和美国电话电报公司的某些技术具有自由专利权，较弱的知识产权保护有利于降低产业进入门槛，在这一时期有大量新兴小型公司出现，增进了行业创新活力；同样在化学行业，美国杜邦公司是第一个生产聚乙烯的厂商，但在第二次世界大战后美国司法部对聚乙烯专利权有自由许可性的认定，使其他企业也能够参与到聚乙烯生产中来，促进了战后美国聚乙烯产量的迅速增长。

因此，中国在建立创新体系的过程中，需要平衡创新激励和垄断，确保专利许可行为的合理性，可在特定领域建立适当的专利自由许可制度，以降低新企业进入门槛，增强市场活力。

六、寻找政府创新投资切入点

第二次世界大战前后，联邦政府对于科技发展的支持力度截然不同，在维持原有农用研究经费的基础上，新增投资大部分投向国防以及政府职能领域如公共卫生安全领域，这些领域所具备的高度使命化任务将其与商业活动撇清关系，利益最大化并不是首要目标。当下，联邦政府为创新体系中第二大研发资助者，工业组织从中获得的支持不足其 1/3。虽然我们可以从诸多商业产品中追溯到军用研究成果的影子，但显然联邦政府早期研发投入的初衷并不在此。

当前中国没有充足的必要在军工上大量投入，以免加剧 21 世纪以来愈演愈烈的军事紧张，合适的切入点可以放在绿色技术及生命科学领域，落实以人为本的发展理念，将政府这双有形之手放在更好的着力点上。

第二章　日本的创新之路：从明治维新到现代化

余静文　卢洁宜①

日本位于亚洲东北部，是太平洋上的岛国。明治维新使日本开启了向欧美学习的"全盘西化"之路，国家实力增强。第二次世界大战之后，日本百废待兴，得益于美国的扶植，日本经济发展水平和科技水平突飞猛进，当前，日本科技创新能力依然位列世界前列。随着中国潜在经济增速处于下行区间，国际经济形势和地缘政治环境错综复杂，中国以要素驱动为特点的经济增长模式亟待向效率驱动乃至创新驱动经济增长模式转型（余静文和周艺，2022）。在日本科技创新的发展之路上，有哪些经验教训？中国的科技创新能够从中得到哪些借鉴呢？本章将从明治维新开始分析日本科技创新强国之路，从外部冲击和国内制度变迁两个角度对日本科技创新强国之路进行详细阐述。通过对发展历程的分析，我们概括了影响日本科技创新的主要因素，包括政府扶持、"官产学一体化"、国际化人才培养、法律与制度，以及金融创新等，并结合每一次重大历史事件或历史转折点对这些因素如何影响日本每一轮产业结构调整、每一次科技升级进行分析。

第一节　日本：崛起的创新强国

在中美贸易摩擦升级之际，2019 年 7 月 1 日，日本经济产业省宣布，将对用于智能手机及电视机的半导体等制造过程中所需要的三种材料，即用于半导体清洗的氟化氢、用于智能手机显示屏的氟化聚酰亚胺和涂覆在半导体基板上的光刻胶，对韩国进行出口管制，世界的目光有了暂时性的转向。此外，从 2019 年 8 月 1 日起，日本还把韩国从外汇管理法上的优惠制度"白色国家"名单中撤下来。②此时，人们才普遍意识到日本科技创新能力已经强大到足以扼住韩国经济的咽喉，与人们印象中的资产泡沫破灭导致"失去十年"，甚至是"失去二十年"

---

① 余静文系武汉大学经济与管理学院副教授，卢洁宜系武汉大学经济与管理学院博士研究生。
② "白色清单"是日本政府为简化出口高科技产品手续制定的安全保障贸易友好对象国清单。

的日本经济截然不同。那么日本科技创新能力到底有多强？日本到底是衰落中的经济大国，还是崛起的创新强国呢？

事实上，从世界主要国家创新指数（2016～2017 年）的排名来看（图 2-1），日本的创新指数仅次于美国，位列全球第 2，排名前 3 位的依次是美国、日本和韩国，这三个国家也是工业强国、制造业大国。中国排名第 9，位于以色列之后，领先于澳大利亚、加拿大和印度，按照创新指数，中国与第 1 名的美国差距超过了 30%（以美国为基准），与第 2 名的日本差距超过了 25%（以日本为基准）。日本在创新方面远远领先于中国。

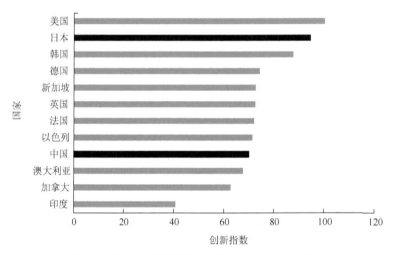

图 2-1　世界主要国家创新指数（2016～2017 年）

资料来源：中国科学技术发展战略研究院《国家创新指数报告 2016～2017》

从研发投入强度来看，日本在研发方面投入极大。日本 2007 年的研发支出占 GDP 比例就超过了 3%，为 3.33%。2014 年日本研发支出占 GDP 比例更是高达 3.4%，达到了峰值，2016 年研发支出比例有所回落，为 3.14%。相比之下，中国研发支出占 GDP 比例虽呈现出不断增长的势头，但截至 2014 年该比例才超过了 2%，达到了 2.02%。中国在研发投入强度方面落后于日本，同时也落后于美国。美国研发支出占 GDP 比例长期位于 2%以上，2016 年研发支出占 GDP 比例达到了 2.74%（图 2-2）。从每百万人研发人员数来看，中国研发人员也相对较少。2016 年，中国每百万人中研发人员只有 1206 人，美国在 2011 年每百万人中研发人员数就超过了 4000 人，并呈逐年上升的趋势，日本研发人员数更高，每百万人中研发人员数在 2016 年高达 5210 人（图 2-3）。事实上，自 1998 年以来，日本每百万人中研发人员数便已经超过了 5000 人，且 1998 年研发投入强度为 2.87%，2002 年研发人员数下降到 4871 人后又恢复至 5000 人以上。

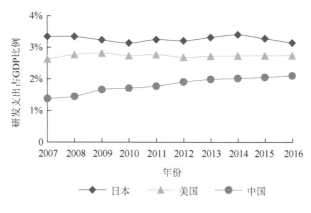

图 2-2　研发投入强度的比较

资料来源：WDI（World Development Indicators，世界发展指标数据库）

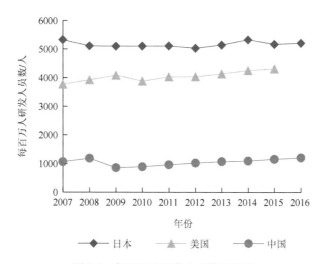

图 2-3　每百万人研发人员数的比较

资料来源：WDI
美国 2016 年每百万人研发人员数缺失

　　从专利申请数来看，中国专利申请在绝对数量上领先于日本、美国，2017 年中国专利申请数超过 124 万件，日本和美国分别为 26 万件和 29 万件。但是从人均专利申请数的角度来看，日本遥遥领先于中国。日本每百万人专利数为 2053 件（2017 年），中国和美国这一数据分别为 899 件和 904 件，与日本差距明显（图 2-4）。值得注意的是，在次贷危机之后日本每百万人专利数申请有所下降，相反中国每百万人专利数申请呈现出上升趋势。由于人口数量变化比较缓慢，该数据的变化更多反映的是专利数量的变化。

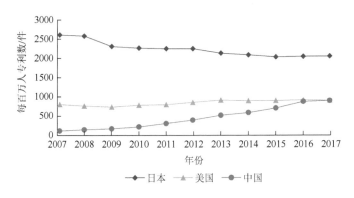

图 2-4　每百万人专利数的比较

资料来源：WDI

　　日本经济增长与专利增长呈现明显的背离现象。经济增长从 1990 年开始呈现下降趋势，增速在 1%左右徘徊，相反，专利申请数和专利授权数均呈现上升趋势，年均增速超过 10%。日本经济较低的增速是发达经济体处于平衡增长路径中的常态，从这个角度而言，日本并不存在"失去十年"和"失去二十年"。日本的创新投入处于世界领先水平，其对应的大量创新产出打造了日本当前的创新能力。

　　根据《日本创新信息概述》，日本创新可以分为以下九个方面，在这些方面日本已经取得了项目进展及成果或者取得了相关基础研究的支撑（发表了高水平学术论文）。①电子信息方面，日本的创新主要体现在研制大幅减少电子产品耗电量的新型晶体、下一代超薄型高温超导电缆、超级计算机，开发大幅降低电子设备待机能耗的存储器，开发只有米粒大小的可改变物联网的传感器、可穿戴智能装备，开发用于医疗服务的机器人、超导电缆、超级计算器（中央处理器、存储器）、医疗康复智能设备、仿生机器人以及应用型机器人。②纳米技术方面，日本的创新集中在证实纳米级二维有机导体存在库仑阻塞现象，发现纳米水离子可抑制宠物过敏源和病原体，开发高性能的纳米金属材料、碳基纳米材料（纳米级碳素防火面料、纳米石墨烯等）、纳米医学材料，用纳米材料研制可弯曲显示屏、柔软药物胶囊，开发电子显微镜新电子源。③光学领域，日本的创新体现在开发柔性透明材料、光变态材料、高发光有机电发光（organic electro-luminescence，OEL）材料、光变色材料，研制微型硅光子光源、用稀土元素与碳纳米管开发光源、研发有机发光二极管、光学显示器和新液晶模板，研制新型光全息存储器和光子存储器，开发激光与电解设备、超高速相机、高精度光学显微镜，研制光通信、光测量的新技术。④天文与航天领域，日本的创新表现在分析显示日食会影响 GPS 精确度，揭示金星没有板块运动的原因，绘制月球表面完整地图，推测土星 F 环及小卫星形成过程，在探测宇宙元素、银河系周围星系与银河系外星系方面获得突破，观测恒星与黑洞，开发行星探测器，研发多型号多用途卫星，发射宇宙飞船，研制大型运载火箭，利用卫星定位系统的新技术和新装置，研制可回收太空摄像机、新型卫星雷达系统，探索清理太空垃圾的新方法。⑤材料方面，日本的创新体现在开发有色金属氧化物、稀有金属氧化物、金属复合氧化物、铁合金材料、轻有色金属合金材料、半导体新材料，开发陶瓷材料、建筑材料、碳素材料、热电转换材料、超硬材料、超导材料、可降解材料、自修复高分子材料、有机纤维材料。⑥能源方面，日本的创新体现在开发大容量高性能的锂离子电池，研制燃料电池、镍氢电池、钠离子电池、镁蓄电池以及有机材料制成的快速充电电池、硅基太阳能电池，研制用氧化铁合成物、砷化镓、钙钛矿等材料制成的太阳能电池、太空太阳能发电设备。⑦环境保护领域，日本的创新体现在研发二氧化碳转化为能源、碳资源和甲酸的技术，开发捕捉温室气体的新材料，开发治理水污染的新设备和新技术、防治辐射污染的新材料和新方法，研制节能型电器产品，研究引发极端气候原因、气候变化对地球磁场影响，钻探海底地震带搜集地震数据，深海探测船海洋生态环境监控，土壤污染防治。⑧交通运输领域，日本的创新主要体现在设计制造新型微型车，研制电动车、混合动力汽车、单轮智能代步车、超导磁悬浮列车，研制新一代运输机、喷气式支线客机，开发波浪动力船和低燃料成本船舶，开发车用锂电池及材料、充电设备和动力系统，研制车用智能装置，开发防追尾的智能系统、车载图像识别并行处理器、可折叠式架桥。⑨生物医药方面，日本的创新表现在基因破译和基因测序技术、基因合成与重组、基因检测与治疗、蛋白质开发利用、培育干细胞、病毒感染机制、动物克隆、癌症发病机理症预测和检测、癌症防治新药物和新材料、大脑运行机制、神经细胞和神经疾病、记忆生理机制、睡眠生理机制、器官移植等。

第二节　求索之旅：从引进模仿到自主创新

一、"黑船事件"：开启明治维新时期

明治维新（1868年）为日本此后的科技创新做了两个方面的基础性工作。一是通过教育和人才引进提高了人力资本；二是学习西方先进的专利制度，确立了鼓励科技创新的制度性框架。

1853年，美国东印度舰队司令、海军准将佩里将军叩开日本封闭多年的国门，史称"黑船事件"。1854年，日本与美国签订第一份不平等条约《日美和亲条约》，日本被迫同意开放下田、箱馆（今函馆）两港口，美国在两港口派驻领事，享有最惠国待遇。此后，英、俄、荷等国也与日本签订了类似条约（陈志武，2017）。

"黑船事件"导致了幕府统治的土崩瓦解，日本由此开启了明治维新时期。概括来看，日本的科技史有三个重要的转折点，其中一个便是明治维新，另外两个分别是第二次世界大战和日美贸易战。在明治维新之前，只有中国和荷兰与日本有贸易往来，贸易交往过程中部分西方科学技术和知识传入日本，即为日本锁国期间的"兰学"。在这段时期，日本的医学、物理和化学等都得到了一定程度的发展，一些与军工业相关的技术也得到了引进，日本也因此建设了炼铁、锻造、造船等工业兵工厂。

邓小平（1983）同志就指出："日本人从明治维新就开始注意科技，注意教育，花了很大力量。"明治维新可视为日本近代科学的创业时期，明治维新改革围绕三大国策展开，依次是"文明开化""殖产兴业""富国强兵"，"富国强兵"是最终目的，"文明开化"和"殖产兴业"为手段（图2-5）。此后三十年，日本在科学发展方面就走过了欧洲两百多年的历程。

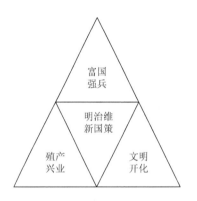

图 2-5 日本在明治维新时期的发展策略

"文明开化"的重点在于普及教育，"殖产兴业"的重点在于技术引进，与此同时，日本出台了科学、产业、教育"三位一体"的政策措施。在执行新的政策之前，首先需要解决既得利益集团——地方大名与武士阶层带来的阻碍问题。在德川幕府时期，武士阶层人口占比达到6%～10%，武士阶层享有家禄特权，带来严重的财政负担，1871年家禄支出约占政府财政支出的30%，而陆军军费仅为734.6万日元。如何得到旧体制下的既得利益者的支持，让他们也能够享受明治维新的成果呢？取消武士阶层的家禄会激起巨大的反对浪潮。为了解决这一问题，日本政府采取了两项配套的措施。首先，通过债务融资的方式，一次性收回武士阶层的家禄特权。1873年，在伦敦募集了240万英镑的公债后，日本政府在国内推出了秩禄公债计划，按照原来各藩武士的俸禄高低发行不同面额的债券，用固定利息取代原来的俸禄。日本政府向310 971位武士发放了价值总额为1.13亿日元的金禄公债，收回了他们的家禄，这就是"秩禄处分"。其次，允许将"秩禄处分"的公债作为银行的资本金。这一措施既缓解了银行业初期资本金不足的问题，又使武士阶级成为经济社会改革的拥护者。1882年，由于武士阶层持有银行股份的3/4，因此他们的利益与日本国运紧密联系在了一起，成为"共融利益"（陈志武，2017）。最后，"秩禄处分"还对劳动力市场产生了积极影响，武士阶层的部分人也存在转让所持银行股份的情况，失去了获得资本收益的权利，这部分群体也进入劳动力市场，成为推动日本工业化的重要力量。

另外，日本还推行了科学、产业、教育"三位一体"的政策。对于科学技术的创新而言，最为紧缺的是人才。教育和引进外国专家是培养和获得人才的主要渠道。日本在这两方面都做了大量工作。首先，教育被视为科技发展的基础，日本以普及初等教育为主要任务，以传授西方自然科学知识为手段，以实业教育，即中学教育为抓手来提高国民素质。日本政府提出"其为急务者，莫先于学校"，"教育立国"成为日本的基本国策，重视人力资本是日后日本经济崛起的关键。明治政府于1871年设立文部省统辖全国的教育事业，1872年颁布教育改革的《学制令》，提出"邑无不学之户，家无不学之人"的"国民皆学"方针，设立包括初等、中等和高等教育三个教育阶段的近代教育体系。通过义务教育学制，大力普及自然科学知识，到1907年，日本初等教育入学率达到了97.3%（图2-6）。这段时期日本从教育体制到教材内容都以西方先进国家为模式来进行改革，全盘接受西方先进国家的教育制度、内容和理念（董军成，2008）。为了更好地学习西方先进国家的经验，日本还有组织地向海外派出留学生，可见日本在学习西方经验方面的不遗余力。1879年，日本建立了东京学士院。1898年起，日本努力改进中等和高等教育，中学教育方针由就业升学兼顾转为升学为主。进入20世纪，日本开始设立西式洋学堂，提高大学教育规模，重点培养"创造物的人"。

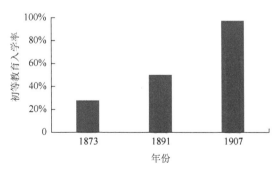

图2-6　日本初等教育入学率

资料来源：安可（2016）

在发展高等教育方面，日本政府投入大量资金来支持大学的建设发展。日本政府在 1886 年颁布了《帝国大学令》，将大学的职责表述为"教授国家需要的学术技艺及研究其奥义"，并为东京大学提供巨额经费。在此之前东京大学经费占文部省总经费比例就超过了 40%，这一比例从 1877 年的 28%上升到 1885 年的 41.6%（安可，2016）。日本政府还陆续设立京都帝国大学（现京都大学）、北海道帝国大学（现北海道大学）、东北帝国大学（现东北大学）等，这些大学培养了大批管理和科技人才，为日本快速实现工业化提供了人才保障。值得注意的是，日本在重视发展高等教育的这一阶段也十分重视发展实业教育，即职业教育，把有层次的人才队伍建设与急速扩张的工商业对人才的需求紧密地结合起来。日本政府通过制定《农学校通则》《商学校通则》等来发展职业教育，同时对实业教育进行资助，颁布《实业教育国库补助法》。到 1912 年，日本的实业学校共计有 519 所，在校学生规模为 74 869 人，实业补习学校达到了 7386 所，学生规模达到了 34 6767 人（戴本博，1990）。

在引进人才方面，日本通过社会各个部门（学校、企业、政府部门）来引进紧缺人才。比如，1877 年创立的东京大学聘请欧美知名学者担任大学教授，培养学有专长的科学骨干。1872 年，日本国内外籍雇员为 369 人，1875 年提高到 524 人。同时，日本政府也积极开展人才对外交流，派遣大量学生到西方国家学习。从 1869 年到 1870 年，日本派出留学生 174 名，3 年后增加到 373 人，总经费 25 万日元，占文部省预算的 18%（吴延谬，1994）。

日本的科学技术与当时的产业发展密切结合。强国首先要强军，政府将大量资源投入到军工产业的发展上，重点发展国营军事工业，包括制船业、枪炮技术。通过引进西方先进国家的纺纱机，日本纺纱技术也得到了极大的提升，并开始重新占领国内市场。明治中后期，日本军事经费占政府总经费的 30%～45%。与此同时，日本的发展主要依靠引进技术和人才，购买设备和武器。明治维新时期日本提出"向全世界寻求知识"大方针，并于 1870 年设立执行技术引进政策的中央机关——工部省。另外，日本培养的本土人才也发展了一部分军事技术，能够实现部分国产化。该时期日本在政策方面主要通过税收优惠、金融支持等优先发展重工业，牺牲工业、轻工业，抑制居民消费，加速工业化进程。

除明治维新时期三大国策之外，日本政府还学习借鉴了西方先进国家的专利制度，为日后科技势力的迅速崛起和工业化的快速推进奠定了坚实的基础。明治时期的启蒙思想家、教育家、日本著名私立大学庆应义塾大学的创立者福泽谕吉最早将西方国家的专利制度引入日本。福泽谕吉认识到日本"不及外国之处，就是学术、贸易和法律"。1871 年日本效仿西方国家专利制度颁布了《专卖简则》，简则开宗明义："任何物品的发明人，在近来专卖御差的管辖下，有申请者，均可按规定向内民部省提出申请。"日本政府于 1885 年颁布《专卖专利条例》，于

1899 年颁布《专利法》《设计法》《商标法》，并在同年加入保护工业资产的《巴黎公约》，通过法律第一次承认了外国人首获专利的权利。以后，经过 1909 年、1921 年等多次专利法修改，日本近代专利制度正式确立。专利制度从西方引入（徐海燕，2011），一方面很好地保护了科技发明者的权利，另一方面也改变了日本较为封闭的社会风气，极大地鼓励了居民创新发明的积极性，为促进产业和经济发展做出了重要贡献。

二、朝鲜战争：引进模仿下贸易立国时期的开端

第二次世界大战之后，日本推行了著名的倾斜生产方式，通过强大的政府动员能力，集中力量增加煤炭、钢铁等基础产业的生产，并利用战时军工方面的科学技术储备以及明治维新时期开始积累的人力资本逐步恢复了国力。美国在日本经济复苏和科技发展中扮演了重要角色。为防止日本再次走向军国主义，美国对日本实施了"非军事化"和"民主化"的科技政策，这与明治维新时期的科技政策有很大不同，科技更多地用于民生。日本政府也改革了科技体制。例如，1945 年建立了调查局、商工省专利标准局等部门，1949 年建立了日本学术会议和科学技术行政协议会。

1949 年，为了稳定战后经济，美国占领军财政顾问、底特律银行董事长道奇提出了"道奇计划"。"道奇计划"的意义在于成功实现了三个稳定，即劳资关系、通货稳定和对外经济关系的稳定。该计划以财政紧缩为主要政策主张，包括贬值、"超平衡紧缩预算"、强化税收并终止复兴金融公库贷款业务等，这些措施虽然有助于解决通货膨胀，但是也导致日本经济出现严重衰退（聂志鹏，2015）。但是随着 1950 年朝鲜战争爆发，日本的地理位置使其成为美军军需的重要生产供应基地，战争引起的大量军用物资需求成为日本经济逃离严重衰退泥潭的救命稻草。在历史性机遇面前，日本企业为了使其产品达到美军方面的要求，开始全面学习美国的质量管理，制定了利用技术引进促进国内经济增长的政策，大规模引进西方国家先进的生产技术，"贸易立国"成为国策。此时，产业发展重点除了传统的纺织行业，还包括石油、化工等重工业，这些重工业同时也是环境污染较为严重的行业。

日本政府通过各种优惠政策来帮助企业实现技术引进。由于外汇资金的限制，日本政府在 1949 年和 1950 年相继制定了《外汇及对外贸易管理法》来引导技术的引进，保证重点领域技术的顺利引进。比如，工业生产关键领域的专利使用权、技术资料使用权以及提高生产效率的机械技术的引进。这一阶段，由于基础薄弱，日本引进的多为成套的原装设备。为了激励企业进行科技创新和借鉴西方国家的先进科技，日本政府陆续推出了《预扣赋税率制度》《实验用

机械设备特别折旧制度》《企业合理化促进法》等政策，给予企业引进和运用国外先进技术的税费优惠，促进企业大力引进和消化先进技术。另外，日本开发银行在 1951 年专门设立了"新科技企业化"贷款，向科技创新能力高的公司提供资金支持，贷款利率通常低于一般银行贷款利率水平，并协助企业提高研发水平。1956 年日本设置了原子能委员会，同时设立了日本科技创新的综合管理部门，即科学技术厅（李丹琳，2017）。

此外，专利制度在科学技术引进中也发挥着重要作用，西方先进国家放心向日本输入最新的科学技术成果，一方面是因为美国的扶植，另一方面也是因为日本有着健全的专利制度。日本在 1899 年加入《巴黎公约》，该公约旨在成员国的工业产权在所有其他成员国都得到保护，对外国科学技术成果的认可和产权保护使日本能够更顺利地引进先进技术。在第二次世界大战后日本经济恢复的这一阶段，日本科技发展取得了显著的进步，有研究表明，日本在 20 世纪 50 年代初的 5 年内，基本上引进了欧美国家在日本闭关锁国的 20 多年里发明的主要先进技术（冯昭奎和张可喜，1997）。

西方先进的科学技术引进之后，日本在使用新科技以及进行科技再创新转化为实际生产力的过程中，产生了大量劳动力需求，尤其是对有高水平的技能和文化素质的科技工作者有很大的需求。日本政府也开始改变重文轻理的状况，发展职业教育，执行"人才工程"，为科技创新培养了大量人才，也为当时日本经济的高速增长提供了足够的人才支持。日本科学技术会议制定了"今后十年科学技术振兴的综合性基本方针政策"，通过培养大量的理工科人才，积极开展研究开发活动，追赶西方发达国家；《科学技术者培养扩充计划》规定在 1958～1960 年增加 8000 名理工生；《关于振兴科学技术教育的方针策略》强调必须通过中小学来加强基础学力和作为科学技术基础的数学、理科等学科；《国民收入倍增计划》提出增加教育经费，并决定在 3 年内培养理工科大学生两万人（邓元慧，2018）。这些举措都反映了日本政府对科学技术人才培养的重视。在这一阶段，官产学模式的雏形也开始出现，政府在科学创新中发挥了重要作用。日本经营者团体联盟在 1954 年的《关于改革当前教育制度的要求》中提出，国家教育要适应产业发展的需要，加强教育和产业之间的合作。日本在 1957 年的《科学技术振兴教育方案》中将产学合作作为科技教育的具体措施之一，逐渐建立了以企业为主导，以教育为支撑的产学联合创新模式。政府主导的科技创新战略的结果是，1956 年到 1964 年的经济高速增长前期，日本总共引进了 2600 多项技术，其中，机械类技术最多，占比超过 50%，达到了 58.4%，其次是化学类技术，占比为 20.7%。1965 年至 20 世纪 70 年代初的经济高速增长后期，日本年均引进新技术达到了 1350 项，到 20 世纪 70 年代初引进新技术已经达到了 2000 项，但需要注意的是此时日本是完全照搬西方先进国家的模式，自主创新还是严重缺乏（臧红岩，2018）。

三、石油危机：技术立国时期的开端

20 世纪 70 年代在石油危机的冲击下，全球经济形势骤然改变，"贸易立国"已经不适应新形势下日本经济发展的需要。一方面，日本的外部需求遭到了巨大负面冲击。日本是极度依赖能源进口的国家，能源总量需求的 90% 是进口，其中 75% 是石油的进口，石油危机造成了日本经济增速出现了断崖式下跌。另一方面，石油化工等行业造成了严重的环境问题。日本在这个时期将科技发展的重心放在了新能源、环境保护等方面，以减轻和缓解环境污染和石油危机对日本的影响。石油危机使日本不得不在 20 世纪 70 年代放弃了"贸易立国"的基本国策，作为应对措施，日本主张开发新能源技术和节能技术，对煤炭、地热、氢气、太阳能灯等进行技术开发，重点发展原子能应用技术。此外，日本于 1971 年设立环境厅，对环境进行整治，在 1974 年建立了国立公害研究所，寻找技术上解决环境问题的方法。

日本在 1980 年提出了"技术立国"的目标，主要包括四个方面。第一，增加基础研究的投入。日本政府制定了相应的制度规范来促进基础技术的发展：1981 年发布《科学技术白皮书》强调基础技术研究的重要性；1986 年发布《科学技术政策大纲》，将基础研究放在技术研究的核心位置；1987 年，基础科研经费占研发费用的比例达到了 14.5%。第二，发展高新技术产业。日本政府在 1986 年发布了《科学技术政策大纲》，对未来十年要重点发展的高新科技产业进行了规划，提出了七个研究领域，包括电子信息、航天、软件等（邓元慧，2018）。日本高新技术在制造业中所占的比例由 1982 年的 17% 增长到 1992 年的 31%（王镜超，2016）。第三，鼓励企业自主创新。日本政府对企业科技进步提供资助，并减免税，发放低息贷款。第四，提倡官产学模式，其中官指的是政府，产指的是产业界，即企业，学指的是学术界。政府制定创新政策、产业政策等，由研究所、大学等研究机构根据政府的政策进行实际操作，企业最终生产出创新的产品。1984 年科学技术会议第 11 号答询报告对官产学进行了详细说明，政府对"官产学"活动予以必要的指令和调整，强调该制度在日本科学技术发展中的作用。此后的《基础技术研究的顺利开展》和《研究交流促进法》均以"官产学"制度为核心，可以说"官产学"制度在日本科技创新中发挥了举足轻重的作用。

"技术立国"可以解决日本发展过程中的一系列问题：首先，可以解决日本本土资源匮乏的问题，充分利用和发挥本国人力资源优势；其次，能够减少重工业发展对环境带来的危害；最后，生产附加值更高的产品，能够缓解能源价格和工资上涨带来的压力。

四、日美贸易冲突：以自主创新为主导的科技立国政策的全面实施

最早出现"科技立国"的官方文件是 1977 年 5 月科学技术会议发表的第 6 号答询报告《关于立足长期展望的综合的科学技术政策》。第二次世界大战后，日本成功实现了经济上的赶超，在 1968 年便成为全球第二大经济体。在赶超阶段，科技创新并不是经济增长的主要驱动力量。然而，随着经济发展程度的提高，很多企业、行业处于技术前沿，此时科技创新将成为经济增长的主要驱动力量。日本成为全球第二大经济体后，日本政府开始意识到"科学技术一直是过去解决各种课题和建设现代社会的动力，当前解决面临的一些问题，开创新的未来，科学技术的作用也是巨大的。特别地，对于资源匮乏、国土狭小的日本来说，要对国际社会做出贡献，长期确保稳定发展、振兴科学技术尤为重要"。鉴于此，日本在20 世纪 80 年代后开始实施"科技立国"的国策（图 2-7）。

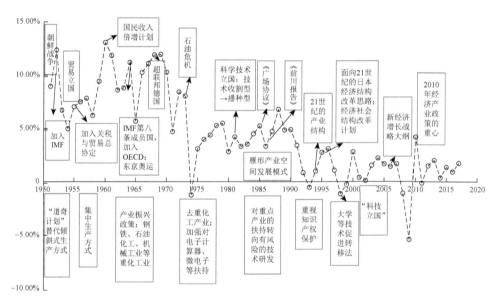

图 2-7　第二次世界大战后日本经历的重大事件

IMF：International Monetary Fund，国际货币基金组织

日本从"贸易立国""技术立国"转向"科技立国"既有日本内部原因，也有外部原因。一方面，人口老龄化造成经济结构性减速，劳动力作为经济增长驱动力量之一，投入的绝对数量有所下降。这迫使日本重新寻求新的经济增长驱动因素，即通过走"强化科技创新"的方式来提高全要素生产率。另一方面，日本

经济在第二次世界大战后快速崛起，并在 1968 年跃升为全球第二大经济体。日本的大量产品涌入国际市场，特别是美国市场，导致美国部分产业遭受日本进口商品的巨大冲击，产业工人失业率增加。日美两国也因此爆发了多次贸易摩擦（表 2-1）。内外部两方面的冲击使得日本认识到自主创新的重要性，从而确立了以自主创新为主导的"科技立国"的国策。在这个过程中，日本主动或被动地完成了国内产业结构升级，通过对外投资推动了海外供应链的搭建与完善，通过内外改革规避贸易摩擦风险的升级，极大提高了日本产业的国际竞争力。当前美国屡次挑起与中国的贸易摩擦，日本的故事仿佛就发生在昨天，日本的应对经验历历在目。

表 2-1　日美贸易摩擦主要事件

时间	事件
1956 年	日本自愿出口限制
1957 年	日美签订《日美棉织品协议》
1968 年	尼克松大选承诺打压日本对美纤维出口
1969 年	美日纺织品谈判
1971 年 8 月	美国所有进口商品加征 10%关税
1972 年 1 月	美日正式签订《美日纺织品贸易协定》
1976 年 6 月	美日约定特殊钢进口配额限制
1977 年 5 月	日美就钢铁制定《进口最低限价制度》；签订《维持市场秩序协定》
1978 年 1 月	美国实行钢铁启动价格制度
1981 年 2 月	美国参议院提出对汽车实行进口限额的方案
1981 年 5 月	日本政府同意对汽车实行自主出口限制
1985 年 6 月	美国半导体产业协会提交 301 条款申请
1985 年 9 月	美日等国签署《广场协议》
1985 年 11 月	美国国际贸易委员会裁定日本公司对美国半导体产业构成威胁
1987 年 3 月	里根宣布对日本 3 亿美元电子产品征收 100%关税
1987 年 6 月	里根撤销日本 17%的半导体关税
1987 年 11 月	美国商务部宣布日本已经停止倾销芯片
1988 年 8 月	美国国会引入超级 301 条款
1989 年 5 月	美国贸易代表将日本列为超级 301 条款打击对象
1990 年 4 月	日本承诺将修改关税和建筑标准
1990 年 6 月	日本承诺透明、公平的政府采购程序
1993 年 7 月	美日启动"美日新经济伙伴框架"谈判
1994 年 2 月	美日谈判陷入僵局

续表

时间	事件
1994 年 3 月	克林顿启动超级 301 条款
1994 年 5 月	美日恢复"框架"对话
1995 年 6 月	美日达成一系列贸易开放协定

资料来源：广发证券宏观研究报告

概括而言，日美贸易摩擦呈现出以下特点。第一，日美贸易冲突对日本经济产生了较大的影响。在日本经济崛起后，美国表现出打压日本的势头。《广场协议》签署后，美国、日本、联邦德国、法国以及英国联合干预外汇市场，国际外汇市场上美元大量被卖出，引发了市场投资者的恐慌性抛售，造成美元不断地贬值，在不足 3 年的时间里，美元对日元的汇率下跌了 50%，日元急剧升值，加剧了房地产泡沫的破灭，由此引起了日本经济增长的长期停滞。

第二，美国挑起贸易冲突也伴随着国内经济不振、经济实力下滑。在 20 世纪 80 年代，美国对日本的贸易逆差不断扩大，特别是在汽车和电子产品领域。为了应对这一问题，美国采取了一系列贸易冲突举措，包括提高对日本产品的关税和限制出口。然而，这些举措导致了报复性措施和贸易摩擦的升级，进一步削弱了美国的经济实力。日本实施了类似的贸易保护主义措施，限制了对美国产品的进口，从而使美国的出口额下降。这场贸易摩擦对美国经济产生了负面影响。许多美国企业依赖于对日本市场的出口，而贸易冲突导致了出口量和销售额的下降，进而导致了一些企业的裁员和经济困境。此外，贸易摩擦也加剧了美国的经济不稳定和国内经济不振的问题。

第三，贸易摩擦针对的是日本的关键行业和"卡脖子"技术的发展。美国对日本纺织行业、钢铁行业、半导体行业等先后实施贸易制裁。纺织行业和钢铁行业是第二次世界大战后日本倾向式生产方式所倚重的行业，半导体行业则是日本产业结构调整升级的目标行业。

总体来看，日美贸易摩擦可以分为五个阶段。第一阶段，1955 年至 1971 年美国对日本纺织行业实施贸易保护。日本纺织行业的发展初期得益于美国的扶植，由美国提供资金，日本购买相应设备，生产纺织品再出口至美国。在美国扶植下，日本出口增长迅猛，1951 年美国棉纺品从日本的进口份额只有 17.4%，但是 1956 年，这一份额已经超过 60%，美国纺织业也因此发起了反倾销等限制进口的运动。第二阶段，1969 年至 1978 年美国对日本钢铁和彩电行业实施贸易保护。第二次世界大战期间日本政府动员能力极强，战后，政府动员能力也得以延续，倾向式生产方式使得日本的钢铁出口在 1963 年超过联邦德国、苏联，成为世界第一。日本出口美国的钢铁曾占美国进口总量的 50%。电视、冰箱和洗衣机在日本普及之后，巨大的产能同样以输出美国为主。1976 年，日本对美国出口彩电 280 多万台，同比增长超过 130%；钢铁出口量达到近 800 万吨，比两年前增长 70%以上。第三阶段，1979 年至 1981 年美国对日本汽车产业实施贸易保护。日本汽车、半导体等也经历了与钢铁、家电相似的过程。1973 年"石油危机"之后，日本汽车以小型、节能等优点打入美国市场。到了 20 世纪 80 年代初期，日本汽车在美国市场的份额达到了 22%。其实，汽车一直是美国的传统战略产业，但是日本汽车的冲击，造成美国汽车产业严重不景气，临时解雇人员超过 20 万人。因此，美国将日本汽车对美国的出口视为一种"失业出口"，美国汽车工人联合会还发起打砸日本车的运动，要求"如果你想要在美国卖，就必须在美国造"。第四阶段，1982年至 1987 年美国对半导体行业实施贸易保护。20 世纪 70 年代后期，在政府产业政策引导下，日本的半导体产业开始崛起，美国的半导体市场占有率在十年间急剧下降，日本市场份额迅速攀升至 40%。1984 年，美国半导体产业在美国的市场份额为 83%，在欧洲为 55%，而在日本的市场份额只有 11%。1985 年 6 月，美国半导体产业协会提交了 301 条款申请，调查日本不正当竞争手段。1987 年 3 月，美国宣布将对 3 亿美元等值的日本电子产品征收 100%的关税。此外，在对日半导体实施贸易保护期间，美国还与日、德、法、英四国共同签署了《广场协议》。第五阶段，1989 年至 1994 年围绕市场开放的综合谈判。从 20 世纪 80 年代中后期开始，美国开始要求日本开放国内市场，指出日本政府在超级计算机和卫星采购方面的排外性，以及森林产品贸易壁垒等问题。

面对咄咄逼人的美国，日本也采取了诸多应对措施。第一，对非重要产业适当让步，采取"自主出口限制"措施。1971 年，日本和美国正式达成了"日美纺织品协定"，日本在 1971 年后的 3 年里，把对美国的毛纺织品和合成纤维制品的年均出口增长率限制在 1%和 5.2%以下。类似的还有日美钢铁产品协议、日美彩电协议、日美汽车及零部件协议。日本对美国相关产品出口增速得到控制。这也缓和了相关领域和美国的冲突，为日本产业发展赢得喘息机会，避免了对就业市场的剧烈冲击。第二，全力推动产业升级。日本传统企业在进行自主限制的同时，还在积极寻求转型。以纺织业为例，发生棉纺织品贸易摩擦后，日本纺织企业开始进入碳素纤维领域。其中，东丽公司成功在世界碳素纤维市场中的份额位居第 1，到 2015 年碳纤维营收占比只有 8.85%，但贡献了高达 23.38%的营业利润。东丽已成为波音公司最稳定、最主要的供货商。在家电、钢铁、汽车等领域贸易摩擦日益激烈的同时，1978 年，日本推出了《特定机械信息产业振兴临时措施法》，聚焦电子计算机、高精度装备、知识产业发展，投入大笔政府专项资金进行补贴、资助，并给予税收和金融方面的优惠。创新逐渐成为日本产业发展的主要动力。第三，回避锋芒，开辟海外战场。日本为岛国，贸易是日本立国的重要基石，由于贸易摩擦，日本开始大规模向外直接投资。1986 年，著名的《前川报告》提出摆脱贸易问题造成的国际"孤立危机"，日本要加快扩大海外投资，把全面国际化作为日本的立国之策。事实上，早在 20 世纪 70 年代，日本就开始进行海外产业布局。日本在韩国等亚洲国家建立纺织品、电器工厂，把亚洲变成对欧美市场的"出口加工地"，同时，还带动了日本零部件、成套设备的出口。从 1986 年开始日本对外投资达到高潮，还开始大规模向美国直接投资，1988 年超过 45% 的资本流向美国，如汽车产业。日本的汽车公司如丰田、三菱、日产、本田、富士重工等都在美国投入了生产，此后日本对美国汽车出口开始逐渐减少。但日本汽车在美国的市场份额却越来越大，更多美国本土生产的汽车替代了原来从日本进口的汽车。此外，日本也更加重视美国之外的市场，发展对欧盟、中国等市场贸易，通过出口多元化，分散对美国单一市场的高度依赖。第四，提振内需，收入倍增造就日本黄金时代。第二次世界大战后日本经济发展倚重于出口，强大的生产能力，再加上高度依赖出口的增长模式，使得日本难免遇到贸易摩擦和冲突。要解决这一问题，就需要提振内需，将经济发展的重心由出口海外转到内销上面，从外部市场转向国内市场，从"倚重别人"转为"依靠自己"。1960 年，日本政府宣布实施"国民收入十年倍增计划"，到 1967 年，日本提前完成了国民收入翻一番的目标，国民收入增加一倍；到 1973 年，国民收入增加了两倍，日本由此形成了一个庞大的中产阶层。

第三节　内源性创新：从体制机制看创新

一、产业政策与规划

日本的产业政策对于日本科技的发展起着非常重要的作用。日本在第二次世界大战后便采取了倾斜式生产方式，纺织业、钢铁业得到快速的发展。如何掌握未来产业发展方向呢？日本政府在这方面发挥了重要作用，日本政府会进行技术预见，对前沿重点发展领域进行系统化的预测。1971 年，日本以掌握未来 30 年技术发展的路径为目的进行了第一次的技术预见，为日本的科技规划和发展相应科学技术政策提供依据。1994 年，日本对第一次技术预见的评估结果表明，有组织预见中的 28% 已经完全实现，36% 为部分实现（陈春，2004）。截至 2023 年，日本已经进行了多次技术预见，每次技术预见过程中，日本也在不断调整方法以适应新的科学技术发展形势，提高技术预见的准确性。

日本从 1996 年开始，每隔 5 年就发布一期《科学技术基本计划》，作为科技发展的阶段性指导。每一期的《科学技术基本计划》都会根据日本当前的机遇和挑战、确定日本未来的发展方向，从而选择重点发展的领域。而且，每一期的《科学技术基本计划》也都会突出基础研究的重要性。在 2001 年第二期的《科学技术基本计划》中，日本提出了"诺贝尔奖计划"，即日本要在 50 年内获得 30 个诺贝尔奖。该计划的实施非常成功。从日本首次获得诺贝尔奖的 1949 年到 2001 年，日本总计有 10 人获得诺贝尔奖。然而，自该计划提出到 2018 年，日本已经有 16 人（包括 2 名美籍日裔）获得诺贝尔奖，分布在物理学领域（8 人）、化学领域（4 人）、生理学或医学领域（4 人）。2019 年，日本研究员、71 岁的吉野彰因锂电池研究获得诺贝尔化学奖，成为第 27 位获诺贝尔奖的日本人。现在看来，50 年内取得 30 个诺贝尔奖并不是遥不可及的梦想，或许这只是日本的一个小目标。

下面将以日本半导体产业为例来说明日本产业政策和规划的得失。在产业导向方面，20 世纪 70 年代中后期，日本通产省发起了超大规模集成电路（very large scale integration circuit，VLSI）的开发项目，该项目由日本通产省电气技术实验室、电子技术综合研究所、日本电信电话公社，以及日立、NEC（Nippon Electric Company，日本电气公司）、东芝、富士通和三菱等 5 家公司共同参与，为日后日本动态随机存取存储器（dynamic random access memory，DRAM）产业的发展奠定了坚实的技术基础。从日本推出 256K 的动态随机存取存储器开始，日本半导体产品在短时间内便抢占了全球市场。1981 年日美长期的半导体贸易逆差被彻底逆转，日本生产的动态随机存取存储器在全球市场的份额达到了 70%，1986 年世界十大半导体公司中日本有 6 家，它们分别是 NEC、东芝、日立、富士通、松下和三菱电机（李浩东，2018）。

在发展半导体产业的初级阶段，为了应对国外竞争，日本实行了渐进式开放、技术引进和实力积累的策略。20 世纪 60 年代，美国的半导体公司德州仪器想要进入日本市场，日本要求它必须遵守 3 个限制条件，即合资进入、3 年内生产限制和芯片专利公开。通过对半导体产业保护性扶持，日本加大了开放的力度。通过合资办厂，技术引进的方式，日本半导体产业逐渐走上了独立发展的道路。日本在 20 世纪 70 年代开始了集成电路的国内化进程，使得进口率由 30%下降到 20%，而出口率则由 0 上升到 30%。在 20 世纪 80 年代的个人电脑微处理器开发中，日本同样采取了学习模仿的策略，逐渐掌握了核心技术。通过许可生产的方式，日本加入了个人电脑的全球产业链，积累了生产经验，并在此基础上进行了自主创新，取得了核心技术（李浩东，2018）。20 世纪 90 年代以来，日本半导体产业发展面临诸多问题。第一，《日美半导体协议》为代表的一系列贸易措施，包括开放日本本土市场，都制约了日本半导体产业的进一步发展。第二，日本政府对半导体的扶持力度有所下降。日本政府认为日本半导体产业已经能够离开政府的产业政策发展，对半导体的扶持力度有所下降。

二、"官产学"一体化政策

日本在 1995 年通过了《科学技术基本法》，这是在科技竞争领域最关键的进展。该基本法把技术创新作为立国之本，把"官产学"合作和国际标准化作为重要的改革方向。根据该法第八条和第九条的规定，文部科学省分别发布了《科学技术白皮书》和《科学技术基本计划》，提出了关于推动科学技术发展的政策和措施；并且从 1996 年起每 5 年制定一次。日本国会也相继制定了一系列相关法律，如 1998 年的《大学技术转让促进法》，1999 年的《产业活力再生特别措施法》和《重振经济特别措施法》等。其中，《大学技术转让促进法》和《产业活力再生特别措施法》第五十五条至第五十七条就是"日本拜杜法"，"官产学"模式的推广也因此有了坚实的基础。《拜杜法案》是美国国会参议员 Birch Bayh（伯奇·拜）和 Robert Dole（罗伯特·多尔）提出于 1980 年通过并于 1984 年修订的一项法案，被收录在美国法典第三十五编（《专利法》）第十八章，题为"联邦资助所完成发明的专利权"。政府资助的创造发明的权利分配不合理，导致了很多发明的闲置，《拜杜法案》赋予了私人部门对联邦政府资助科研成果的专利权，从而大大促进了科研成果的转化。《拜杜法案》的成功在于通过合理的制度设计，为政府、科研机构、产业界的合作提供了有效的制度动力，加速了技术创新成果产业化的进程。2004 年日本颁布的《国立大学法人法》在预算使用和组织等方面确保大学独立自主的运营效率，进一步强化了"官产学"一体化的动机，研究成果也因此可以得到顺利转化。"官产学"一体化政策取得的成果包括：2001 年，名古屋大学的野依良治教授荣获诺贝尔化学奖，他的研究成果与高砂香料工业和帝人株式会社等企业有着密切的合作关系；2002 年，东京大学的小柴昌俊教授摘得诺贝尔物理学奖，获奖成果不仅得到了政府的资助，而且也得到了三井金属公司的资助；2002 年，京都市岛津制作所的员工田中耕一荣获诺贝尔化学奖（胡智慧和王溯，2018）。

"官产学"一体化形成的重要机构是日本大学专利技术转移组织（Technology Licensing Organization，TLO），它可以分为内部组织型 TLO、单一外部组织型 TLO 和广域外部组织型 TLO。内部组织型 TLO 从属于学校的一个部门，便于学校统一管理，庆应义塾大学、早稻田大学等采取的便是这一类型。单一外部组织型 TLO 为大学校外的独立机构，大学和 TLO 是单纯的业务委托和出资机构。为了回避国有资产和公务员等问题，日本国立大学会成立外部组织型的 TLO，如东京大学、东京工业大学等。有些大学科研成果资源有限，联合组建独立的 TLO，即广域外部组织型 TLO（图 2-8）。

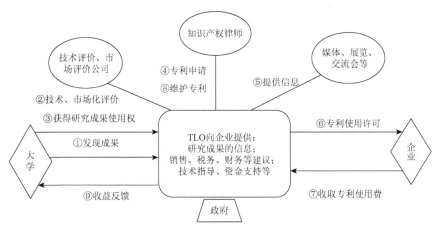

图 2-8　日本大学专利技术转移组织运行图示

三、金融结构与创新

Demirgüç-Kunt 和 Klapper（2013）基于对德国、日本、美国、英国金融结构的考察，提出了最优金融结构假说，经济体的要素禀赋结构决定了最优产业结构、企业的规模特征和风险特征，这些特征决定了对金融服务的需求，最优金融结构应当与实体经济对金融服务的需求相适应。德国和日本是以银行为主导的金融结构，相反美国和英国是以金融市场为主导的金融结构。同为发达国家，德国、日本、美国、英国具有不同类型的金融结构。但值得注意的是，不论是以银行为主导的金融结构，还是以金融市场为主导的金融结构，这些国家金融中介在整个国民经济中都扮演非常重要的角色（余静文和周艺，2022）。从图 2-9 和图 2-10 中私人信贷占 GDP 比例的变化趋势来看，日本和美国十分相似。不同发展阶段，不同类型的金融服务在促进创新方面发挥不同的作用。

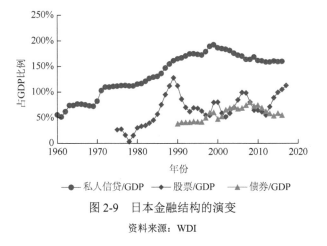

图 2-9　日本金融结构的演变

资料来源：WDI

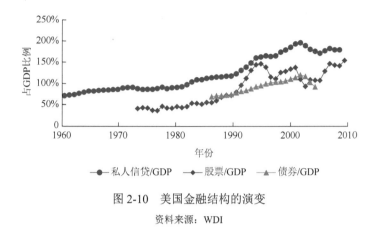

图 2-10　美国金融结构的演变

资料来源：WDI

　　创新需要持续的资金投入，需要对风险进行管理，这就需要金融的支持。创新一般分为三个阶段，即研发阶段、中试（中间试验）阶段、产业化阶段，每个阶段有每个阶段的融资特点。比如，研发阶段依赖于风险投资，中试阶段的资金来源可以是风险投资和银行贷款的组合，产业化阶段对银行贷款需求较大，同时也可以通过发行股票上市获取资金。

　　日本金融支持创新的特点体现在以下几个方面。第一，完善的政策性金融体系，包括政策性金融机构和信用担保机构。日本政策性金融机构主要是两家政策性银行，分别是日本开发银行和中小企业金融公库。其中，日本开发银行成立于1951 年，日本设立了"新技术产业化贷款""重型机械开发贷款""新机械企业化贷款"，形成了"国产技术振兴资金融资制度"。中小企业金融公库成立于1953 年，设立了"国产新技术产业化等融资制度"，提供低息贷款。为了降低金融机构的贷款风险，鼓励金融机构向中小企业放贷，支持其发展，日本在 1951 年和1958 年分别设立了信用保证协会和中小企业信用保险公库，并在 1999 年设立中小企业综合事业团。信用担保由中小企业综合事业团的信用保证协会承担，具体业务由信用保险公库开展，信用保证协会为保证人，提供信用保证。信用保险公库为企业债务提供保险服务。此外，政府创业投资资金也通过中小企业事业团向企业提供长期无息贷款。

　　第二，主银行制度为企业提供了稳定的资金。日本在第二次世界大战后在相当长的时期通过技术引进和模仿来发展经济。主银行制度确保了对企业技术创新和科技成果转化的资金供给。主银行制度是紧密的、稳定的银企关系，同时银行持有企业股份。对于银行来说，一方面可以消除信息不对称，另一方面银行拥有企业股份，激励其提供长期资金，获取更长远的收益。对于企业而言，主银行也为企业发展提供了保险，保证了企业追求长期竞争力而开展的创新活动。

　　第三，银行机构的创新。主银行制度往往适合大企业，对于初创企业支持力度并不够。为了支持初创的科技企业，银行与金融机构组成银团；将银行贷款进行资产证券化处理，盘活银行资产存量；并积极开展知识产权、专利等担保融资业务。日本政策性投资银行创新性地采用知识产权作为担保，为那些缺乏传统抵押物的创业企业提供资金支持。在实际操作中，该银行主要聚焦于以专利权和著作权为担保物，向正处于创业成长阶段的高科技型企业提供知识产权担保融资服务，助力其快速发展（余静文和周艺，2022）。

第四，全面建设资本市场，鼓励发展风险投资，打通创新直接投融资的任督二脉。随着经济发展程度的提高，有很多行业、很多企业处于技术前沿，这些行业、企业的进一步发展就要依赖于创新，创新风险程度较高，以利润最大化为目标的银行难以支持高风险的项目。Demirgüç-Kunt 和 Klapper（2013）指出，随着经济发展程度提高，不论是金融中介机构提供的金融服务，还是金融市场提供的金融服务都在增加。然而，随着经济发展程度的提高，金融中介机构对经济发展的贡献在下降，相反金融市场对经济发展的贡献在提高。随着日本经济发展程度的提高，经济驱动力量越来越依赖于创新，日本开始大力发展资本市场。①自 20 世纪 80 年代起，日本着手全面开放其资本市场的直接融资渠道，致力于构建一个多元化、分层次的资本市场体系。然而，随后日本经济遭遇衰退与停滞的严峻挑战，金融泡沫的破灭及巨额不良债权的累积，促使日本政府深刻反思并着手对金融体制进行深度改革。这一系列改革举措中，构建多层次资本市场尤为关键。在这个多层次的市场架构中，第一层级由东京、大阪、名古屋、京都、广岛、福冈、新潟、札幌八大交易所的主板市场组成，代表着日本资本市场的核心力量；第二层级则是东京证券交易所的二部市场，即中小板市场，专为中小企业提供融资平台；第三层级为创业板市场，进一步拓宽了新兴企业的融资渠道；而第四层级则是 OTC（over the counter，场外交易）市场，为更多未能进入主板或中小板的企业提供了灵活的交易场所，共同构成了日本资本市场丰富而完善的层次结构（金珊珊和雷鸣，2013）。②建立与美国 NASDAQ（National Association of Securities Dealers Automated Quotations，全国证券交易商协会自动报价系统）相似的 JASDAQ（Japan Securities Dealers Association Automated Quotation，日本证券交易商协会自动报价系统）市场，并修改《证券交易法》，简化股票发行程序，降低小企业融资成本。2008 年 11 月，大阪证券交易所收购 JASDAQ，成为日本最大的创业板市场。名古屋交易所的 Centrex、福冈交易所的 Q-Board 和札幌证券交易所的 AMBITIOUS 也是新兴市场，主要面向当地的中小企业。③为风险投资提供制度保障。日本于 1995 年制定《中小企业创造活动促进法》，通过中小企业事业团向 47 个创业投资财团发放了总计 400 亿日元到 500 亿日元的无息创业投资贷款。日本还借助中小企业金融公库、国民金库给中小企业提供了优惠贷款，并且通过中小企业信用保险公库给中小企业提供了贷款担保。对于那些开发新产品和采用新技术的开发型中小企业，日本还给予了相当于其研究经费 2/3 的低息贷款。在直接投资领域，日本于 1997 年创新性地推出了"天使投资税制"，该制度鼓励个人积极参与风险投资活动，并对投资转让所得及经营亏损提供了税收优惠措施，以降低投资风险并激发投资热情。与此同时，日本还对养老基金的运用规定进行了修订，明确允许养老基金投资于风险投资企业或有限合伙制投资机构，进一步拓宽了资本流向创新企业的渠道（尹艳林，2016）。④实施了税收减免政策，日本的"天使税制"对符合条件的天使投资人给予了优惠政策。此外，日本为激发创业热情，还放宽了企业成立条件。比如，2003 年公司注册资本的要求降低到了 1 日元，"1 日元创业"在日本引发了前所未有的创业热潮。日本政府还积极提供专业信息咨询服务，比如，日本政府设有中小企业厅，各级地方政府行政区域设有中小企业局、中小企业创业综合支援中心和中小企业科，它们的主要职责就是为中小企业和投资企业提供专业的创业咨询服务，包括专家咨询、经营管理讲座、创业指导等，为中小型科技企业和风险投资搭建了信息平台。⑤从法律上取消了对金融持股公司的禁止，取消了对银行、保险公司、证券机构等金融机构业务范围的限制。在政策的推动下日本金融领域发生了前所未有的大规模的重组与整合，实现了混业经营，金融体系在混业经营后为中小型科技企业的发展提供了有利条件。一方面，金融持股公司的资金实力增加了，而且其旗下的各种子机构也能更好地分散风险，这对于促进高科技企业的发展非常重要。另一方面，各种子机构根据企业生命周期的不同阶段，给企业提供相应的融资服务。例如，创业投资子公司可以扮演天使投资人的角色，为科技企业初创期提供资金；当科技企业进入发展中后期，由于前期已经得到创业投资子公司的资金支持，信息不对称问题得以解决，银行可以为科技企业进一步发展提供资金支持；当科技企业步入成熟期后，金融持股公司下的证券子公司可以为科技企业提供金融服务。比如，为科技企业提供 IPO（initial public offering，首次公开募股）服务，在股权融资过程中扮演重要角色（金珊珊和雷鸣，2013）。

第四节　日本经验的启迪

日本在 1949 年和 1950 年先后出台了《外汇及外贸管理法》和《外资法》，开启了第二次世界大战后技术引进的新篇章，吹响了迈向经济强国的号角。日本通过引进、消化、改良和利用外国的专利技术和设备，使经济迅速复苏，在短时间内便实现了经济的腾飞，为日本创造了增加科技投入的经济条件。之后，日本提出了"技术立国""科技立国"等国家战略，不断加大创新投入，使经济发展的动力从产业技术的引进模仿转向了加强自主基础研究。在此过程中，政府主导的大科学发展模式起到了积极的作用，本土企业研发力量不断增强，大学基础研究能力也在不断提高。日本的成功经验对中国创新的启示可以概括为以下几个方面。

第一，重视信息搜集，组织技术预见，有系统地预测和确定前沿关键领域。日本在 1971 年进行了第一次技术预测，以了解未来 30 年技术发展的趋势，为科技规划和政策提供参考，目前，日本已经进行了多次技术预见，预见具有较高准确率。信息搜集和技术预见是日本成功实现经济转型的重要原因之一。中国在实现创新发展方面可以从以下方面借鉴日本的经验。首先，构建政府主导的信息搜集体系。政府在信息搜集方面发挥着重要的作用，日本政府拥有大批专家，并派出人员去国外进修，与民间研究所以及政府支持的智库联系紧密。中国可以借鉴这种做法，建立政府主导的信息搜集体系，加强与民间研究机构、高校以及企业的合作，加强国际的信息交流，搜集各方面的信息，为科技规划和政策提供依据。其次，加强对企业信息搜集的重视。日本企业对竞争对手的强烈关注是形成企业竞争力的支柱，为了不被竞争对手超越或是超越竞争对手，日本企业会竭尽所能去搜集相关信息。中国企业也可以借鉴这种做法，加强对市场的观察和分析，积极了解国内外市场变化、科技趋势和发展机遇，为企业的战略制定提供有力的支持。最后，实现跨界合作和创新创业。中国可以借鉴日本的跨界合作和创新创业经验，促进不同领域、不同行业之间的合作与交流，推动科技创新的跨越式发展。同时，还需要鼓励更多的人才从事创新创业工作，打破传统观念和壁垒，推进跨界融合和跨界创新，推动科技创新不断向前发展。

第二，增大对基础研究的稳定投入。1971 年，日本政府提出将研发支出占 GDP 的比重提高到 3% 的目标，由于石油危机，该目标未能实现，但是研发支出占 GDP 的比重也超过了 2%。2016 年，日本研发支出占 GDP 的比重已达到 3.42%。在第五期《科学技术基本计划》中，日本明确提出了一个宏伟目标：在计划实施期间，将研发支出占 GDP 的比重提升至 4%。尤为值得一提的是，该计划强调基础研究的重要性，规定基础研究经费需占总经费的 14.5%，这一比例远高于中国当前的 5.1%。此外，日本还出台了《特定尖端大科学装置共同利用促进法》，旨在通过持续增加大科学装置运维经费，确保大型放射性装置、超级计算机、高强度质子加速器设施等关键科研基础设施的稳定运行，并由国家提供持续稳定的经费支持。借鉴日本的经验，中国也应该注重增大对基础研究的稳定投入，以推动科技创新的发展。政府可以通过增加基础研究的经费投入、提高科研人员的薪资待遇、建立科研成果的知识产权保护制度等措施，激发科研人员的创新热情，推动科研成果向产业转化。同时，政府也应该建立完善的基础研究评估机制，力求准确地评估科研成果的质量，加速科技成果的应用和转化，促进中国科技创新发展走向更高水平。

第三，创新活动也需要人力资本的支撑。日本在 2015 年的研究人员总数约为 66 万人，比中国的 161.9 万人和美国的 135.2 万人（2014 年）都要少得多，但是其每万人经济活动人口中的研发人员密度却高达 103.5 人，超过了中国的 19.1 人（2014 年）和美国的 86.7 人（2014 年），而且还在不断增长。日本在推动创新发展的过程中，高度重视人力资源制度的建设，注重青年人才的培养和支持，构建了一系列完善的人才支撑体系。在这个过程中，有以下几点经验值得借鉴。首先，建立完善的人才培养体系。日本实施了"21 世纪卓越中心计划"和"全球卓越中心计划"，对优势尖端学科领域给予重点支持，培育了富有创造力的青年研究人员，进一步促进了基础研究的发展。在此基础上，日本提出了加强对从事基础研究的青年人才的培养的政策，加强青年人才的基础研究能力培养。中国可以学习日本的做法，建立完善的人才培养机制，培养具有创新能力和基础研究能力的青年人才。其次，加强对研究人员的支持。日本出台了《强化基础研究的长期方针与政策》，提出建立研究支持体制，让从事基础研究的研究人员可以专注于研究工作，提高研究人员的效率和创新能力。中国可以借鉴这个做法，加强对研究人员的支持，提高研究人员的工作效率和创新能力。最后，注重国际化人才培养。日本实施了"全球卓越中心计划"，以进一步培育具有国际竞争力的青年人才，打造具有全球影响力的创新中心。借鉴日本，中国可以吸引和培养具有国际视野和背景的人才，提高中国在全球科技创新领域的竞争力。

第四，推进"官产学"合作制度。日本在 1981 年实施了"创造性科学技术推进制度"，建立了一种灵活、变化的研究体制。日本通产省也实施了"下一代产业基础技术研究开发制度"，着重支持新材料、新功能元件、生物技术等下一代产业基础技术的协同研发。此外，科学技术会议预算新增了科学技术振兴调整费来支持"官产学"合作的基础研究。日本的"官产学"制度是一种公私合作的研究合作模式，包括政府、产业界和学术界之间的合作。政府拥有许多优秀的科学家和技术专家，同时与产业界和学术界建立了广泛的联系和合作，共同开展科技创新研究和产业发展。这种模式对于我国的创新发展具有重要启示。我国政府、产业界和学术界之间应该建立更紧密的联系和合作，共同开展科技创新研究和产业发展。政府可以通过制定政策支持和资金扶持等措施，引导产业界和学术界参与科技创新研究和产业发展。同时，我国政府应该加强对创新环境和制度的建设，搭建公平、透明、可持续的创新生态系统，推动科技创新与产业发展的有机融合，从而不断提高我国的创新能力和水平（胡智慧和王溯，2018）。

第五，国家主导和支持大科学项目，建设国家战略性科技力量，在前沿领域发挥引领作用。日本在 20 世纪 70 年代实施了多个大型产业技术研发项目，其中包括超大规模集成电路研发项目。在政府的引领下，由富士通、日立、三菱、NEC、东芝 5 家大公司，以及日本工业技术研究院的电子综合研究所和计算机综合研究所这两家国立研究所组成的研究联盟产生了 1000 多项专利，使日本半导体产业达到了世界先进水平。1989 年，日本在全球储存芯片市场的份额已经占到了 53%。

2015 年，日本出台了国立研究开发法人制度，给部分国立研究机构授予"特定国立研究开发法人"的身份，充分利用其国家战略性科技力量的作用，推进国家科技战略的执行。例如，在 2018 至 2025 年的中长期计划中，理化学研究所确定了创新智能集成、生命医学、脑神经、光量子工学和加速器科学等重点研究领域，研究将得到日本政府的稳定支持。中国应该借鉴日本的成功经验，发挥政府的动员能力，通过组织国家重点研发计划、国家自然科学基金等项目，引导企业和研究机构集中研发重大科技项目，推动相关技术的突破。例如，中国可以组织类似于日本超大规模集成电路研发项目的大型合作项目，吸引国内外优秀企业和研究机构参与，联合攻关，提升中国半导体产业的技术水平。

　　第六，通过发展金融市场助力中国创新。日本金融支持创新的特点体现了政府和金融机构在促进创新发展方面的积极作用。中国金融市场发展也在不断推进，因此可以借鉴日本的经验，通过发展金融市场来助力中国创新。具体来说可以采取以下措施：一是完善政策性金融体系，建立政策性金融机构和信用担保机构，为创新型企业提供专项贷款和担保服务，降低其融资成本，提高获得融资的机会。二是支持银行机构创新，通过支持银行机构的创新，如提高互联网金融技术和金融产品的研发水平，推动金融科技与实体经济的深度融合，为创新企业提供更加便捷、高效的融资服务。三是发展资本市场，完善资本市场制度，鼓励发展风险投资和创业投资，吸引更多的资本流入创新领域，打通创新直接投融资的任督二脉。总之，发展金融市场可以为中国的创新发展提供更多的融资渠道和投资机会，这将促进中国创新产业的快速发展，增强中国在全球科技竞争中的实力。

第三章　赓续创新精神：英国的科技复兴之路

甘　煦　张学人[①]

第一节　服务于创新全过程的英国创新体系现状

一、英国研发投入与创新产出现状

2018 年，英国的研发投入 496.1 亿美元，同比增长 0.92%，占当年 GDP 比重的 1.72%，占全球份额的 2.27%，排第 9 位（表 3-1）。

表 3-1　2018 年全球主要国家研发投入（按购买力平价计算）

排名	国家	研发投入/亿美元	同比增长	占 GDP 比重	全球份额
1	美国	5529.8	2.86%	2.79%	25.25%
2	中国	3184	6.74%	2.19%	21.68%
3	日本	1866.4	0.60%	3.21%	8.52%
4	德国	1165.6	1.50%	2.84%	5.32%
5	韩国	882.3	3.28%	4.32%	4.03%
6	印度	832.7	8.27%	0.85%	3.80%
7	法国	631.2	1.59%	2.25%	2.88%
8	俄罗斯	586.2	1.40%	1.52%	2.68%
9	英国	496.1	0.92%	1.72%	2.27%
10	巴西	374.5	0.83%	1.17%	1.71%

同年，英国向欧洲专利局（European Patent Office，EPO）申请的专利数量为 5736 件（总申请量：174 317 件），较前一年增长 7.8%，排第 9 位（图 3-1）。

---

① 甘煦系华中科技大学管理学院讲师，张学人系武汉大学经济与管理学院博士研究生。

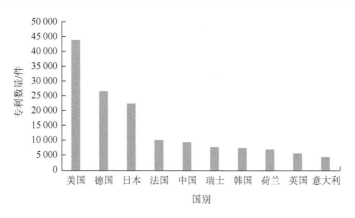

图 3-1 2018 年 EPO 专利申请分布

在全球高被引科学家排行榜中（表 3-2），英国排名第 2 位（546 位），仅次于美国（2639 位）。

表 3-2 2018 年高被引科学家所在国家 Top10

排名	国家
1	美国（2639）
2	英国（546）
3	中国（482）
4	德国（356）
5	澳大利亚（245）
6	荷兰（189）
7	加拿大（166）
8	法国（157）
9	瑞士（133）
10	西班牙（115）

英国政府多年以来一直强调培育国家创新体系。国家创新体系的主体为产学研机构、政府机构及非营利机构等，在各个创新主体之间相互联系的过程中也形成了创新活动。例如，"产学研机构之间知识的再分配"与"竞争主体、供应主体与产品使用主体之间知识的再分配"。

总体上，英国创新体系的特征主要有三点：以提升企业创新能力为核心；以科技发展为基础条件；结合完善的市场环境。此外，"服务于创新全过程"的理念使得英国的创新体系得以保持良好的运行状态。

二、英国现阶段采取的主要创新政策解析

考虑到英国政府为鼓励创新，出台了许多不同领域的创新政策，本章以高科技前沿领域为例，梳理了英国现阶段采取的主要创新政策。

（一）支持新兴技术商业化

新兴技术往往具有巨大的应用空间，不仅会创造全新的价值，而且往往会颠覆现有的市场和产品体系。2012 年，英国宣布向大数据和高能效计算、卫星及空间商业应用、机器人和自动化系统、基因组学及合成生物学、再生医学、农业科技、先进材料及纳米技术、能源与存储等英国能够领先世界的 8 项重大技术增加6 亿英镑投资，以加快前沿研究商业化。

（二）重视科技前瞻研究

英国历来重视科技前瞻研究工作，并设立了专门的政府机构来负责这一工作。英国政府组织了一支优秀的研究队伍，给予稳定的经费来支持科技前瞻研究，为制定科技政策提供重要依据。

英国的科技前瞻研究项目主要分为两类：其一，明确新兴科学和技术发展中面临的挑战与机遇；其二，明确科技可以在解决何种重大社会问题中发挥作用。从时间跨度来看，无论是大规模的关键技术预测项目，还是专题研究项目，一般的时间跨度通常都在 10 年、20 年、30 年，甚至未来 50 年、80 年。

科技前瞻研究工作着眼长远，同时紧密围绕科技发展决策以及社会关注的热点问题，因此在英国国内和国际社会上都产生了重要影响，对政府机构、科技界和产业界都具有重要的参考价值。

（三）重视高端人才

英国政府高度重视科技人才的引进和开发工作。自 21 世纪初开始，英国陆续出台了一系列人才培养战略和计划，不仅重视科技人才培养（如英国制定了一项"2020 年计划"，即到 2020 年使英国学生的数学学习持续到 18 岁，培训 1.75 万名数学和物理教师的计划）而且大量引进高层次和高技能的人才。同时，英国近年来大力加强职业教育，在数字技术、风能、高端制造等领域设立国家学院，使人才培养充分适应科技发展的需要。

（四）大规模公共投资

英国政府对科技创新直接投入巨额公共资金，侧重支持中小企业的科技创新活动是其近年来创新政策的重要特点。在具体做法上，英国不仅采取直接财政支持手段，也鼓励企业与公共部门开展合作。在行动安排上，英国政府采取"有所为、有所不为"的方式，并非采取全面资助，而只是对个别企业进行资助，旨在激发科研机构和企业从事创新活动的动力（王铁成，2018）。

第二节　科技创新的光辉历史与可期未来：英国怎样实现自我革命

一、稳定的环境与新生的动力：为何第一次工业革命发生在英国

（一）第一次工业革命的历史背景

18世纪60年代，英国成为第一次工业革命的摇篮，这一革命以蒸汽机的诞生和广泛使用为核心标志，它不仅加速了英国经济与社会的跃进，也催生了纺织业、煤炭开采、金属冶炼等现代工业，推动了全球生产能力的巨幅扩张。

（二）第一次工业革命起源于英国的原因

在第一次工业革命中，英国的表现堪称辉煌。根据现有数据，英国于1850年金属制品、棉纺织品等的产出占据了全球产量的一半，煤炭的产出更是占据了全球的2/3份额，造船和铁路建设也居世界第一；到1870年，英国的工业产值占全球总量的31.8%，超过美国的23.3%，德国的13.2%，法国的10%。这一壮丽的工业景象并不止步于产业扩张，因此英国在工业革命前后的两个世纪里，成为全球的科技创新高地。

第一次工业革命不仅铺平了英国经济的飞速发展之路，也改变了其他国家的经济和社会面貌。总结其发展经验，工业革命能在英国率先展开，是由以下诸多因素共同造成的。

1. 政治基础

英国实现了国家统一，资产阶级的革命彻底打破了封建枷锁，君主归于虚位，资本主义商业发展的障碍一一清除。为消除商业特权而成立长期会议，逐渐减少

政府对国家经济的干预，各行业自主竞争发展，在此发展模式下，市场经济发展速度得以快速飞升。此外，君主立宪制的完善，两党制、内阁体系等政治机制的确立为英国的社会稳定奠定了政治基础。

2. 社会基础

第一，英国在工业革命之前已经形成了有利的商业环境。17 世纪中叶，政治整合消除了国内的关税障碍，将英国转变成了最先实现国内一体化市场的国家，为市场经济的繁荣铺设了坚实的基础。

第二，与欧洲大陆其他国家的显著不同是，英国长期保持社会稳定，少有受到战争侵袭。自 11 世纪以来，英国基本免于外敌侵入；17 世纪中叶的英国内战结束后，国内也未再爆发大规模战争。

3. 资本积累

英国在工业革命时期的资本积累主要通过两个渠道实现：国内劳动力的积累和对外的殖民拓展。在国内方面，自 16 世纪起，随着商业化农业的兴起，土地所有者为了追求更高的利润，将共有土地围起来进行专业化经营。这一运动产生了两种长期的影响。第一，导致了许多小农失去土地而被迫转为农业工人或迁往城市从事工业劳动，从而在一定程度上解决了工业革命初期对劳动力的巨大需求，为劳动力积累提供了有力支撑。此外，圈地运动逐渐瓦解了传统的家庭手工业，当农民转型为工人后，工场主通过对工人的压榨积聚初级资本。第二，有助于优化土地利用，提高生产效率，加速了资本积累的速度。这不仅推动了农业生产的现代化，更为随后的工业革命和资本主义制度的确立奠定了坚实基础。

在对外方面，从 1588 年击败西班牙的无敌舰队开始，英国依次战胜了包括荷兰、西班牙、法国在内的传统海上霸主与欧陆强国，并获取了巨大的殖民地。例如，1607 年，英国建立詹姆斯敦殖民地，开始在北美的殖民扩张；19 世纪中期，通过战争实现对印度等亚洲国家的征服，进一步扩大了在亚洲的影响力。之后，英国逐渐确立了全球最大殖民国家的地位，通过直接掠夺和不对等贸易关系积累了丰富的资源。

此外，在工业革命中，英国早期重点发展的银行业对其发展起到重要的推动作用。英国是现代银行体制的发源地，1694 年根据苏格兰人皮特逊的计划而建立的英格兰银行是世界上最早的银行（瑞典第一国家银行除外），在银行业与时俱进发展的过程中，英格兰银行成为全世界第一家私人股份制商业银行，它也是世界上独占货币发行权最早的股份制中央银行。在 18 世纪中叶，英国地方为吸收零星资金而衍生出地方银行，其主要业务为在当地开展资金融通。随着英格兰银行的发展和银行体系的完善，英国逐渐形成了商业信贷网络。银行业的进步，特别是新型支付手段如银行券、信用券、汇票、支票等的推广，使企业得以获得多样化的金融服务，满足了多个主体的多方面融资需求。

4. 文化背景

英国成为工业革命的发源地，不仅缘于其社会与政治的条件，也与其特殊的文化和思想背景有关。近代时期，功利主义在英国社会得到广泛传播，人们追求财富积累和积极进取的精神，成为社会活力源源不断的推动力。此外，宗教改革后，英国成为新教国家，相对宽容的宗教政策吸引了许多大陆新教徒，他们为英国带来了工业革命所需的资金和技术。

科学与文化的发展成为推动工业革命的重要力量，也为其开展提供了重要支撑。从 16 世纪至 19 世纪，英国涌现出多位科学先驱，如培根、牛顿、波义耳、胡克等，他们做出的科学研究成果，强化了民众对于科技对生活方式产生的积极影响的清晰认知，也丰富了英国本土文化，增添了众多思想风貌。为此英国在 1660 年成立"皇家学会"，更于 1754 年建立"工艺，制造业和商业促进会"，此后相继出现的学术团体成为创新科技和促进科技学术交流的重要推动力量。

5. 自然资源条件

英国在第一次工业革命期间所拥有的丰富煤炭和铁矿资源，对其工业化进程起到了关键作用。一方面，英国丰富的煤炭资源不仅有力地推动了蒸汽机的广泛应用，大大降低了制造业的成本，而且促进了多个行业的快速发展，如玻璃制造、有色金属和盐业等。另一方面，英国的铁矿资源也极为丰富，且铁矿与煤矿的距离相对较近，这有助于降低运输成本，进而促进钢铁工业的迅速崛起。更为重要的是，钢铁工业的发展又为机器制造业的壮大提供了有力支撑，从而推动了整个工业革命的进程。从煤炭到钢铁再到机器制造，高效而又低成本的运转流程被构建，成为推动第一次工业革命的动力源泉。

总体而言，工业革命最先在英国爆发，是因为英国早期就建立了完备的体系和资源条件。与此形成鲜明对比的是，远东的中国仍沿袭着封建制度，市场力量难以展现，而欧洲的其他国家大多停留在中世纪的落后阶段，无论是政治基础还是社会条件，均未具备工业革命的前提条件。

二、发展惯性与德美侵蚀：英国缘何在第二次工业革命落后

（一）第二次工业革命的背景

19 世纪中期，欧洲国家、美国和日本的资产阶级革命或改革的完成，促进了

其经济的发展。19 世纪 60 年代后期，第二次工业革命开始，人类进入了"电气时代"。第二次工业革命极大地推动了社会生产力的发展，对人类社会的经济、政治、文化、军事、科技和生产力产生了深远的影响。第二次工业革命，几乎同时发生在几个先进的资本主义国家，而走在最前面的两个国家，一个是制造了发电机、内燃机驱动汽车的德国，另一个是发明了电话的美国。随着新技术的应用与推广，世界各国的经济、政治和文化联系进一步加强。

（二）英国在电力革命中丧失领先地位的原因

在第一次工业革命时期，英国无疑处于科技与产业的前沿，但随着电力革命在 19 世纪的迅猛展开，它的优势地位开始受到美国和德国的挑战。在以电力应用为主的第二次工业革命中，曾经的"日不落帝国"渐渐地退居到了二线，而美国逐步成为新的全球领导者。英国的落后并非偶然，而是由以下原因所导致。

1. 经济增长模式无法适应新技术

尽管英国在第一次工业革命中取得了辉煌成果，但它的经济模式却与第二次工业革命的技术特性相差甚远。在第二次工业革命开启前，英国是无可争议的殖民国家与海上霸主，其经济增长模式高度依赖殖民地支撑。具体而言，英国经济的增长主要来源于大规模的殖民地资源获取与工业品倾销，从而为国家积累了丰富的财富。然而，电力时代革命的技术特征在于启发大规模的基建，并在高质量基建的基础上提高生产效率。英国本身的国土资源有限，难以获取适合大规模工业化的土地。更重要的是，高度依赖海外资源的高利润模式导致国内企业在技术更新与设备购置上失去了冲劲。因此，尽管英国在科研领域有所突破，如弗莱明的青霉素等，但它们在英国并未得到广泛应用，而是首先在美国得到了商业化的拓展。这背后的深层次原因在于，长期沿用的经济模式为资本家创造了丰厚利润，使他们对新技术投入的热情减弱。

2. 古典经济政策使资本、技术加速从英国转移到欧陆与美国

1）资金方面

受古典的经济自由主义学说影响，英国奉行自由的市场经济政策，政府只充当极为有限的守夜人角色，不负责产业规划与新兴技术扶持。在传统的殖民经济仍旧拥有丰厚利润的前提下，国内的资本家没有显著的意愿进行重大的自我革新，这使得日渐充裕的英国资本在寻找新兴行业时，在国内受到严重阻碍。

与之相比，以德国与美国为首的后发国家，在政治基本稳定以后，通过强有

力的政府规划，大举进军电力革命相关的应用，并积极吸纳外资进场。与美国等国相比，英国政府未能及时意识到政府的大力投资可以驱动规模经济快速发展，而对市场竞争与投资匹配采取放任自流的态度，甚至对货币资本流出没有任何管制。两相对比，英国资本与德美产业迅速结合在了一起，并由此造成英国国内投资不足，国内的新兴产业难以发展。

2）技术方面

与第一次工业革命的技术特点不同，以电力应用为代表的第二次工业革命的技术产物存在着显著的规模经济特点，技术的改良也往往基于大规模应用而产生，"干中学"效应尤为明显。英国的新兴产业难以快速铺开，使得英国无法在第一时间获得电力、石油、钢铁、化工等行业的巨大的规模经济效益，一步晚，步步晚，接续不断的新技术的发现逐渐从英国转移到拥有巨大实际产业的美国与德国。

3. 社会培育体系无法适应新技术

工业革命的开展，不仅需要充沛的资金与投资机会，更需要人才、管理模式以及社会基础等多方面的支持。英国在第二次工业革命中未能采取有效行动，而且在这些方面存在很大问题，社会培育体系趋于僵化。

第一，与美国等国充满活力的企业家精神不同，英国的商业文化发展相对缓慢。这或许归因于英国对海外市场的依赖，自由贸易政策使其对海外市场产生了依赖性，从而抑制了内部创新和企业家精神的兴起。

第二，英国的教育体系也未能跟上新工业时代的步伐。尽管新技术革命对人才提出了新的要求，但英国的教育仍旧采用非全日制和在职教育模式，这种教育方式难以满足新工业时代对技能人才的需求。虽然社会各界不断发出呼吁改革的声音，但英国政府对自由放任的坚持使得改革计划停滞不前。与之相比，成立于1861年的美国麻省理工学院在第二次工业革命期间成为工程和技术研究的先驱之一，为新兴工业培养了许多工程师和科学家。诸如此类的高校与研究机构层出不穷，为工业革命提供了源源不断的人才储备支持。

4. 美国与德国在新兴工业上的赶超

正如前文所提，美国与德国在政府投资、人才支持、外资吸引等方面发力追赶，并通过规模效益扩大领先优势，最终分享了第二次工业革命的大部分红利。此外，两国在具体的发展策略上也与英国开展差异化竞争，最终实现对英国的赶超。

1）培育本国强大的工业化能力

独立自主的工业化是经济稳定发展的前提，为了实现这一目标，美国与德国不约而同地实行了一定程度的贸易保护主义政策。美国所推行的门罗主义与汉密尔顿的经济战略一步步扭转了自身"廉价工业品"倾销地的地位，并通过"美国制造体系"建立完整的工业体系。德国则加强了对本国市场的保护，培育了诸如有机化学、制药、汽车等产业。

2）扭转对英进出口结构

利用英国单方面开放的市场，美国与德国都大举加强了对英国市场的挖掘，扭转对英的贸易结构。在经历了一系列的工艺创新后，美国汽车、飞机、电力、钢铁产业得到长足发展，福特、通用电气等公司在英国设立工厂，这不仅改变了美国的产业结构，还改善了美国的进出口结构，极大地提升了美国在全球市场的竞争地位。与美国相似，德国也同时借助英国市场的开放，凭借化工等技术工艺的突破，形成了强大的工业竞争力。通过对英国的铁、纱线等生产资料的利用，德国不仅提升了自身的工业水平，而且逐渐侵蚀了英国市场。德国化学和制药行业公司的成功，如赫斯特和西门子，其实在很大程度上受益于英国的自由贸易。

总的来说，英国的衰落源于其对自由贸易的盲目自信。虽然它曾在第一次工业革命中因保护主义而领先，但对自由贸易和自由放任的过度迷恋，导致了在第二次工业革命新兴产业方面的失势，最终被后来者所超越。就像经济学家李斯特所言，英国自由贸易政策的目的是保持英国工业在国际上的地位，防止他国超越，阻止后进国家的工业发展，然而最终却被德国和美国反超。

在第二次工业革命后，英国开始尝试从传统工业向新兴工业转型起步。1914～1945 年，英国工业内部结构调整，即降低传统出口工业的比例，增强对高技术含量产业的投入，同时拉动本国经济内需。但显然，这种调整晚于美、德等国的行动，且调整过程缓慢，导致英国新的优势迟迟没有建立，这也是英国走向进一步衰落的原因之一。

国家经济的崛起与金融体系的发展紧密相连。17 世纪末的英国借助中央银行和商业银行体系，为第一次工业革命提供了必要的资金，推动了产业迅猛增长，从而确立了其世界霸主地位。然而，这一金融体系在壮大后走向了"托拉斯"式的集中垄断，其"效率性"有限，难以适应不断涌现的技术革新和产业升级的需求，在随后的第二次工业革命中却逐渐失势。

（三）同时期服务业的发展

虽然在第二次工业革命中，英国失去了世界霸主的地位，但是其具有悠久历史的服务业在两次工业革命中实现了发展。

在历史上，英国素以发达的贸易、航运与金融业著称于世。相比于 19 世纪中期才完成的第二次工业革命，英国的服务业则在更早崛起。17世纪、18世纪，具有现代特征的第三产业在英国已经初具规模。第一次工业革命后，英国不仅成为"世界工厂"，而且也是世界贸易、航运和金融中心以及世界上第一个农业劳动力开始绝对减少的国家，此后，英国的第三产业迅速发展，到20世纪30年代末，第三产业在国内生产总值中占比接近40%。

由于大国的金融霸权几乎总是与其经济崛起同步实现的，17世纪末，英国依靠中央银行和商业银行体系提供资本燃料和动力，成功完成了第一次工业革命，成为头号强国；18世纪60年代至19世纪中叶，英国商业银行体系借助第一次工业革命迅速累积资本、发展壮大，走向"托拉斯"式的集中垄断，但该体系"效率性"不足，无法支撑技术持续创新和产业结构调整升级，无法适应新经济内在需求，而与第二次工业革命失之交臂，逐渐走向衰落。

自1816年英国率先实行金本位制，到1914年第一次世界大战前，主要资本主义国家都实行了金本位制。国际金本位制度的建立，促使英格兰银行保证英镑与黄金币值的稳定，确立了英国世界金融霸主的地位，并支配了世界金融体系，直到1914年该体系崩溃。该体系的建立为英国在世界各地的经济扩张提供了非常便利的条件，英国开始赚取大量无形信用收益——商业佣金、海外汇款、投资收益。直到1914年，英国境外投资仍居各国之首，约占西方国家对外投资的41.8%。

随着1973年第一次石油危机的爆发，英国政府决定将产业结构调整的重心由工业内部转向服务业，并限制大规模制造业在本土的发展，促使生产型产业大幅度降低能源和原材料消耗，从大批量、低成本生产转向数量少，但更高端的产品生产，以提高产品的附加值，获得丰厚的利润。这一系列举措加快了服务业的发展，而这次产业结构调整历时20年，最终确立了服务业的主导地位。

服务业已经成为英国经济中最主要的部分，其从业人数远超第一、第二产业，2022年服务业在英国GDP中的占比都接近3/4。

三、积极政策重塑创新环境：英国在第三次工业革命中实现产业结构调整

（一）第三次工业革命的背景

第三次工业革命起源于20世纪四五十年代，以原子能、电子计算机、空间技术和生物工程的发明和应用为主要标志，是涉及信息技术、新能源技术、新材料技术、生物技术、空间技术和海洋技术等诸多领域的一场信息控制技术革命。第三次工业革命是人类文明史上科技领域里的又一次重大飞跃。

（二）英国落后的教训

自第二次世界大战结束后，世界经济形势发生了深刻变化。第一，两次世界大战摧毁了欧洲传统工业中心的既有布局，美国资本得以大举进入欧洲大陆，深刻介入了欧洲的经济政治局势，变相削弱了英国的国际地位。第二，20世纪30年代的全球性经济危机沉重打击了英国传统工业部门，煤炭、纺织和机器制造业产品出口大幅下降，造船工业生产几乎停顿。第三，第二次世界大战后，殖民地的民族独立运动日益高涨，在美苏两国的支持下，大批原属于英法的海外殖民地纷纷独立，英国失去原来因殖民所开拓的市场以及随之享有的特权，传统的殖民地经济模式遭受重创。例如，1977年的"帝国特惠制"取消后，与英联邦各国的贸易额占对外贸易总额的比重由1960年的40%降至14.5%，严重限制了经济发展。可以说，第二次世界大战以后，英国无论是政治地位还是经济地位，都有非常严重的下滑。在此仅就直接与科技进步有关的四个方面进行探讨。

1. 科学与技术人才的比例失调，技术人才严重短缺

众所周知，英国并不乏出类拔萃的科学家，从1901年起到1984年，英国获得诺贝尔科学奖的有62人，仅次于美国而雄冠欧洲。然而，英国长期缺少设计制造、质量管理和工程技术的优秀工程师（表3-3）。1969年以后，由于产业转型，服务业呈上升态势，攻读社会管理类的学生逐渐超过了工科类学生（表3-4）。时至1982年，英国理科大学生与工科大学生的比例仍是3∶1，而日本则为0.4∶1。这使得英国许多公司的研发部门一般只注重搞新发明和新产品，忽视基础研究与生产实践的结合，不去改进现有产品的技术基础，而许多科研单位则以获得诺贝尔奖为奋斗目标，忽视基础研究与生产实践的结合，以致不能很好地把科学技术成果加以推广应用。这与日本的情况正相反，日本虽然诺贝尔奖获得者远低于英国，但其大量卓越的技术人才善于改进和补充国外的尖端发明技术，迅速形成日本的新产品投放市场。例如，录像机与现代钟表源于英国，但成为日本的热门货。

表3-3　20世纪70年代取得工程师资格的人数

国家	大学或同等资格	无大学资格
美国（1976年）	37 970	25 089
法国（1975年）	11 205	12 778
德国（联邦德国，1976年）	3 960	11 830
英国（1976年）	11 025	6 594
日本（1973年）	62 961	8 235

表 3-4　英国 1967～1973 年全日制工科的本科和研究生人数

年份	就读人数	占学生总数	百分比排位
1967～1968	32 348	16%	第二
1969～1970	36 193	16%	第三
1971	37 126	13%	第三
1972～1973	36 892	15%	第三

资料来源：钱凤根（2006）

英国不仅缺少高技术人才，而且也缺少中、低级工程技术人才。人才如此奇缺的主要原因是大专院校有关学科减少，理工科师资不足，这种人才缺乏的局面是由英国社会和教育系统重理论轻实践、重学术轻技术的传统偏见所造成的，这也成为阻碍英国科技发展的一个最重要的原因。

2. 科研经费的分配比例失调，投资不讲经济效益

自 20 世纪 70 年代中期以来，英国对科研的投资一直稳步增加，占政府总开支的百分比不断提高，其中国防科研资金的比例很大。据 OECD 的研究报告，70 年代末，英国是 OECD 地区军事科研经费占政府科研经费总额比例最高的国家。1980 年，英国的这个比例是 59%，比美国还高出 5 个百分点；而日本用于防务的研究费用只占 15%，德国为 17%，法国将近 38%，这些国家的大部分科研经费放在民用方面。相比之下，英国的民用科研经费就少多了，按人均计算的民用科研经费低于美国、德国、日本、瑞士、瑞典、法国、挪威和比利时等国。1984 年 OECD 的报告甚至指出，英国对民用科研犯了极大的错误。由于片面强调基础理论研究，忽视应用技术的开发，所以用于基础理论研究的钱过多而不考虑经济效益。英国 1982 年用于基础科研的经费为 4.98 亿英镑，其中一半拨给"科学与工程技术研究委员会"。该委员会不是把钱用于最能促进工业发展的领域，而是花在核物理和天文学等需要购置昂贵设备的大项目上。在 1953～1973 年英国用于基础理论研究的经费占预算的 56%，而用于发展实用技术的经费仅占 4%。与此相反，日本用于基础理论研究的经费只有 8%，而将 54% 的资金用于发展实用技术。

3. 科研机构复杂烦冗，缺少统一的决策中心

英国的科研机构主要由三大系统组成：一是教育科学部所属的五个独立的研究委员会（科学工程、医学、自然环境、粮农、经济和社会）；二是各大学拥有的研究组织；三是政府各部门所设的研究机构。一方面，由于机构多而重复，所以惰性较大，英国对重大技术革新和实践项目协调不够，力量分散。例如，英国搞

生物工程研究的单位有医学、粮农和科学工程三个研究委员会，各大学有关的实验室，政府的工业部、能源部、环境部和农业部等下属研究机构；虽然研究者如此众多，却没有一个机构在生物工程的研究上做出战略性的决策，致使英国的生物工程水平处于西方发达国家的第五位。对比之下，日本由通产省统管科研，因而步调一致且具有战略眼光。另一方面，由于多头搞重复研究，也使英国科研资金浪费较大。1982 年，英国卫生和社会保障部用 2200 万英镑去搞研究，英国能源部把 2.6 亿英镑主要用于核能的研究，英国国防部也花去 18.5 亿英镑科研经费，是政府花钱最多的部门之一。

4. 体制上的弊病

英国的资本增益税、财产税等税收对新创办的企业负担太重，影响了投资的积极性。英国的养老金不能随人而走，住房管制过于死板，"最低工资法"鼓励人们固定在一处工作而不利于调动，以及劳资关系的约束等原因致使人员的流动十分困难，人事制度非常僵化。这就造成人才的使用不当，影响了技术的开发和新企业的创立。科研人员的才能在本国得不到发挥，自然就流向国外，据估计，英国在国外工作的生物工程学家就有 10%。

此外，英国政府虽已被迫对工业结构进行调整，即对传统出口工业进行消肿，加大对技术含量比较高的新兴工业的投入，同时从致力于发展外贸导向型的国际经济转向发展国内经济，但这种调整却远远滞后于美、德等国（后者于19 世纪八九十年代已经开始实施），且调整过程也相对缓慢。新兴工业虽然发展较快，但就产值、就业人数和重要性而言，还不能取代传统工业的地位，即使在1932～1934 年经济恢复的关键时期，新兴工业仍只占就业人数的 7%和总净投资的 3%。旧的优势失去的同时，新的优势迟迟没有建立，是这一时期英国落后的一个重要原因（沈建明和刘晓清，2008）。

（三）英国政府的改进措施

上述原因导致英国在第三次工业革命中落后于美、日、德等国。对此，英国也产生了强烈的紧迫感。为了使英国跟上世界先进科技的发展潮流，撒切尔政府采取了以下措施。

1. 狠抓信息技术，大力发展第五代计算机

为了对第五代计算机技术的开发计划进行调查研究，政府设立了"电子学专家委员会"，任命约翰·阿尔维为主任，于 1983 年 5 月制定了一项为期 5 年的"阿

尔维计划"（Alvey Programme），投资 3.5 亿英镑，主要研究四个方面：软件工程、超大规模集成电路、人机接口和智能系统。由于认识到欧洲科技联合的必要性和重要性，英国也积极参加"欧洲信息技术研究和开发战略计划"；此外，英国还制定了关于电信系统、闭路电视、卫星传送、光导纤维、柔性生产系统、机器人、新材料等多种产业规划方案，对新技术产业的发展和传统工业技术的改造起了有效的指导和促进作用。

2. 加强教育和培训，逐步解决人才问题

英国政府制定了"微电子教育计划""学校微电脑计划""小学微电脑计划"等方案，对教师进行微电子技术和计算机软件的培训，对中小学生普遍进行信息技术的教育。此外，英国还建立了"信息技术中心"系统，对失业青年进行微电子和计算机技术的培训，使他们为高技术就业做好准备。

3. 调整科研机构，确保协调一致

为了协调大学、政府研究机构和其他公共机构之间的科研活动，政府把全国研究发展公司和国家企业局合并成 BTG（British Technology Group，英国技术集团），它的职能是促进科研机构对高技术的开发和商业化，为英国工业发展先进技术提供资金，支持小企业的创立和发展，以及支持工业风险投资。

4. 鼓励国内外投资，加速高技术的发展

英国政府认为，利用高技术所提供的商业机会主要是私营部门，政府的责任是创造一个能使私营部门充分利用这些机会的环境。为此，政府尽力提供一切有利条件鼓励外商在英国投资。对投资不作任何限制，而且一般以现金对投资企业进行补助。对投资高技术的企业给予特别优惠，可提供高达 50%的资助，并减免税收。对特定地区进行基础设施的援助，以吸引投资。

综上所述，自第二次世界大战结束后，不管是经济增长，还是科技进步，英国都开始步入下滑的轨道，甚至在 20 世纪 60 年代末，由于结构调整滞后、技术创新乏力、工业设备更新缓慢和企业经营管理方式落后，其工业竞争力进一步削弱。加之第二次世界大战后帝国殖民体系土崩瓦解，英国丧失了在殖民地享有的特权和有利市场，特别是 1977 年"帝国特惠制"取消后，与英联邦各国的贸易额占对外贸易总额的比重由 1960 年的 40%降至 14.5%，经济发展受到严重影响。在此时期，英国还患上了增长停滞、严重的通货膨胀与高失业率三者并存，以滞胀为主要特征的"英国病"，经济实力大大衰落。这一状况，客观上对加快经济结构调整提出了非常迫切的要求。石油危机之后，产业结构调整的重心开始由工业内部转向服务业，加快服务业发展成为这一时期的重要战略举措，前后共花了近

20 年。但进入 20 世纪末期，英国政府再次将科技创新作为国家发展的核心动力，努力保持英国在科技和产业领域中的领先地位。

（四）第三次工业革命后的产业结构调整

第三次工业革命后，由石油危机引发的新一轮产业结构调整前后历时近 20 年，主要也分为以下几个阶段。

20 世纪 70 年代，英国加入欧洲共同体市场，在激烈的竞争中，经济继续衰退。虽然经济低迷，但服务业却实现了一定的增长。主要原因有两个：一方面，由于第二次世界大战后英国实行"福利国家"制度，卫生教育、公共行政等非物质生产部门不断扩大；另一方面，20 世纪 60 年代后期大规模的工商业企业合并整顿，迫使大量工业企业职工转到交通运输、商业服务、财政金融社会服务等第三产业，推动了服务业加快发展。到 1980 年，制造业在 GDP 中的比重由 1970 年的 42.7% 继续下降至 40.2%，而服务业则由 52.5% 上升到 57.6%，10 年间上升了 5.1 个百分点。

1979 年，撒切尔夫人执政后，在全球性产业结构调整浪潮的冲击下，英国的经济政策转向强调增加经济供应，降低产品成本，提高生产效率，并采取了一系列政策措施，加快产业结构调整。一方面，政府提供巨额资助，鼓励工业部门积极采用微电子、光导纤维和光电子技术等新技术和新材料，使高技术产业得到迅速发展。1980~1986 年，高技术部门年均增长达 31%，远高于同期制造业增速 5%，同时企业新产品投放市场比例逐渐在西方国家中位居前列。另一方面，政府对传统制造业、煤炭采掘业的补贴大幅下降，使得长期依赖政府补贴的纺织、造船、机械、钢铁等产业大幅度萎缩。其他一部分制造业，如航空、汽车、化工、机电、石油等在市场竞争中，逐步从规模型生产向高端的设计、集成、概念化产品以及附加值更高的品牌产品方向转变。同时，加大对咨询行业等服务业的扶持力度。但这些政策最初并未收到预期效果。因受整个西方经济衰退的大势影响，1979 年 7 月开始，英国又经历了一次经济危机，直到 1983 年初复苏后结构调整效应才真正释放出来。撒切尔夫人执政近 12 年，英国产业结构发生重大变化：制造业效率明显提高，1980~1989 年劳动生产率提高了 50% 以上，年均增长 4.2%，居西方七大工业国之首；服务业快速发展，到 1989 年，三次产业结构由 1980 年的 2.2：40.2：57.6 调整为 1：31：68，基本完成了由制造业为主向服务业为主的转变。

此后，产业结构调整继续深化。20 世纪 90 年代初，英国再次经历经济衰退，但工业生产率明显提高，即使在衰退低谷的 1992 年，仍实现了自 1986 年以来的持续增长，比 1986 年增长 9.9%；同时，服务业经历了 1990~1995 年的继续调整，到 2000 年服务业占 GDP 的比重已达 70%，成为国民经济的支柱产业。到 2006 年，根据英国财政部报告，三大产业占国民经济的比重为 1.5：25.5：73，服务业解决的就业人口占总就业人数的 80% 左右，而在 1976 年的这一比例仅为 68%（沈建明和刘晓清，2008）。

综上所述，英国产业结构调整经历了漫长过程。其中由工业为主转向服务业为主，成效最明显的时期为 20 世纪 80 年代，调整起因虽是 1973 年的石油危机，根源却是传统工业受到新技术革命的强烈冲击、经济发展和市场力量的作用对产业结构调整提出了内在要求，整个调整持续近 20 年，最终确立了服务业的主导地位。

四、创新引领未来：英国在智慧革命中探寻先进制造业

创江山易，守江山难。作为世界上第一个开始工业革命的国家，英国不乏"创新基因"，也经历了科技领先地位的丧失过程。进入 20 世纪晚期，英国政府开始实施创新驱动战略，大力培育国家创新体系，并取得了大量成果，数据表明，英国以世界 1% 的人口，资助了全球 4.5% 的科学研究，产出了 8% 的高质量科学论文。英国的一系列创新驱动战略实施使英国继续在世界科技创新领域中保持优势地位。从战略的探索方向上看，可以将英国的一系列创新驱动战略分为三类。

（一）创新预测类

在科技发展方面，1994 年，英国政府首次公布创新白皮书《实现我们的潜能——科学、工程和技术战略》，此后，在 1998 年、2000 年和 2001 年制定的政府白皮书，均以创新为主题。这些政府公示文件旨在向英国民众公示近十多年来其以创新为核心所制定的国家科技发展战略。依据可靠技术完成对 10 年后的科技预测，并且进一步依据数据分析可能会产生的各种状况和阻碍，成为政府制定下一步科创战略的重要参考。

在制造业方面，为提升英国企业的国际竞争力，英国政府开始启动对未来制造业预测的战略研究项目，通过分析制造业可能出现的阻碍和困境，进一步发布有利于英国制造业发展与复苏的相关政策，英国政府科技办公室 2012 年 1 月启动该项战略的研究工作，并于 2013 年 10 月形成最终报告《制造业的未来：英国面临的机遇与挑战》。这项报告就是定位于 2050 年英国制造业发展的一项长期战略研究，报告展望了 2050 年制造业的发展状况，并据此分析英国制造业的机遇和挑战。报告的主要观点是科技改变生产，信息通信技术、新材料等科技将在未来与产品和生产网络融合，极大改变产品的设计、制造、提供与使用方式。

（二）科技规划类

政府介入或主导前沿科技的发展，并为此提出各类创新扶持计划，在过去的两次工业革命中被实践发现大为有效。为了能在下一次科技革命中抢占先机，英国积极制定各类科技规划，以争取把握科技发展先行军。

2002 年，英国政府制定了历史上第一个中长期科技发展规划——"10 年科技发展规划"，自此之后，英国开始奉行"服务于创新全过程"的创新理念。

2015 年 12 月 17 日，英国财政部和商业、创新与技能部共同发布《科学与创新增长规划》，提出了 2015 年至 2021 年的科学与创新工作目标。该战略指出，政府未来就科学与创新应在培育科学人才、投资科研基础设施、支持研究活动以及全球科技合作等方面积极进取。

2021 年 7 月 22 日，英国政府发布《英国创新战略：通过创造引领未来》（*UK Innovation Strategy: Leading the Future by Creating It*），制定了促进私营部门投资的新计划，以巩固英国在全球创新竞赛中的领先地位。该战略的主要愿景是"到 2035 年，英国将成为全球创新中心"，为此英国政府还制定七项战略技术，以优先考虑并利用英国现有的研发优势、全球竞争优势和产业实力，包括先进材料与制造，人工智能、数字和先进计算，生物信息学和基因组学，工程生物学，电子学、光子学和量子学，能源和环境技术以及机器人和智能机器。

（三）产业培育类

企业是创新的主体，在实现科技向实业转化的过程中，企业起到了至关重要的作用。对有希望的支柱产业进行培育，有助于增强英国的科研转化能力。

英国在 2008 年起施行的"高价值制造战略"，鼓励英国本土企业运用创新科技生产更多世界级的高附加值产品，以加大制造业在促进英国经济增长中的作用。因此，英国政府实施了一系列的资助方案，以确保高价值制造业成为推动经济增长的关键力量，并激发企业在从概念设计到产品商业化的整个过程中的创新活力。在 2013~2014 年，英国政府投资建设了 14 个创新中心和特定兴趣小组等机构，这些机构覆盖了多个关键领域，包括生物能源、智能系统与嵌入式电子、生物技术和材料科学等。

2022 年 3 月 17 日，英国研究与创新署（UK Research and Innovation，UKRI）发布了《2022~2027 年战略：共同改变未来》文件。这是 UKRI 为实现英国打造全球科技超级大国和创新国家目标而制定的第一个五年战略，提出了构建卓越科研体系的 6 个世界级战略目标，并就如何实施该战略提出了针对每项目标的优先行动事项，同时这也是英国发布打造全球科技超级大国的第一个五年战略。

第三节 用强补弱：英国的创新主体和创新环境

一、创新主体的生态：强科研与弱实业

英国国家创新体系由企业、高校、政府、科研机构及其他非营利组织组成。根据最新统计，英国 R&D 投资全球排名第九，达到 496.1 亿美元。在 2018 年，英国的研发投入占 GDP 的比例为 1.7%，主要由政府、企业和大学出资，其中企业承担了 60% 以上，大学和科研机构各承担一半的剩余部分。此外，政府也意识到了研发投入与美国、德国等国的差距，计划在未来几年加大研发投入，目标是到 2027 年让研发支出提升至 GDP 的 2.4%。

在 20 世纪，英国的创新体系特点是科研实力雄厚，但企业技术开发能力较弱，与大学和科研机构的合作不足，此外，各研发主体之间的研发费用结构不合理，教育和培训资源也相对有限。政府意识到国家创新系统应该既有知识的创新、积累和流动，包括教育与培训、研究与开发、高技术、专利与科学出版物，又能促进知识的共享与转让。因此政府于 1986 年实施联系计划，希望加强工业和科技界、学术界的合作。1993 年发布了《发掘我们的潜力——科学、工程和技术战略》白皮书，推出技术预测计划。

20 世纪末，英国在专利数量上远远落后于其他发达国家。为了改变这一状况，英国政府一方面大幅增加了创新经费投入，另一方面出台了政策来推动产学研合作。具体措施如下。

（一）强化大学、科研院所与企业的合作创新

在重大科研计划中，英国政府突出强调企业的参与，鼓励大学、科研院所与企业合作研究开发，以此促进知识、技术、人才在大学、科研院所与企业之间的流动，加速科研成果转化，从而提高产业的创新能力和竞争力。

（二）大力鼓励大学技术创新，促进科研成果转化

大学是英国最重要的科学基础，但也是它的创新薄弱环节。长期以来，大

学采用只注重学术研究的评分标准，不利于调动大学参与创新的积极性，使大学里一些优秀研究成果商业化不理想。为此，政府专门出台了针对大学创新的科学企业挑战计划，建立了大学挑战基金和高教援助基金，以鼓励大学参与技术创新。

科学挑战计划的重点是支持大学直接将其尖端的科学技术商品化，该计划投资 2500 万英镑在大学中建立 8 个创业中心，配备世界一流的设施，用于支持新设想及研究的商品化，在学校中培养科学创业精神，并将这种精神融入大学的科学及工程教育之中。

大学挑战基金建立于 1998 年，拥有种子资本 5000 万英镑，其中 2000 万英镑来自政府，1800 万英镑来自惠康基金会，200 万英镑来自盖茨比慈善基金会，其余的由大学募集。在研究成果转化为市场的产品过程中，最初阶段最为困难和关键，大学挑战基金的建立目的就是在这一关键时刻给大学提供支持，以促使开发获得成功。

高教援助基金由贸工部、教育及就业部以及教育基金理事会共同资助成立，每年经费 2000 万英镑，旨在加强大学与企业间的互动，鼓励资助高校带着创新计划与企业联姻，促进技术及知识的转移，加强更高技能的开发，改善学生的就业能力。

（三）扩大融资渠道，支持小微企业创新

"创新英国"智慧资助计划（Innovate UK Smart Grant）是政府为中小企业创新研究开发项目提供支持的计划，重点支持具有商业前景、具有技术创新性的项目和传统产业现代化改造的项目。具体办法是：对有关技术创新及市场可行性研究等项目，提供 75% 的调研经费，最多可达 4.5 万英镑，项目周期为 8～18 个月；对产品开发和研制生产样机的项目，提供 30% 的经费，最多可达 20 万欧元。该计划实施效果也很好，评估报告表明，政府通过"创新英国"智慧资助计划向企业每资助 1 英镑，3 年内可为企业新增 14 英镑的销售额和 1.4 英镑的利润。

信贷担保计划是政府专为得不到贷款的小企业提供的信贷担保计划。具体办法是：政府为企业向金融机构贷款提供信贷担保，担保金额一般在 5 万～25 万英镑之间，期限为 2～10 年，政府承担的贷款担保比例为 70%～85%。企业除承担 15%～30% 的贷款担保外，也要以 2.5% 的比例缴纳保费。假如担保项目失败，企业又偿还不了债务，政府将按 2.5% 的年息偿还所担保的债务。实施后的几年里，该计划的成功率在 75%～80%，取得了较好的效果。目前，英国政府已将该计划并入企业基金之中。

（四）营造有利于创新创业的财政及金融政策

1999 年 11 月 10 日，政府宣布从 2000 年起实行针对中小企业的研究开发税务信贷，以调动企业投资研究开发及创新的积极性。这一政策内容包括：将当时的研究开发税务津贴从 100% 提高到 150%，按当时中小企业的公司税率 20% 计算，一个有足够利润的中小企业，每投资 100 英镑用于研发，就可免税返还 30 英镑；免税对象扩大到新的尚未盈利企业，对尚未盈利企业，研发费用的免税返还率为 24%，并且这一政策的对象是年销售额在 2500 万英镑以下，年研发投入在 2.5 万英镑以上的公司。据统计，英国有 4500 家中小企业享受了这一优惠政策。此外，为了进一步鼓励风险投资，政府将对小型高技术企业的投资减免 20% 的公司税，允许在小公司工作的职员用税前工资购买公司的股本，考虑简化对知识产权的税收处理，政府建立三个支持较小型高技术企业的风险资本基金，用于支持英国高技术中小企业，采用税收及金融手段激励创新（刘清华，2000）。

二、创新环境的培育：政府引导，以学促产

本章以英国 20 世纪末实施的创新驱动战略为例，来阐述政府在改善创新环境中的重要作用；随后，以英国的科研管理体系与教育体系为切入点介绍英国的创新环境。

（一）创新驱动战略

以推动创新驱动战略的发展为目的，英国政府主要采取如下措施。

1. 精准定位政府职能，确立发展规划

在经济发展方面，回顾历史脉络，英国政府多奉行"经济不干预"政策，对此秉持自由放任态度，并消极开展科技创新和教育改革等多方面政府工作。伴随着创新驱动战略的提出，英国逐渐认识到政府于建设创新驱动型国家而言，扮演着何等重要的角色，其中在推动培育创新环境方面，政府的重要性表现得尤为突出。此外，英国政府在加强国际科技合作方面表现得十分活跃，其通过"地平线 2020"计划加深与欧盟各国的科技交流，以欧盟为桥梁，建立与发达国家、发展中国家的技术合作。英国政府于 2005 年组建了全球科学创新论坛（Global Strategic Investment Fund，GSIF），其作为理念和实践创新的产物，使政府部门和科学团体成为推动创新驱动战略的主要攻坚力量。2006 年英国政府制定《英国研发国际合

作战略》，确立与他国开展科技合作方面的基本框架，此后英国政府便将与他国进行的科学技术交流工作，视为确立与构建双边伙伴关系的重要外交手段之一。

2. 完善英国创新生态体系

为建设与完善英国创新生态系统，英国政府于 2011 年 12 月公布《以增长为目标的创新与研究战略》，从五个方面详细阐述了如何完善英国创新体系的重要举措。第一，探索新兴领域。以"蓝天研究"为基础，重点投资新兴技术革新产业，探查具有广泛商业前景的领域，如生命科学、太空技术等。第二，推动创新型企业的发展。政府通过出台多项政策重点扶持创新型企业，敦促企业的研发工作，通过"看不见的手"为企业营造良好的市场环境。第三，加强创新主体间的交流。英国政府为不同创新主体之间的交流与合作搭建平台，以此提升整体创新生态系统的效能与活力。第四，消除屏障，推动国家合作。英国以大国胸怀将自身优势技术推广，使世界各国迎来新兴技术浪潮，加强技术合作。第五，扫平创新障碍。打造"阳光政府"，通过数据透明、简化手续等方式，使政府助力创新发展。

3. 扶持与重视中小企业的创新发展

中小企业作为英国经济发展的重要力量之一，在英国创新体系中的地位不可忽视。历经金融危机，为使其经济早日复苏，英国政府采取多种政策扶持，鼓励中小企业的创新发展。2007 年英国成立英国创新署，国家所批的大部分资金皆用于支持小企业的创新活动。2008 年，英国政府以中小企业为面向主体，推出"创新券计划"，申请该计划的企业可获得 3000～7000 英镑作为活动资金，加强与创新型研究机构的合作。随后，2011 年英国以税收减免的方式，支持中小企业的创新活动，使其税收减免幅度由原有的 150% 跨越至 225%，提高中小企业开展创新活动的积极性。

此外，政府还选择重点领域实施创新政策。2012 年 12 月，英国在《技术创新中心报告》中提出，为应对 2007 年的次贷危机所带来的影响，英国需全面革新其原有的创新体系，尽管在科学领域方面，英国处于领先地位，但科技成果转化不理想以及资金短缺等问题致使科技创新难以成为经济发展的重要支柱。受经济全球化的影响，各类型产业迎来发展机遇，然而迎来发展机遇的同时，因人口老龄化和全球气候变化等因素，技术密集型产业和相关服务的市场竞争尤为惨烈。由此英国依靠自身技术优势，以如下因素确定国家技术与创新的重点领域范围：开发平台技术和市场前景技术的能力、技术的领先地位、形成技术优势的能力以及从研究到制造过程中可以把握价值链关键环节的能力。英国根据以上条件确定的重点领域包含未来互联网技术、塑料电子、干细胞和再生医药、卫星通信技术等领域（王铁成，2018）。

2014 年，英国技术战略委员会在其公布的《加速经济增长》的报告中，承诺将于 2014～2015 年在 12 个领域中优先投放金额超过 5.35 亿英镑，用于启动包括大学、企业等在内的技术创新的项目和活动。其中能源领域投入金额最多，获得高达 8200 英镑的投资，医疗与健康领域金额略逊于能源领域，投入达 8000 万英镑。其他高额投入领域包含：高端制造业、运输业、都市居住业、农业与食品业等。

英国在实施创新驱动战略以来，在以下多个领域获得重要成果。第一，生命科学与生物技术领域。2014 年国家病毒学研究中心的成立，昭示着英国在防护病毒性疾病方面开启新的时代。此研究中心采用英国领先的生物防护技术，开发疫苗和诊断预测根治疾病，并防止疾病大规模暴发，保障民众免遭致命性疾病袭扰。此外，英国同年斥资 3 亿英镑启动癌症和罕见疾病基因组测序项目，以全新的药物测试、疗法和试验方式革新医疗技术，给予众多患者更加光明的未来。第二，电子和信息科学技术。英国建立数字经济中心，加强科学研发数据的开放性。注重网络安全运行问题，建立网络安全研究机构，重视"云计算"的技术创新，勇攀科技创新高峰。第三，能源与资源科学与技术。利用英国洛桑研究所新研发的制备柴油技术，以树叶为原料形成"生物柴油工厂"，成立和启用核能技术项目，注重能源行业的开发，如海洋能源、生物液化的天然气等。第四，生态与环境科学技术。英国主动承担大国责任，2020 年制定二氧化碳减排 34% 的目标，通过开展新的环保工作竞赛革新理论，以南极冰架融化新理论指导实践，探究发现南极臭氧层空洞正缓慢缩小，现代科技保护着生态环境，为人类谋福祉。第五，新型材料的开发与制造技术。英国政府于 2014 年斥资 6000 万英镑打造拥有尖端科技的石墨烯研究设施的石墨烯工程创新中心，其主要在开发石墨烯及相关 2D 材料方面居世界领先地位。另外在政府的技术和资金支持下，3D 打印技术、海底焊接技术、无人驾驶技术等皆有所突破，并取得了长足的进步。第六，空间技术与海洋科学。政府在航空项目投资 9000 万英镑，以期达到立方体卫星载智能手机进入太空的目的，并做出长远规划，预测空间天气，依此制定相应的空间产业布局，建立空间合作创新团队。此外，英国政府还因时因地制宜，制定了海洋能源示范计划。

（二）科研管理体系

在基础研究领域中，英国一直居于世界领先地位，在人工智能、生物医学、航空航天等高新技术领域尤为凸显；在诺贝尔奖获得者国家排行榜上也高居第二位，2019 年的诺贝尔奖获得者中又有英国科学家的身影。而这一系列的优异成果都离不开英国独有的科研管理体系，英国科研管理体系的特点归纳为以下六个方面。

1. 权责分明、方便简洁的项目申请管理方案

英国采用两级管理机制，项目管理部门统一负责项目申报及其他相关工作，科研部门负责经费控制。项目申请和经费运转相关工作均由项目管理系统统一运行，由此大幅提高项目申请效率，减轻负责部门工作负担。诸多英国大学皆采用院系两级模式管理科研项目运行。首先，申请人应依据官方发布的文件，依要求填报申请材料，提交给院系主管人员；其次，院系将依据申请材料填好申请表，在规定的时限之内交由学校课题申报负责部门，由学校统一发送给项目资助单位；最后，由学校项目管理部门统一管理经审批程序的项目，由院系掌握项目经费使用审批权，学校部门仅采取配合工作，对项目经费的具体使用状况进行监督和审计，二者相辅相成，权责分明。如报销程序，项目负责人依照要求在系统中填好申报表，提交至院系里，除金额较大的项目需要院系领导审批之外，一般情形由院系会计统一签批，将原始单据送至学校财务部门留存。而后学校项目管理系统会自动生成经费开支表，发送至项目管理人，使其明晰自身项目的收支情况。

2. 界限清晰，自律严管的课题经费管理

英国政府严格把控科研经费的监管工作，尤其是国家资金资助的项目，在经费使用过程中，项目负责人需做到合法、合理、合规，经费使用受到严格监管，任何人不能私自挪用、占用。依照规定，项目开题和结题时才可进行经费审计，在实际操作过程中，审计部门每个季度都会审计，其审查内容主要包括：是否按照规定使用经费、课题使用经费进度（上下幅度不得超过5%）。若审计发现问题，此项目负责人之后则难以获取资助。在项目完成后，项目负责人应依据UKRI文件内容汇报项目成果在使用过程中的具体数据情形和其所产生的社会效益等内容。

3. 杜绝利益关联，科学合理地使用经费

英国政府为避免滥用经费的情形出现，在其所发布的相关文件中所规定的项目负责人可支配的经费份额十分有限，以减少项目负责人与项目资金的直接利益关联。从经费使用结构来看，一般科研管理部门会将经费总额的约 1/3 作为管理费和资产使用费等拿走，其余的占据主要部分的人工成本，反而是与项目研究有关的部分；由于项目负责人多为高校老师，其薪资由学校统一发放，因此难以在自身课题项目中获益。

4. 灵活平衡的经费渠道

英国目前获取基础科研项目的经费主要来源于三个渠道：政府资金、非营利性基金会（包含企业下属的基金会）、企业和个人资助。横向经费是指来源于企业

或个人的经费资助，由于横向经费受限较小的特性，当项目负责人在科研过程中经费不足时，可以从其他项目上挪用这笔横向经费，以解燃眉之急；课题结项后结余的钱，学校一般也会通过做账的方式把钱转向该项目负责人的其他项目上，以便更好地资助科研。

5. 仪器设备的共享机制

学校制定一套完备的仪器设备共享机制，收费标准由学校统一制定，但收取的费用归属则依据仪器设备的所有权人来确定。一般情形下，除去部分学校与政府或其他第三方机构共同投资的仪器设备需要通过确权程序确定收费标准，大部分仪器的收费标准皆由学校统一制定，收费所得归于学校公账。且内外收费标准差异化，校内人员租借费用较低。因此，科研人员一般使用本单位内的研究设备以减少开支，若需对外租借，则会事先做好预算。共享收费的仪器设备大大增加了设备的利用率，降低了科研成本。

6. 独特的科研评价体系

英国对高等教育研究机构采用的评估方式历经两个阶段：RAE（research assessment exercise，科研评估活动）和 REF（research excellence framework，卓越研究框架）。因 RAE 评估体系是建立在同行评估的基础上，具有较大的主观性因素，因此英国从 2006 年开始对该体系进行革新，而后在 2014 年首次采用 REF 对全国大学 2008～2013 年科研情况进行评价，该评估体系在评价单元、评价指标、评价方法等方面相对于之前的 RAE 有了实质性改革，同时在某种程度上代表了国际科研评价体系发展的新时代趋势。

相比于我国的科研评价体系，REF 有以下三个特点。

（1）评价框架中最重要的因素是研究成果质量。REF 的具体评价细则包含规定提交成果数量的上限、对不同质量等级的研究成果赋予不同权重等多种形式，虽鼓励高产出，但依旧需要保质保量，以此防止科研人员以放弃质量为代价，只注重追求数量。此外，英国鼓励和认可以多种形式所展现的科研成果，承认学者在科学技术普及、技术推广过程中对社会的积极影响和贡献。英国政府引导和推动科学研究致力于社会进步的方向发展，着重强调科研成果的实际价值，如其所解决的生产实际问题、社会问题等，鼓励公众着眼于社会需求，并解决当前社会生产所存在的难题。

（2）在具体的评价方法方面，采用同行评审和科学计量的双线并行的评价机制。量化评估不可取代质化的专家评审，二者相辅相成，评估者不应仅以数字做出判断，而应建立在充分的信息基础之上，通过定性与定量的结合，将同行评议、专家评审和量化指标结合起来。与此同时，评审应当结合具体实际具体分析，注意在不同的研究领域、不同的学科存在的差异性，人文社科领域和纯理论学科主要采取同行评审，自然科学领域主要采取同行评审为主，计量科学为辅的评价方法。

（3）英国结合具体科学研究特点合理设置评估间隔周期时间。英国的科研评估平均为 4～6 年，依据全国统一性标准对全国高等教育机构进行评价，在此过程中，数据采集、分析过程、评价指标等数据皆采用公开透明的方式对外界公开，可以通过网络等途径查询。

凭借这样一套科学严密的科研管理体系，课题和经费双管齐下，严密控制，英国能最大化保证科研人员心无旁骛地搞研究、出成果。这种权责分明、利益撇清的设计理念是十分先进，且适合科研管理的；同时，与时俱进的科研评价体系也能促进科研质量的不断提升，值得我们借鉴。

（三）教育体系

英国的教育体系历史悠久，经过了几百年的传承和历史沿革，具有完善的体系与全球领先的教育质量，在 2018 年《美国新闻与世界报道》（*U. S. News & World Report*）的全球教育排名中力压美国，成为教育最佳的国家。总体上，英国教育主要分为三个阶段：义务教育、延续教育和高等教育。

1. 义务教育

英国的义务教育分为两个阶段：小学教育（5～11 岁）、中学教育（11～16 岁）。自 5 岁起，英国政府便要求各家庭将学生送入学校，接受国家福利，进行义务教育。在英国，所有人在 5 岁至 16 岁期间均要接受义务教育。这是学生上学的最短期限。

学校对小学课程内容设置拥有高度自主权，但英文、科学、数学和信息通信技术则是各校必不可少的核心课程。重视教学实践、培养学生的动手能力是其教育的显著特色。英国小学的教室里总是摆满了琳琅满目各式各样的教具和玩具。在实践课中，教师指导操作教具与玩具，以及加强学生与各企业、机构交流，使学生参观、见习、实习，以加强学习和科研交流等。比如，学校统一组织学生在上自然科学课的时候，去植物馆进行参观，栽种植物并观察植物生长的全过程。

英国并未明确初中跟高中的严格划分差异。英国学生一般在 11 岁左右进入中学，从中一（Form 1）至中五（Form 5）共五级。学生在 14 岁之前需学习众多种类的中学教育课程，至 14 岁时参加（Key Stage 3）考试；从 14 岁开始除了英文、数学、科学等核心课程外，学生还需自主选择学习四到五门相应的课程，而后在 16 岁时参加中级普通教育证书考试。

中学教育开设的学科相当广泛，如商务、法律、媒体、政治等。学生能够依据自己的兴趣自主选择各类想要学习的学科，并且随着年龄的增长及年级的上升，会触类旁通地知晓自己在学科方面的优势和劣势。因此，学生通过自主选择自己的优势学科，发挥自己的特长，避免在不擅长的学科中耗费过多的精力，降低学习效率。

2. 延续教育

在完成了国家法律规定的义务教育后，学生可以选择工作也可以继续学习。延续教育是指中学至大学的过渡期，也就是中学高级班或大学预备班，主要有学术和职业学习两个方向。

A-Level 是指普通教育高级证书，其是英国在学生学业规划中的重要内容。A-Level 总共有一百多个科目，其二级科目所规定的学科专业划分极为细致，一般学制为两年。不同于我国的高中学习课程，A-Level 更偏向于类似大学的基础课，与我国大学本科前两年的课程相近。

英国的学业规划路线与职业教育路线具有一定程度上的对应性，学生具有自主选择的权利，能够以自己的学业路线和学习情况为参考数据，选择不同的学业路线，以及不同的阶段。因而不同类型的学生能够根据自身的需求和潜质获得最适合自身的教育，有利于国家的人才培养。

3. 高等教育

高等教育作为英国教育体系中的高级阶段，通常由大学提供，包括文凭课程，本科生、硕士生、博士生课程。英国的高等教育更注重培养学生获取知识的能力以及科学的思维模式和研究方法。

课堂教学中注重培养学生主动学习的积极性和自主学习的能力，使其通过独立思考、调查实践完成自我提升。课堂教学一般分为讲座课和讨论课两类，学生会分小组轮流担任课题讨论的主持人，陈述观点，给出案例，提出问题。学生准备讨论的过程本身就是一个自主学习的过程。学生需要自己查阅大量的书籍资料，梳理前期研究成果，然后和本小组的同学进行交流和讨论。与教师主导的授课式教学模式不同，在此种学习模式中，学生不仅提高了自主学习的能力，还通过互相交流培养了团队精神和协作能力。

英国是现代高等教育起步和发展历史最悠久的国家之一，其高等教育质量至今仍处于世界前列。2019 年 QS（Quacquarelli Symonds，夸夸雷利·西蒙兹）世界大学排行榜上，英国有四所大学进入了世界前十，其数量在欧洲国家中排第一。

英国优质的高等教育也成为国家创新的助推器。首先，英国的大学文化精神体系激发了科研创新潜力，英国多所顶尖院校皆欲培养创新者和领导者以服务人类和社会，使校内师生始终以激发学生潜力而获得荣誉感和自豪感。其次，英国大学的开放性和国际化吸引了大批海外优质教师与生源，以此提升人才质量，助力国家创新与发展。截至 2021 年，英国高校引进多国人才，学校外籍学生和老师占比居高，部分高校高达 20%，其中部分知名大学的外籍学生占比甚至高达 50%。国际化的优质生源、师资力量以及合作办学与科研活动也是英国高等教育质量能持续排在世界前列的重要原因之一。最后，英国高校的创新创业教育为科技与社会创新发展储备力量。应英国政府要求，各高校每年发布学生创业情况报告，校内通过设立学生创业中心、制定规划、设立支持基金来鼓励学生积极参与自主创业活动，不仅丰富了学生的课外生活，也推动了大学科技成果转化，提升了学生的就业能力，为激励、培养下一代企业家和科学家打下了基础。各个学校不同的创新、创业教育体系，为国家的创新和发展积聚了坚实的人才基础。

第四节　英国的创新之路对中国的启示

一、有为政府应着眼于激发创新全要素

（一）以技术预测为导向制定重大科技战略

依据高新的预测技术，面对未来的不确定性，政府能够依照预测未来可能发生的情况，制定良好的政策。技术预测研究报告应着眼于当前热点问题，以及未来可能产生的重大突发性情形，围绕重点问题做出相关决策，为制定规划提供重要参考，深刻影响了英国政府相关部门的决策方向与内容，推动相关政策的陆续出台，也为其他国家决策提供了风向标。英国现有技术预测研究主要分为两个研究领域：新兴科学发展所面临的困境、科技作用于实践如何发挥具体效用的问题。

（二）完善现有的财税制度，为科技创新营造良好的环境

为鼓励企业加大科技创新力度，英国通常推行财税优惠政策以推动创新发展，其中激励方式包括：税前扣除、税收抵免、税收优惠等。面对现行科技日渐发达的现状，我国在立法技术层面还有改进空间，难以发挥政府对税收的调节作用，

政府的干预则缺少正当性和强制力。从长远的角度来看，我国应将部分相对成熟的条例、商事习惯等通过立法的形式上升为法律法规。因此国家以法律为高新技术产业的发展保驾护航，并对高新技术产品的生产销售环节予以税收减免，并将其逐步转化为对科技开发相关人员或企业主体给予税收优惠，加大推动科技税收政策一体化效应。

（三）重点推动战略性新兴产业的发展

当前，面对百年未有之大变局，英国依据产业现状与技术比较优势，聚集其创新重点领域，攻关未来互联网技术、塑料电子、干细胞和再生医药、卫星通信技术等领域，我国应借鉴英国的经验。因此，为在经济全球化的背景下占领未来科技经济战略的制高点，我国可以依据本土化资源，瞄准国家产业发展新方向，重点支持信息网络建设、新能源、生命科学等研究方向，对突破性技术创新方向进行大规模财政投资和政策支持，致力于使科技成果作用于实际，转化为生产力，实现新的经济增长机遇。

（四）完善科研管理体系

中国一直着重发展科技创新领域，因此政府对科技的投入也在逐渐增长，发展到目前为止，创新能力明显增强。在投入和产出双向增长的趋势下，坚持科研质量是管理的重点，学习英国不断完善科研管理体系，强化对科研成本的管理，优化整体结构和资源配置，增强创造新活力。

（五）通过教育体系完善创新人才培养方式

在当今世界日趋激烈的竞争中，各国只有不断革新创新人才培养的机制，才能获得更大的成长空间，并且此机制的创新也进一步推动科技和社会的发展。教育体系在创新人才培养中扮演着重要的角色，以英国高等教育为例，英国高校的人才培养政策相对灵活，不被以往各种规制、条条框框所束缚，如课程设置、教师评聘、招生考试等，设立尊重和培养学生特性的标准，所以依此培养高素质的人才具有更强的独立自主思考能力；而后实现企校联合，加强二者间的紧密合作，进一步保障高校人才培养机制。因此，面临新时代对人才培养所提出的严格要求，我国应当学习英国通过教育体系完善创新人才的培养方式。

二、工业能力是创新发展不能舍弃的强力支撑

英国是世界名列前茅的科技强国，从其兴起历程探究得知，大国崛起最重要的因素便是科技创新。国家若一直持守旧的态度，忽视新兴产业的发展，必然会落后于其他国家；然而若是国家基础薄弱，以创新技术的发展和相辅相成的政策保障，为其营造出良好的发展环境和制定出适宜的制度体系，同时结合本国国情，必定会使国家由落后走向科技前沿，推动国家实现飞跃式的发展。

第四章 从弱国走向强国：德国科技创新之路

罗 知 司海涛[①]

第一节 德国的创新发展现状

一、德国创新投入现状

按照科技实力，全球国家可以被划分为四个梯队：第一梯队是以美国为主导的全球科技创新中心，第二梯队是以欧盟和日本为代表的高端制造业集中地，第三梯队是包括中国在内的新兴经济体，第四梯队是资源输出国。《2019 年全球创新指数》报告从国家的制度、人力资本和研发、基础设施、市场复杂程度、商业复杂程度、知识和技术产出、创意产出七个维度为全球国家评分，德国的整体排名为全球第 9。但是仔细观察这一排名便可以发现，德国的社会制度、基础设施、市场复杂程度、商业复杂程度指标落在 10 名之外，拉低了其综合排名。但是，在该报告中，德国的人力资本和研发指数居全球第 3，每百万人中科学类和工程类毕业生人数全球第 4，公司研发支出全球第 2、产业集群发展全球第 2、每百万 GDP 申请的专利数全球第 1、被引用专利数全球第 3、知识创新指标全球第 6、每百万 GDP 中的工业设计全球第 6、无形资产指标全球第 5。这意味着，在衡量创新、研发、人力资本的硬性指标上，德国稳居全球前 5，科技实力异常强大。根据世界银行《2018 年全球竞争力报告》，德国位列全球第 3，仅次于美国和新加坡。报告指出，德国在创新能力方面居全球首位，其在专利申请、研究成果发表和客户对德国产品的满意度方面展现出明显优势。这些因素促使企业不断致力于更多的创新和改进。

德国强大的科技创新实力表现在巨额的研发投入、超高的研发产出效率和企业的全球领导者地位上。图 4-1 是德国 1996 年至 2016 年研发投入占 GDP 的比重。德国的研发投入占 GDP 的比重一直保持在 2%以上，2016 年已经达到 2.94%，接近美国和日本 3%的水平。图 4-2 是德国每百万人研发人员数，除了 2014 年德国的

---

① 罗知系武汉大学经济与管理学院教授，司海涛系武汉大学经济与管理学院博士研究生。

研发人员密度略有下降，其他年份都是稳步上升，每百万人研发人员数从 1996 年的 2826 人上升到 2016 年的 4839 人，2016 年美国这一指标为 4313 人。

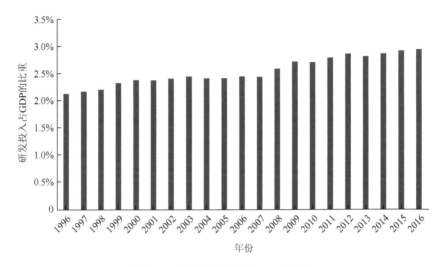

图 4-1　德国研发投入占 GDP 比重

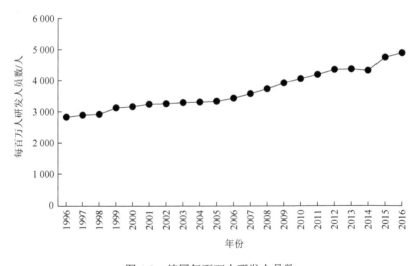

图 4-2　德国每百万人研发人员数

二、德国创新产出现状

德国的研发产出效率可以从专利申请量和高科技产品出口中窥见一斑。图 4-3 是德国的专利申请量。1980 年，德国的居民专利申请量为 28 683 件，非居民专利申请量为 19 900 件。1996 年居民专利申请量突破四万件，2016 年达到 47 785 件。非居民专利申请量的数量则较为稳定，2016 年为 19 927 件。图 4-4 为德国的制造品出口中高科技产品的比重，可以看到，德国的高科技产品出口比重一直稳定在 10% 以上，2000 年达到高点 18%，2016 年约为 14%，2016 年美国这一指标数据为 13.82%。此外，德国诺贝尔奖数量也高居全球前三。截至 2018 年，德国获得诺贝尔奖人数为 108 人。

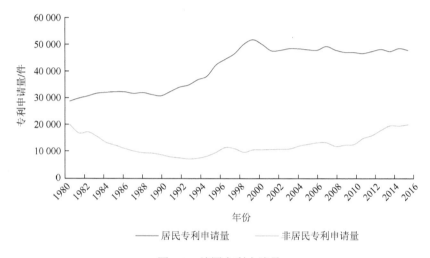

图 4-3 德国专利申请量

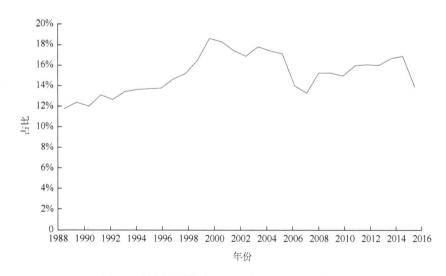

图 4-4 德国高科技产品出口占制造品出口的比重

强大的科技和研发实力使得许多德国企业在世界上始终保持领导者地位。在汽车和汽车配件工业、机械设备制造工业、电子电气工业、化学工业、可再生能源产业行业，德国都是公认的制造业强国。戴姆勒公司（现为梅赛德斯-奔驰集团股份公司）、西门子公司、大众汽车集团、博世公司、巴伐利亚发动机制造厂、蒂森克虏伯股份公司、德马吉森精机、大陆集团、舍弗勒集团、采埃孚集团、卡尔-蔡司公司、徕卡相机、库卡股份公司、巴斯夫股份公司、费斯托、菲尼克斯电气公司、倍福自动化有限公司、通快集团、德国马勒公司、林德集团、道依茨公司、利勃海尔、舒勒集团、埃马克集团、哈默股份有限公司、欧宝汽车、赛威传动、伍尔特集团、西马克集团都是世人熟知的全球精英制造业企业。除此之外，德国还有高达 1300 多家的隐形冠军企业。隐形冠军企业是指鲜少受到外界关注，却在各自的市场领域中几乎掌控全局，拥有显著市场份额的企业，它们通常是同行业世界前三或者所在大洲第一名的企业。

德国是如何从 18 世纪一个分裂的、落后的、封建专制的农业社会国家一跃成为世界上最强大的工业化国家之一，并持久保持制造业的全球领导者地位，是非常值得思考和研究的。下文我们将从德国的创新发展历程、创新主体、创新环境等角度研究德国的创新之路，并从中总结一些值得中国参考和借鉴的宝贵经验。

第二节　德国的创新发展历程

一、工业革命的赶超

18 世纪 60 年代英国率先开启了工业革命，19 世纪三四十年代制造业机械化的实现标志着英国工业革命基本完成。德国的工业化直到 19 世纪 30 年代左右才开始起步。虽然德国的工业革命比英国晚了近八十年，但是其发展速度相当惊人。德国几乎只用了 30 年的时间就完成了第一次工业革命。不仅如此，在第二次工业革命中，德国充分利用各种新技术发展电能、内燃机动力和化学工业，从落后的农业国迅速转变为世界上最强大的工业化国家之一。

1870～1913 年，德国的煤炭开采量从 3400 万吨增至 27 730 万吨，钢产量从 17 万吨增至 1832 万吨，铁产量从 139 万吨增加至 1931 万吨。到 1913 年，德国的钢铁产量已经高于英国与法国之和。德国西门子公司、通用电气公司、拜耳公司成为世界电气业、化工业巨头，德国的酸、碱等基本化学品产量居世界首位，全球 80%的染料出自德国。1913 年，德国的工业生产总值超越了英国和法国，仅次于美国。一方面，德国工业化的快速发展得益于德意志民族的统一、独特的"普鲁士道路"和德意志关税同盟的建立与扩大，"普鲁士道路"即农业资本主义道路为德国工业化提供了巨额的资金和大量的廉价劳动力，德意志关税同盟则为德国工业化提供了广泛的商品市场。另一方面，新的科学技术的引进和发明也是工业化时期德国高速增长的决定性因素。

（一）铁路建设拉动重工业技术发展

与其他资本主义国家相似，德国工业革命的序章同样始于纺织业。但是德国的纺织业与英国等当时的发达国家相比非常落后，不仅纺织机的使用量很小，而且以手摇纺纱机（珍妮机）为主。铁路的出现使德国工业扩张的中心迅速转换到以铁路建设为重点的重工业，取代了传统的纺织业，同时极大地促进了其他重工业部门的发展。德国著名的经济学家弗里德里希·李斯特不仅促成了德意志关税同盟的巩固和扩大，而且他认为铁路是促进经济发展的最强有力的杠杆，提出了德国铁路网的建设总设计。他的观点极大地影响了德国的政界和经济界，使德国各邦政府、实业家、银行家都看到了铁路重要的军事价值和经济价值，德国铁路建设呈现出爆发性增长。1835 年，英国已经有铁路 544 千米，德国仅 6 千米，然而到了 1845 年，德国铁路里程达到了 2300 千米，1948 年德国铁路里程就位列全球第三位，仅仅在英国和美国之后，到 1855 年德国铁路里程达到 8290 千米，1865 年达到 14 690 千米，1875 年高达 33 250 千米。铁路的出现不仅大幅缩短了运输时间和运输成本，而且使得生产资料和劳动力可以迅速地在地区间流通。更重要的是，大规模的铁路建设拉动了德国钢铁行业、煤炭工业和机器制造业的快速发展。

在钢铁行业，由于需求不足，早期德国的钢铁生产量很低。铁路建设的刺激则让钢铁变得供不应求。为了扩大钢铁产量，德国钢铁行业主要依靠引进先进技术实现快速发展。1815 年，德国引进了源自英国的"搅拌法"炼铁。1856 年，英国发明了将铸铁炼钢的贝塞麦转炉，但是由于德国的铁砂大多含磷，该技术在德国没有得到广泛使用，直到 18 世纪 70 年代德国才引进贝塞麦转炉。1875 年，英国人托马斯发明了托马斯炼钢法，解决了含磷铁矿的脱磷问题，使得德国利用丰富的磷铁矿炼钢成为可能。德国迅速引进托马斯炼钢法，使得钢产量飞速增长。1879 年，德国生产了 1782 吨托马斯钢，到 1913 年德国钢铁产量分别达到 1620 万吨和 1931 万吨，占世界钢铁产量的 24.7% 和 24.1%。

在煤炭工业，铁路机车的燃煤和钢铁冶炼都大幅拉动了焦煤的需求量，德国煤产量的 1/3 都直接用于钢铁工业的发展。德国煤炭开采业主要通过发明新技术、采用新方法和新机器使得煤炭产量大幅提高。1894 年安东尼·拉基发明的快速钻探机成为采煤业中的重要工具，1902 年，在威斯特法仑地区又出现了将凝固工艺运用于"不固定"山体的矿井，从而使可采煤矿区得到扩大，诺贝尔发明的炸药，使得爆破技术有了新突破。德国采用炸药炸开、机器压碎、货车运输的方法开采煤炭，成效巨大。随着电力和机械的发展，电动泵、电动通风机、开采锤、电动输送机等新设备也被德国的煤矿广泛使用，大幅提高了采煤效率。1880 年，德国石煤产量为 4700 万吨，到 1913 年已经高达 19 150 万吨，还有 8750 万吨褐煤，煤炭总产量已经和英国相当。

铁路建设也带动了德国机械工业的发展。根据不完全统计，1849～1861 年普鲁士机械制造厂从 188 家增加到 314 家，德国出现了几十个火车头、机车、车厢制造厂和修配厂。1837 年波尔锡希开办了波尔锡希机器厂，当时只有 50 名工人，10 年后工人人数高达 1200 名；1841 年波尔锡希制造出第一台机车，30 年后波尔锡希机器厂便成为世界上最知名的机车制造厂。德国制造的火车头、纺织机、印刷机等不仅在国内销售，还大量出口到欧洲各国。19 世纪 60 年代末期，德国的机械工业已经超过英国，位居欧洲首位。德国机械工业的进步与大力引进先进技术有密切的关联，在 19 世纪三四十年代，德国购买了大量的外国新型机械，派出大量人员学习英国、法国的先进技术，积极引进外资，还购买了大量的外国专利。德国企业家通过仿制、改造和创新，在英国和美国技术的基础上，建立起了强大的机械工业。

（二）异军突起的电气工业和化工产业

工业革命时期的德国不仅在重工业行业上表现突出，电气工业和化学工业更是异军突起。1882 年，德国工业行业分类中尚未出现电气行业，但是到了 1895 年，电气行业就业人数已经增加到 26 000 人，1906 年增加到 107 000 人。1910 年，德国已经有 195 家电气公司，1913 年德国生产的电气产品占全世界的 34%。化工产业也是如此。19 世纪末 20 世纪初，德国的酸碱等基本化学品产量居世界首位，全球80%的染料出自德国，德国化工业从业人数从 1861 年的 26 600 人增加到 1907 年的172 000 人。如果说德国的钢铁业、采掘业和机械工业的赶超得益于先进技术的引进，那么德国电气产业和化工产业的迅速发展则主要依靠德国的发明家和科学家。

在电气行业，维尔纳·冯·西门子和埃米尔·拉特瑙等做出了巨大贡献。1846 年，西门子发明了指针式电报机，并于 1847 年和好友哈尔斯克成立了西门子—哈尔斯克公司（西门子公司前身）。1866 年，西门子发明了实用发电机，这是世界上第一台大功率直流发电机，将机械能变为电能，西门子公司凭借此项发明一举成为世界领先的电气设备制造商。1879 年，西门子又发明了电动机，将电能转变为机械能，他还建造了世界上第一条电车轨道、第一台电梯、第一个电子公共交通系统。拉特瑙从美国引进了爱迪生的电灯专利，并于 1883 年创办了德国爱迪生公司，即日后德国通用电气公司（后整合到戴姆勒—奔驰公司中），1891 年拉特瑙成功架设了远距离送电网，使电力的广泛运用成为可能。在内燃机领域，1876 年奥托成功制造了四冲程内燃机，1885 年本茨和戴姆勒研制成功了内燃机汽车，德国成为汽车的母国。1886 年，博世发明了火花塞，解决了内燃机点火问题。1897 年，狄塞尔成功研制出第一台柴油机。

工业革命时期，产学研结合和工业实验室的建立对于德国化工领域的发展影响巨大。产学研结合首先需要提及的是德国化学家李比希。李比希于 1826 年创立了全球首家现代化学实验室，这一模式使得化学研究进入了系统的、有组织的工作模式。李比希是第一个主张用化肥代替天然肥料施肥的人，因此被称为"农业化学之父"，他科学地论证了土壤的肥力问题。李比希培养了一批化学家，如霍夫曼、凯库勒、沃哈德、施密特等。这些学生的学生后来成为很多诺贝尔奖获得者的老师。截至 1955 年，李比希学派中有 40 人获得了诺贝尔化学奖，这些学术研究上的成就为德国化工产业的崛起奠定了坚实的基础。在实业方面，1864 年德国著名化学家霍夫曼将煤焦油合成燃料的技术发明带回德国，并研制出数十种新的合成染料，染料工业在德国开始迅速发展。1865 年恩格尔霍恩、科勒姆兄弟和拉登伯格共同创立了巴斯夫公司，聘请了著名化学家卡洛担任研发部主任。巴斯夫公司自成立之初起，便将新技术新产品的研发作为提升生产效率和市场竞争力的关键，1870 年生产出茜素染料，1908 年成功合成氨，1910 年发明合成氨用催化剂，1913 年在路德维希港建成了世界第一套合成氨工业装置，巴斯夫公司成为世界最著名的化工企业。另外，1901 年赫希斯特公司成功合成靛蓝，成为合成燃料史上的一座里程碑。1865 年，德国三大化工企业巴斯夫、赫希斯特和拜耳总共雇用了 3 名化学家，到了 1910 年，3 家公司的化学家数量达到 360 人，6 家最大的德国化学公司雇用了 650 多名科学家，同期英国的化学工业中仅雇用了 30～40 名。1896 年，美国受过大学教育的化学家和工人的比例为 1∶170，德国为 1∶40，有机化学高达 1∶27。产学研的结合为德国化工产业提供了源源不断的智力支持和创新。

在工业实验室方面，则需要提到世界知名的拜耳公司。1863 年，拜耳和威斯考特（Weskott）创立了拜耳公司。拜耳公司聘请了大量受过学术训练的化学家，让他们参与改进制造工艺、提高生产效率。随着技术的进步，拜耳公司意识到发明成果可以为企业带来巨大的利益，于是拜耳公司聘请了三位优秀的化学家杜斯堡、亨斯堡和赫兹堡，并成立了研发部门专门负责合成新染料、技术开发和申请专利。随着以杜斯堡为中心的研究集体快速成长，1889 年拜耳公司投入 150 万马克的巨资建立了工业实验室及辅助设施，快速将科技成果转换为生产力，到 19 世纪90 年代，拜耳公司已经成为全世界知名的化工企业。工业实验室的创立将研发提升到与企业生产和销售同等的地位，帮助企业获得了强大的竞争力。

（三）德国教育体系改革与创新

事实上，不仅工业上的创新推动了德国经济的进步，而且教育体制的创新更是德国在工业时代发展的核心动力之一。教育体制的创新为德国工业化过程提供了大量世界顶尖级的科学家、发明家，以及源源不断的优质熟练劳动力，成为德国在 19 世纪末、20 世纪初快速赶超其他国家的最重要推动力之一。

当英国的工业革命正如火如荼地进行时，德国还是一个非常落后的传统农业国家，1807 年《提尔西特合约》的签订让损失了一半领土的普鲁士还需要向法国缴纳巨额的战争赔款。为了摆脱经济困境，德国提出了"国兴科教"的战略。"国兴科教"是指政府积极推行有力的干预政策，推动教育和科学的发展，继而提高国民素质、激发经济活力、促进国家进步（高树仁和宋丹，2021）。这一战略与"科教兴国"不同，"科教兴国"的目的主要是让教育和科学自由发展，提高国民素质和推动经济发展是水到渠成、顺其自然的事情，而"国兴科教"则是以推动经济发展和国家进步为目的，其手段是通过国家战略推动科学和教育的发展。

"国兴科教"战略提出后，现代化大学的奠基人洪堡在 1810 年宣告了柏林大学的诞生，并提出了"大学自治""学术自由""教育和科研相统一"的口号。在此之前，德国有各类大学和高校 60 多所，但是教育都极其落后，大多是一些经院哲学式的神学院。而洪堡创办的柏林大学则是一所综合性学校，人文科学摆脱了神学，数学、物理、化学、生物、天文、地理、地质学等自然科学确立了它们在大学中的独立地位。洪堡将理想主义的新人文主义在柏林大学中充分贯彻。柏林大学模式的特点包括：追求科学真理成为大学教授最高的人生目标；将大学办成研究者的共同体；提出青年学者必须献身科学；实施了流动性的人才晋升制度；将大学作为民族人才的收容所；开创教授治校的先河；实施严格的退休制度；赋予大学教授崇高的地位；让大学教授远离社会政治和经济利益。

柏林大学模式使德意志的学者取得了巨大的成就。在生物领域的基础性发现中，截至 1869 年，德意志民族有 208 项，而世界其他民族仅有 111 项。在热力学、电学、电磁学、化学领域的重要发现中，1836 年前，德国有 108 项，英国和法国合计 206 项，到了 1855 年，德国又新增 231 项，英法总和 201 项，1855 年起到 1870 年，德国增添了 136 项，英法总数仅 91 项。在医学领域的重要发现中，1819 年以前，德国获得 5 项，英法共有 22 项，但是到了 1869 年，德国获得 33 项，英法总数为 29 项。

1810 年创办的柏林大学开创了现代大学模式，而在 1737 年创立的哥廷根大学则成为自然科学领域的世界一流大学，为德国工业的产学研有效融合奠定了坚实的基础。1873 年，统一后的德国遭遇了经济衰退，直到 18 世纪 90 年代都还未出现复苏的迹象。德国的企业家和工程师认为德国大学与经济、技术领域之间的疏离导致了技术革新进程十分缓慢。著名数学家菲利克斯·克莱因是哥廷根大学的杰出领导者，1893 年，他在美国参加世界博览会后意识到科学的任务不仅仅在于解释世界，更在于认知并改造世界，因此他立志要消除德国大学中严格保持的纯科学与各种实际运用之间的界限，向美国大学学习。在克莱因的积极努力下，哥廷根大学的自然科学终于摆脱了哲学领域，并成立了数学、天文、物理、化学、技术和机械学院，设立了世界上第一个科学基金会"哥廷根应用数学与应用物理学促进协会"。1896 年到 1907 年间，哥廷根大学诞生了世界上最早的物理化学、电化学、地球物理学、应用数学、应用机械学、应用电子学等新兴学科，招聘了全德国甚至全世界最优秀的自然科学人才，创立了著名的"哥廷根学派"，创造了人类自然科学发展史上辉煌的"哥廷根时代"。在数学领域，哥廷根大学的诸多教授都是堪称世界一流的数学大师，是"世界数学中心"。在物理学和化学领域，哥廷根大学所有的教授（8 位）都获得了诺贝尔奖。1914 年，哥廷根大学就开始了核物理研究，成为世界原子核物理中心。由于应用科学的蓬勃发展，在哥廷根大学周围出现了一大批制造科学测量设备和光学精密仪器的私人工业企业，哥廷根大学所在的小镇成为世界最新技术的摇篮。哥廷根大学将基础研究和应用研究紧密地结合在一起，极大地满足了德国在生产技术和工业化发展上的迫切需求，为德国在工业时代赶超英法提供了坚实的基础。

柏林大学和哥廷根大学的成功将德国从落后的农业国变成了世界科学和文化的中心。1810 年至 1933 年间，德国培养造就了大量享誉世界的思想家和科学家。自 1901 年诺贝尔奖设立至 1933 年，德国荣获该奖项的次数位居全球之首，仅自然科学奖项就有 32 人获得，是英、法两国的总和。威廉·康拉德·伦琴发现了 X 射线。马克斯·普朗克是量子理论的开创者和奠基人。爱因斯坦提出了狭义相对论和广义相对论。海因里希·鲁道夫·赫兹发现了电磁波。约翰内斯·施塔克是首位利用原子放射理论的物理学家。维勒合成了尿素。凯库勒提出了苯理论，为原子价理论奠定了基础。阿道夫·冯·贝耶尔发现了现代染色工业三大基本染素分子结构。理查德·威尔斯秦特证明了镁原子的存在。罗伯特·柯赫是世界病原学的奠基人和开拓者，他首次发现了炭疽热的病原细菌、伤寒杆菌、结核分枝杆菌和霍乱菌。艾米尔·冯·贝林研制出了治疗白喉和破伤风的血清。保罗·埃尔利希是现代化学疗法的奠基人，发明了治疗梅毒的方法。卡尔·路德维希·莱西发明了局部麻醉法。每一项发现和发明都对人类社会的进步意义非凡。

德国的大学体制在不断创新的同时，德国的初等教育也在革新。1812 年，普鲁士政府规定，持有文科中学毕业证书才能进入大学学习，然而这些学校只侧重于拉丁文和希腊文的学习。随着时代的发展，德国出现了实科中学和高级实科中学。1901 年，三类中学的学生获得了进入大学学习的同等权利。与此同时，德国在初等教育的基础上还出现了技术学校和专科学校，传授学生技术知识和技能，随后还出现了采矿学院、林业学院、农业学院和兽医学院等一系列高等学校。19 世纪末 20 世纪初，德国的很多大城市陆续出现了商业高等学校。1871～1896 年，德国的初等学校在校人数从 1891 年的 800 万人增加至 1912 年的 1000 多万人，中等学校在校人数从 1885 年的 24 万多人增加至 1911 年的 66.4 万人。初等教育的革新为德国工业的发展提供了大量高素质的技术工人，这些优质的劳动力是实现大规模、高质量工业创新和发明的中流砥柱。

二、战后的迅速崛起

1913 年，德国已经成为欧洲的资本主义强国，但是在两次世界大战之后，德国经济几乎完全崩溃。然而，1950 年联邦德国的工业迅速恢复到第二次世界大战前最高水平，再度成为欧洲经济大国。1970 年联邦德国已经是世界第二大经济体，仅次于美国。虽然联邦德国的经济总量在 1972 年被日本超越，统一后 2007 年被中国超越，但德国始终保持着世界第四大经济体的地位。第二次世界大战之后，德国的工业部门仍然非常发达，无论是产量还是技术都在全球保持领先地位：德国的钢铁产量位居欧洲第一、世界第四；机械工业出口额和国际市场份额都位居全球首位；机械工业的专利登记量位居全球第一；德国的汽车工业企业超过 3000 家，所生产的汽车一半以上出口；化学工业的营业额占全球总额的 10%以上，是世界第三大化工生产国，全球五大化工企业中，德国就有 3 家。

德国强大的工业实力不仅得益于企业持续的创新和研发，也与其科技支撑体系密切相关。德国政府一直非常重视科技进步和技术创新，战后的创新体制也有很多独特之处。第一，德国在国家战略上一直强调科研的目的在于促进经济增长和提高国家核心竞争力。因此，在研发支出上德国 R&D 投入始终位于全世界前列。1950 年联邦德国经济初步恢复之后，研发投入占国民生产总值的比重就达到 0.7%，1962 年上升到 1.3%，1967 年超过 2.0%，1983 年达到 2.8%，接近美国和日本 3%的水平。2006 年，德国政府提出在未来 10 年内将研发经费提高到 GDP 的 3%。第二，德国始终将研发的重点集中在工业创新领域，研发创新充分考虑工业界的需求，各种应用型的研究中工业界都有重要的发言权，私人部门还参与到公共政策的制定中。第三，政府、私立研究机构、大学等公立研究机构、中介机构之间紧密联系，各自发挥着重要的作用。

（一）德国的创新战略

自第二次世界大战后，德国的企业、实验室、学校、大学、技术学院，以及凯泽·威廉学会（1948 年更名为马克斯·普朗克学会）、弗劳恩霍夫协会、德国研究联合会、科学基金会、政府研究机构、商业和技术联盟陆续开始重建，以恢复科学研究和创新工作。1955 年，联邦德国结束了被盟军占领的状态，成为一个真正的主权国家，并通过不断调整和强化国家创新战略，推动科学和技术不断进步。

为了效仿美国在空间研究和空间技术等尖端技术领域的引领作用，政府于 1955 年成立了原子能部，全面恢复了核研究工作并开始进行宇宙空间技术的研究，这使得联邦德国科研创新进入迅猛发展阶段。1956 年至 1969 年间，联邦德国政府支持成立了 12 个国家研究中心，其中原子能部于 1962 年重组为联邦科学研究部。1969 年，联邦德国的创新战略转向以社会价值合理化为目标的新阶段，科技政策旨在增强经济效益、提升产品竞争力、维护资源与自然生态平衡，以及优化劳动与生活条件。1972 年，联邦德国组建了联邦研究技术部，出台了一系列优惠政策以激发创新活力，积极鼓励并扶持工业企业设立研发机构，致力于新产品与新技术的开发。在此背景下，联邦德国工业企业的研究机构实现了数量与质量的双重飞跃，迅速崛起为应用技术研究的中坚力量。政府还在微电子、机器人、计算机辅助设计和制造或生物等行业鼓励企业和研究机构之间的合作，建立起了大学和产业间沟通的桥梁。在此期间，联邦德国政府大力引进国外先进技术，国外先进技术从 1951 年的 9757 项增加到 1969 年的 33 532 项，并在 1980 年投入 24 亿马克用于进口专利和许可证，远高于其他国家。这些国外先进技术的引进集中在电气、化学和钢铁工业等急需提高竞争力的领域。

进入 20 世纪 80 年代后，联邦德国政府持续强化创新战略规划对创新的引领作用。1982 年，联邦德国政府推出了旨在促进新技术企业创建的计划，将增设高技术企业确立为国家战略。1996 年，《德国科研重组指导方针》明晰了科研改革的方向。随后，1998 年《INFO 2000：通往信息社会的德国之路》白皮书颁布，明确了推动信息产业发展的目标。2004 年，德国联邦政府与各州政府签订的《研究与创新协议》中规定，大型研究协会（马克斯·普朗克学会、亥姆霍兹联合会、弗劳恩霍夫协会、莱布尼茨科学联合会）的研究经费每年至少增长 3%。随后，为了保持德国在全球领先地位，政府于 2006 年发布了《德国高科技战略》报告，特别支持中小企业在 17 个高科技产业中进行研发，包括生命医学、安全防范、能源工艺、环境学、植物学、汽车和交通技术、信息和电信技术、航空技术、太空技术、航海和海军技术、现代服务业、纳米技术、生物技术、微系统技术、光学技术和工艺、新型材料技术以及重大技术装备工艺。2010 年，政府发布了《高科技战略 2020》，重点支持中小企业创新，并将战略研发支持领域从之前的 17 个减少到 5 个，包括气候/能源、保健/营养、交通、安全和通信。为了推动未来研究项目的开发，政府于 2012 年推出《高科技战略行动计划》，规划投入大约 84 亿欧元，以资助《高科技战略 2020》框架内的 10 项前瞻性研究项目。2013 年，德国政府通过《联邦政府航空战略》以巩固维持德国航空工业在欧洲及全球范围内的竞争力水平。

（二）积极推动产业集群政策

由于在工业上的强大实力，德国早已形成一些知名的产业集群，包括巴登—符腾堡州汽车工业集群、图特林根地区的医学技术研发集群、斯图加特的机器及装备制造业集群、慕尼黑的生物技术集群、德累斯顿的芯片产业集群、美因河畔法兰克福的金融业集群（史世伟，2011）。这些集群是随着行业和产业巨头的发展自然集聚而成的。然而随着时代的进步，产品研发和技术创新的过程发生了巨大的变化，产品的生命周期不断缩短，产品竞争越来越激烈，创新的过程变得越来越复杂。纵向一体化的大型企业由于组织成本过高，开始将一些创新环节外包给中小企业，从而出现了很多专业化的公司，这些公司之间的互补性和异质性越来越明显，因此有必要形成合作网络和战略联盟，这就导致了产业创新集群的出现。为此，德国政府从 1995 年开始主动地、积极地促进产业技术创新联盟及创新集群的发展，着眼于激发中小企业的创新活力，纠正创新合作中的市场失灵。

德国政府出台的创新集群项目有 1995 年的 Rioregio 竞争项目，1999 年的 InnoRegio（创新区域）项目，2000 年的学习型区域政策，2001 年的萨尔创新战略，2002 年的创新能力中心，2003 年的德国中部集群项目，2004 年的石勒苏益格—荷尔斯泰因集群政策，2005 年的布兰登堡集群政策和柏林创新战略，2006 年的巴伐利亚集群政策和 InnoProfile 项目、生物产业，2021、2007 年的 Biogharme 竞争项目、德国尖端集群项目、北威州区域集群政策，2009 年的巴登—符腾堡区域集群竞争、黑森集群攻势、萨克森精英竞争，2010 年的"领先集群竞争"和创新联盟等。

德国政府的集群政策有着非常鲜明的特征：第一，政府采用了竞赛的方法来选拔创新集群。政府提供资助，集群专家制定选拔标准，第三方专家进行评估。例如，2007 年德国发起"德国尖端集群项目"，每隔一年半举办一次，每次评选出最多五个尖端产业集群。竞赛优胜者可获得 4000 万欧元资金，用于发展高科技（史世伟，2011）。截至 2011 年已经举办了三次。第二，政府启动了以"尖端集群"为典范的新创新集群策动项目，并且积极分享与推广尖端集群的成功经验。第三，集群的资助具有长期性，而且特别重视新兴产业的发展。第四，德国不仅有全国层面的创新集群政策，而且各州也有创新集群政策。

（三）完备的国家创新体系

除了通过创新战略和创新集群引导技术创新，国家创新体系还是德国技术进步最主要的支持体系，是持续推动德国技术进步最核心的力量。德国的创新体系如图 4-5。德国国家创新体系中包括三个层次的机构，一是政府管理机构，二是中介机构，三是科研机构。其中，政府管理机构包括联邦政府、州政府、科学顾问委员会。德国联邦政府和州政府都具备科技管理职能，他们的主要作用是政策引导，提供研发资助，促成科研机构、高等院校与企业之间建立紧密的合作关系及信息共享机制，以推动创新知识向产品的有效转化。公共研发支出中联邦政府和州政府的比重各占一半。德国科学顾问委员会是德国最重要的科技创新协调机构，负责协调联邦与州政府、政策制定者与科技工作者、国家与公众三个层面的科技创新活动（陈强，2015）。2008 年德国还成立了科学联席会，为进一步协调联邦与州之间的教育和研发活动，2008 年德国还成立了科学联席会。德国从事创新的微观主体包括企业和公立研究机构，其中企业在创新中占主导地位，企业的研发投入占全国的 2/3，企业高科技产品研发的费用，相当于其销售收入的 2.5%～7%，尖端技术产品中则高达 7%以上。创新的另一个主体是大学和大学外的独立科研机构。值得一提的是德国的独立科研机构，主要包括马克斯·普朗克学会、弗劳恩霍夫协会、亥姆霍兹联合会和莱布尼茨科学联合会，每个协会都有 80 个以上的分支机构，这些协会几乎集中了德国最优秀的科研人员进行尖端科学研究和应用科学研究。各类协会还会积极游说政府部门和国际组织，让这些政府部门在制定产业政策时充分考虑到自己行业或协会的意见。在德国的国家创新体制内，政府、科研机构和中介机构各司其职、高效运转，国家通过产业政策和奖励政策引导企业和科研机构，中介机构协调工业企业和科研机构之间创新的需求和供给，使德国在工业领域始终保持全球领先地位。

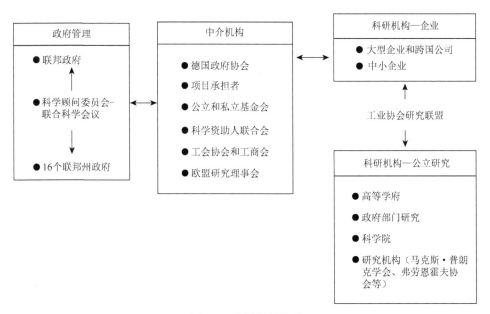

图 4-5　德国创新体系

三、工业 4.0 时代

虽然德国的工业优势十分明显，但是其产业发展也存在一些问题。第一，研发创新活动基本集中在机械制造业、医药业、化工业、金属冶炼、化工材料、橡胶等传统行业，高科技产业及知识密集型产业的研发投入占比较低。第二，德国的制造业一直秉承产品质量优先的战略，创新模式属于提升产品质量的渐进性创新，而不是在新领域、新技术上的激进性创新。这种较保守的创新模式使得高科技企业的发展相比美国较为缓慢。第三，德国的传统制造业领先全球，但是在互联网技术、信息技术等领域则明显落后，全球企业市值前 20 位的企业没有一个来自德国。

为此，德国政府在 2006 年发布了国家层面的中长期创新战略《国家高科技战略》，重点培育和发展 17 个高科技领域的重大技术，2010 年又推出了升级版《高科技战略 2020》，试图重回世界创新领导者行列。近年来，新一代互联网技术迅速发展，各国都在布局互联网和产业的结合，美国推行的"先进制造业伙伴"战略对德国的产业竞争优势造成了较大的威胁。德国在 2013 年 4 月的诺汉威工业博览会上推出了《德国工业 4.0 战略计划实施建议》。

德国工业 4.0 计划在很大程度上是通过促进制造业、信息与通信技术的创新与融合，争夺第三次工业革命的领导权，以确保德国在新工业革命中的地位。在德国工业 4.0 计划之前，有关第三次工业革命的划分有两种不同的版本：一是以新能源为主，认为互联网技术与可再生能源的结合将推动全球进入第三次工业革命（黄阳华，2015）；二是以制造业为主，将生产方式的根本性转变作为划分工业革命的标准，认为未来制造业的主要生产方式是数字化和大规模定制。德国工业 4.0 计划则是以生产的复杂性作为工业革命的划分标准（黄阳华，2015），提出基于物理—信息系统的新型制造方式，认为互联网技术与制造业的融合将改变工业生产模式、组织方式和人机关系。德国工业 4.0 计划主要包含三个基本方面。第一，提高工业的智能化水平。第二，以嵌入式制造系统推动全社会的智能化。第三，在全德国部署"双领先"战略，即领先供应商战略和领先市场战略。

在工业 4.0 框架中，德国的目标是根据制造业的特定需求而改进互联网技术，实现制造业与物理信息系统的有效对接，加强物联网技术的研发、创新和培训，创新商业模式，升级价值网络。同时，健全知识和技术转化机制、加速创新成果商业化，降低中小企业接入物联网系统的门槛。德国工业 4.0 的本质就是促进制造业的创新发展，不断推动制造业技术与数字技术、物联网技术的融合，改变传统的生产流程、产品性能、制造技术、商业模式、组织模式，将注意力放在全社会价值网络的实现上，是德国政府布局 21 世纪新工业化、以制造业的智能化带动经济的全面智能化、提升德国产业竞争力的重要举措。

第三节　德国的创新主体和创新环境

一、德国的创新主体

（一）创新中的政府

德国政府在科技创新中一直发挥着重要作用，具体表现在战略引导、机制设计和创新环境的打造上。第一，德国的创新战略引导政策不断随着时代的进步而调整。战后的德国政府深受弗莱堡学派自由主义思想的影响，认为政府的职责是纠正市场失灵以及维护市场秩序，政府不干涉企业的生产行为包括研发和创新活动（底晶，2017）。所以，政府一开始对于创新的战略设计仅局限在国防技术和军事技术领域，对于企业的研发活动的支持大多是通过税收减免或者补贴支持进行。但是，随着时间的推移，这一策略中存在的问题逐渐凸显。一方面，德国创新体制虽然将企业界和科研机构紧密联系在一起，使得德国的制造业在国际上始终处于领先地位，但是由于缺乏全局性的规划，德国在前沿科技上鲜有领先的领域。另一方面，政府不干预企业的行为使得小企业面临大企业的强大竞争力，创新能力受到了制约。为此，自20世纪90年代以来，德国密集出台了各种前沿行业的创新战略和中小企业扶持计划，把对全行业笼统的创新支持转向重点领域的创新突破，把对所有企业一视同仁的激励政策转向扶持中小企业的创新活力上。第二，德国社会市场经济体制为创新提供了良好的制度环境，主要表现在构建市场竞争秩序和知识产权保护。德国反垄断法保障企业之间的有效竞争，避免垄断导致企业缺乏创新。政府制定各类政策扶持中小企业创新，并在竞争法规增添中小企业联合的例外规定。德国有成熟的战略管理模式和完备的法律体系，针对不同领域实施有区别的知识产权保护策略，其《雇员发明法》促进了企业与雇员双赢的创新机制的形成（陈强，2015）。第三，德国政府通过半官方或利益相关的组织机构提供研究和创新资金资助，并引入项目竞争机制，充分发挥各领域专家的作用，加强官民合作，政府资金的利用效率得到提高。第四，德国政府大力促进产学研结合，支持科技园和技术孵化中心的建立，使得大学创造的技术可以迅速进入市场。德国政府规定工程技术专业学生在大学拿到博士学位后，具备7年企业工作经验即有资格申请大学教授职位，实现了学界和业界之间优秀人才的自由流动和成果的相互采用。第五，德国政府建立了全方位的事前评估，要求对口的评估委员会定期系统评估科研机构及研究项目，评估结果将作为国家调控机构经费的主要参考。德国政府还成立了德国评估共同体，并确立了专属的评估准则"De GEval-Standards"，保证评估的质量并引入国外专家来保证评估的公平性和前沿性。

（二）创新中的企业

德国创新系统最突出的特点是拥有一批具备卓越创新能力的企业。德国企业的研发费用中 90%左右都是企业自筹，而且高校和公共科研机构的部分科研基金也来自企业的委托研究。德国的总体研发投入在 OECD 国家中处于中上游水平，约占 GDP 的 2.9%，其中绝大部分是由企业投入。2017 年德国企业研发支出为 686 亿欧元，比 2016 年增加 9.3%，企业中从事研发的员工人数高达 43.2 万人。众多大型企业持续保持高水平的研发投入，部分公司甚至设立了自有实验室，在专注应用研究与试验研究的同时，也涉足基础研究。2018 年全球企业研发投入排行榜前 50 的公司中，有 9 家是德国企业，其中大众公司、戴姆勒公司均位居前 10，宝马、博世和西门子位居前 20，拜耳、思爱普、大陆集团、勃林格位居前 50。

德国还有一批创新能力出众且专业化程度高的中小企业。德国中小企业数量占到全部企业总数的 99.7%，从业人数占就业人数总量的 60%，创造了德国 70%的营业收入和 40%的出口，同时承担了 70%以上的专利申请和技术革新项目，可以说中小企业是德国经济的脊梁。德国的机械设备制造业、家具制造业、服装加工业、食品工业中都是以中小企业为主。在 20 世纪八九十年代，德国的企业界进行了大改革，化学、医药、机械、汽车制造、电子、通信等行业的大企业纷纷投资有科技成果和市场前景的中小企业。仅 2000 年，德国企业出资创建的小企业就超过 3000 家。中小企业经营体制简单灵活、生产效率高，其科研成果转换成本只有大企业的 1/4，转换时间只有大企业的 1/3，特别是在信息化浪潮下，中小企业的优势更为明显。

中小企业作为"隐形冠军"是创新体系中最接近市场的部分，对技术的发展也最为敏感（底晶，2017）。因此，中小企业被视为德国创新发展的核心驱动力，对塑造德国的创新竞争力起着主导作用。德国政府为了保证中小企业在市场中能与大型企业竞争，先后制定了《中小企业组织原则》、《中小企业研究与技术政策总方案》、《中小企业核心创新计划》、《东部创新能力计划》以及创新代金券等一系列支持中小企业创新的政策，在财政、资金和税收上对中小企业创新优惠，对中小企业的扶持政策逐步成为德国短期及中长期计划的核心成分。

此外，金融体系也为中小企业提供了足够的信贷支持。由于德国的银企关系是关系型借贷，德国只有 9%的中小企业认为存在融资难问题。企业与一家往来银行保持长期稳定的合作关系，虽然中小企业缺少抵押品或者硬信息（hard information），但是由于往来银行与企业在长期合作中形成了稳定的关系，因此获取了很多企业的软信息（soft information），这在很大程度上克服了银行与企业之间的信息不对称问题，从而让中小企业能够顺利获得贷款。

（三）创新中的科研机构

德国的科研机构主要是各类大学和学会。德国有约 100 所大学，其中包括 80 所综合类大学和 20 所具备综合类大学教学能力的高校。德国的研究型大学历史悠久，早在 20 世纪初便培育出了当时最多的诺贝尔科学奖得主。德国的大学一般倾向于基础研究，主要经费来源于国家的支持。2007 年以来，德国联邦政府开展了大学"卓越计划"，评选"精英大学"，2012～2017 年有 11 所大学获得"精英大学"称号，德国政府将向这些学校提供 27 亿欧元的资助。

近年来，德国大学也积极与其他科研机构协同创新，主要通过科研成果互相转化、联合研究项目、联合聘任教师、共同培养人才等途径实现。第一，德国政府鼓励大学教师与产业界联系合作，允许教师创立个人公司和研究所，实现科研成果向经济产出的直接转化。德国法律还规定，应聘应用科学大学教授的候选必须具备 5 年以上的业界工作经验。第二，德国高校和科研机构通过大量的联合研究项目模式加强创新，这些项目广泛分布在基础研究、应用研究、方法研制和技术开发。第三，德国高校通过与科研机构联合聘任教师、共同培养博士人才，促进研发和创新合作。截至 2008 年，高校与亥姆霍兹联合会、莱布尼茨科学联合会和弗劳恩霍夫协会联合聘任的大学教授分别为 255 名、247 名和 120 名。2005 年至 2010 年间，德国高校与研究机构联合聘任的教授占全部教授的比重增长了 28%。

德国的创新力量不仅来自大学，研究所也是重要的创新中心。主要的研究所包括马克斯·普朗克学会、亥姆霍兹联合会、弗劳恩霍夫协会和莱布尼茨科学联合会。马克斯·普朗克学会下属的 80 个研究所致力于开展前沿基础科学研究，获得 85% 的政府资助，并通过任命程序挑选顶尖专家自主开展研究。亥姆霍兹联合会下属的 15 个研究机构配备了国际最顶尖的实验设备，主要从事大型问题的基础、预防和关键技术研究，其资金的 70% 来自政府，30% 来自第三方。该联合会采用竞争性项目的方式组建跨学科研究团队，促进科技创新模式及科研组织形式的革新，有助于快速响应重大问题。弗劳恩霍夫协会下属的研究所致力于应用科学研究，紧密合作工业界，能够自行创办公司将研究成果商业化，经费的 1/3 来自政府拨款，剩余部分来自对外技术服务。莱布尼茨科学联合会的 86 个研究所定位于问题导向的研究，为企业提供咨询与服务，分为人文与教育、经济、生命科学、数学、自然科学与工程以及环境科学等学科领域，拥有 1.73 万名员工，其中 8200 名为研究员，获得 1/3 的项目经费和联邦政府与州政府的 2/3 拨款（表 4-1）。

表 4-1　德国四大国立研究所情况

机构名称	研究所或中心/个	人员/名	研究经费		
			总数/欧元	组成	
马克斯·普朗克学会	80	17 000（含 5 400 名研究员）	15.0 亿	联邦政府	42.5%
				州政府	42.5%
				第三方经费	15.0%
弗劳恩霍夫协会	80	>20 000（绝大多数为研究员）	18.0 亿	联邦政府、州政府	30.0%
				研发合约	70.0%
亥姆霍兹联合会	18	34 000（含 11 000 名研究员和 6 300 名访问学者）	34.0 亿	联邦政府	63.0%
				州政府	7.0%
				第三方经费	30.0%
莱布尼茨联合会	86	17 300（含 8 200 名研究员）	15.0 亿	联邦政府	38.0%
				州政府	38.0%
				第三方经费	24.0%

案例 1：弗劳恩霍夫协会①

　　弗劳恩霍夫应用研究促进协会（简称弗劳恩霍夫协会）成立于 1949 年，是德国和欧洲最大的应用科学研究机构，以德国科学家、发明家和企业家约瑟夫·弗劳恩霍夫的名字命名。弗劳恩霍夫是近代德国产学研的代表，他的光谱研究奠定了现代望远镜的基础。弗劳恩霍夫将研究成果转化为产品，并创建了光学仪器工厂，实现了研究与生产的有机结合，取得了巨大成功，成为现代应用研究的奠基人。目前，弗劳恩霍夫协会设有 69 个应用型研究所和独立研究机构，分布于德国的 40 个地区，拥有 24 500 多名科研人员和工程师。2015 年，协会的业务收入达 21 亿欧元，其中 70% 以上来自企业合同和政府资助的研究项目。协会致力于向产业界的技术难题提供研发服务，并开展面向未来产业的导向性研究。作为应用型科学研究机构，协会与产业部门、公共部门的客户合作紧密，开展实用性研究。在管理方面，协会享有高度的自主管理权，政府对研究项目的选择不干涉。预算方面，政府提供的基础资金只占研发项目预算总额的 1/3，剩余资金需要从产业部门、政府竞争性补助金或其他渠道获取，这是评估研究所绩效的严格标准。协会依据研究所承担的工业合同经费比例来分配基础资金，以吸引更多外部投资。

　　弗劳恩霍夫协会在德国充当着连接大学和企业之间桥梁的角色。其研究所多

———————————

① 资料来源：黄宁燕和孙玉明（2018）。

设立在全国各地的大学内，与大学之间天然相关。例如，弗劳恩霍夫集成电路研究所是在埃尔朗根大学已有的微电子研究团队基础上建立的，如今已成为弗劳恩霍夫最大的研究所之一。弗劳恩霍夫研究所的所长和主要负责人通常是合作大学的全职教授，如勃兰登堡既是弗劳恩霍夫数字媒体技术研究所所长，同时也是德国伊尔梅瑙工业大学的教授。有些负责人来自产业部门，但通常在担任弗劳恩霍夫研究所负责人后，可能会被任命为大学教授。这种设置有两个优点：一方面，科技人员可以直接参与大学的教学活动，尤其是培养硕士和博士等高层次人才，从而有利于知识更新和后备力量的选拔；另一方面，通过与大学的合作，研究所可以充分利用大学的科研资源，降低研发项目的成本。弗劳恩霍夫研究所与产业部门之间最重要且正式的互动方式是进行合同研究。合同研究保证了弗劳恩霍夫的研究与产业部门的需求密切相关，大学则可以通过弗劳恩霍夫研究所与企业建立有效的互动。弗劳恩霍夫研究所的学生在本科、硕士和博士阶段都有机会作为研究助理参与到研发活动中，个人兴趣和团队环境的支持将有效激发他们在科研领域的创新能力。此外，弗劳恩霍夫还采取一种相对"不正式"的互动方式，即研究人员与产业部门之间的流动，这种流动是经过精心促成的。由于弗劳恩霍夫协会的研究人员中有60%只签订了3～5年的固定期限合同，其中大部分人必须在合同到期后在产业部门中寻找工作。据统计，弗劳恩霍夫协会的人员流动率每年约为20%，为德国企业输送了大量专业人才。在加入产业部门后，这些研究人员通常会与弗劳恩霍夫保持联系，并将他们当前所在企业的合作项目带回弗劳恩霍夫的各个研究所。

弗劳恩霍夫协会在研究、技术发明和商业化之间存在较长的路径。为了实现这一目标，弗劳恩霍夫协会的管理委员会和研究所的顾问委员会中都有产业部门的代表。弗劳恩霍夫协会与企业的紧密联系和其所制定的鼓励创新政策，成为将研究技术转化为商业应用的关键步骤。弗劳恩霍夫模式中的大学、研究机构和企业之间的差异性和异质性相互补充，推动彼此成为稳定的资源共享者和创新合作者。企业可以享受弗劳恩霍夫研究所丰富的研发成果和高水平科研队伍的服务，从而节省了自主开发新产品的成本，并能够快速进入新的技术领域。同时，弗劳恩霍夫的运行机制也促进了人才流动。由于研究所通常设在大学中，弗劳恩霍夫协会可以源源不断地获得人才供给。大学通过与弗劳恩霍夫的紧密合作，获得了面向客户的教育培训场所和实践平台，推动学生培养和实用性研究，并得到企业对研究和教育的经济支持。弗劳恩霍夫协会要求人员常驻企业进行项目开发，因此其合作大学的研究生在毕业时通常已具备熟练的技术专长、市场开拓技能和广泛的商业关系网络。这种无缝连接的人才流动和共享机制促进了知识创新和技术创新的同时发展，并有效地培养和转移了创新人才。在这种机制下，弗劳恩霍夫协会、企业和大学在技术和资源整合上实现了信息互惠共享、目标设定、绩效评估和行动协同，产生了系统叠加的非线性效应，这正是协同创新对资源要素配置的特征。

案例2：德国高校与国立研究机构协同创新模式①

1. 战略创新平台模式

基于"精英计划"的战略创新平台模式，利用高等学府与科研机构的合作，共同构建科研与人才发展平台，以提升其国际竞争力与科研影响力。依据各自的战略定位与研究特色，各国立研究机构都不同程度地参与了杰出集群型模式、研究生院模式与精英大学型模式的实施。此模式强化了学术与研究机构间的长期创新协作。

2. 联合研究项目模式

联合研究项目模式是德国学术与研究机构协同创新的一种通用形式。通过资源、能力、利益的互补性，各机构能协同达成共同的研究目标。研究目标主要集中在基础研究、应用研究、方法研制以及技术开发等领域。此模式通过研究中心、科学家小组等方式推动跨机构的协同，共同完成研究项目。

3. 联合聘任大学教授模式

联合聘任大学教授模式是学术与研究机构深化科研协同的初步策略。联合聘任的教授既指导研究生课程，参与博士人才的培养，又承担研究机构的科研任务。此模式被视为推动学术与研究机构间青年人才交流、更新知识的桥梁，为深化协同创新创造前提。

4. 共享科学设施模式

共享科学设施模式是针对学术与研究机构在科学基础设施方面的显著差距而推行的合作基础形式。例如，亥姆霍兹联合会基于大型研究基础设施的协同每年吸引着全球各地的科学家前来使用。此模式使得研究机构能够参与更广泛的高等学府学科研究，并与年轻科学家建立联系。

5. 共建时效性研究单元模式

共建时效性研究单元模式是学术与研究机构之间的周期性合作模式。通过研究小组、研究联盟、研究所、科学家小组等方式，双方快速整合资源以开展

---

① 资料来源：方在庆（2001）、周小丁等（2014）。

某个领域急需的研究活动并实现资源共享。该模式特别适合解决某些尖端的科学问题，通过整合各具竞争优势的学术与研究机构的资源，快速协同解决关键科学问题。

（四）创新中的中介机构

中介机构在德国创新中发挥着重要作用，其中包括工业研究协会、工业联盟和工商联合会等。不同的中介机构侧重点有所不同。①德国工业研究协会联盟重点促进中小企业开展合作研究，为中小企业提供共性技术合作研究的公共平台。协会联盟通过收集并完善企业的研究项目建议进行评估。如果项目对联合会成员普遍有利，则提交给适当的研究所。研究完成后，协会将研究成果向成员企业转化。德国大约有100个行业性工业研究组织，大型和中小型企业均为工业联合会成员。此外，协会联盟还为中小企业提供培训、咨询、信息共享、组织协调技术应用大学与中小企业研发合作等服务。协会也与德国联邦政府和各州经济部合作，负责政府对中小企业创新支持项目的实施。②德国工业联盟（Bundesverband der Deutschen Industrie，BDI）主要通过影响政策制定维护工业企业利益。BDI是代表35个行业近10万家企业的德国工业协会组成的机构。它是德国工业界最高级别的联合会组织，在政府和议会、政党、其他重要社会团体以及欧盟面前代表德国工业界的经济政治利益。此外，它还积极参与各项国际组织的活动。BDI与德国雇主协会联合会和德国工商会一起组成德国经济议会。其目标是改善德国经济状况，提高德国工业界国际竞争力，维护成员的切身利益。③工商联合会则主要负责中小企业培训。工商联合会管理职业教育培训项目，为企业员工持续培训和职业教育提供建议。同时，它们还与联邦和地方政府磋商制定统一的职业培训和学员课程。工商联合会组织的职业培训使德国工人有效学习新技术，大大降低失业概率。工商联合会也是地方企业与研究机构之间的纽带，它们在企业与研究机构间进行谈判并签订合约，跟踪合作情况，并在企业商业运营上提供帮助。为促进科研成果向工业界转化，工商联合会还设立技术创新部门，为企业提供技术咨询、技术转化和商业促进服务。

案例3：德国的"工业研究联盟联合会"[①]

德国是享有全球声誉的制造业强国，以其技术和品质而著称。在全球40%的隐形冠军中，有许多是德国的中小企业。这一成就与德国高效而成功的中小企业

---

① 资料来源：德国中小企业产学研合作与创新发展的服务平台——古里克工业研究联盟联合会，https://blog.sciencenet.cn/blog-320892-1155183.html。

官产学研合作密不可分。早在 20 世纪 50 年代，联邦德国政府就充分认识到发展中小企业和促进其进行工业技术研发的重要性。在政府的推动下，1954 年 6 月 22 日，首批 8 家中小企业行业组织和研究联盟在柯尼希斯坦的"联邦州之家"签署协议，共同成立了"工业研究联盟联合会"（Arbeitsgemeinschaft industrieller Forschungsvereinigungen，AiF 联合会）。仅四个月后，在同年 10 月 27 日的第一届年会上，联合会新增了 12 家成员，总计拥有 20 个集体会员。到 1964 年，联合会的成员增加到了 59 家，到了 2003 年更是发展到 100 家。1966 年，在第 13 届年会上，AiF 联合会决定以 17 世纪真空泵发明者、大气压研究先驱奥托·冯·古里克的名字命名该联合会。古里克最著名的科学演示是将两个铜质的空心半球对接密封，抽真空后需要动用马队才能勉强将铜球分开。经过 60 多年的发展，AiF 联合会已成为德国最重要的官产学研平台，致力于为中小企业提供服务、协调共性技术开发和促进中小企业创新。AiF 及其两个全资子公司被政府授权为中小企业科研项目的第三方管理机构，全权负责"工业研究联盟项目"和"核心创新能力"两个财政专项的实施和管理。在多次政府评估中，AiF 的专家团队和专业服务能力得到了政府、社会和广大中小企业的高度评价。虽然 AiF 联合会曾在 2007 年至 2009 年期间派驻驻华代表，但在中国国内媒体和网络上对 AiF 联合会的介绍几乎没有。

AiF 联合会是典型的德国伞状组织，旗下的 100 家会员被统称为"工业研究联盟"，这些会员通常以研究联盟、研究会或研究所命名，都是在某个细分专业领域注册的公益性科技社团。近 1/3 的工业研究联盟拥有自己的实体研究所或研究团队。这些科技社团通过吸纳直接企业会员和经济组织会员，已经达到了拥有 5 万家科技创新型中小企业会员的规模，形成了一个立体的、复杂的产业组织网络。例如，成立于 1968 年并于同年成为 AiF 会员的机械制造研究理事会（Forschungskuratorium Maschinenbau e. V.，FM），是在机械制造行业领域从事工件测量、工件密封和其他先进技术研究和技术推广的科技社团。除了是 AiF 的正式会员，FM 还是德国机械与装备制造协会（Verbandes Deutscher Maschinen-und Anlagenbau，VDMA）的会员。尽管 FM 本身只有 3 位工作人员，但它的协会会员包括 21 个行业组织和 8 个涉及机械制造的工业研究联盟，其中竟有 6 个也是 AiF 联合会的会员。这些 29 个行业组织和研究联盟共吸纳了超过 3000 家企业会员，其中 90% 都是小企业。

AiF 联合会是德国最重要的官产学研平台之一，旗下拥有 100 家工业研究联盟作为会员。除了联合会本部的 54 名工作人员外，还设有全资子公司 AiF 项目管理公司（118 人）和 AiF FTK 公司（6 人）。联合会代表约 5 万家德国中小企业集体的需求，并与政府部门和国内外资助机构进行互动。1954 年，联邦德国经济部设立了面向中小企业的"工业联合研究"项目，并逐步委托 AiF 作为第三方机构管理该项目。1990 年德国统一后，为了促进东部经济振兴、提升德国中小企业的创新能力和创新环境，以及提高德国经济的市场竞争力，联邦政府还设立了"中小企业核心创新计划"（zentrale innovationsprogramm mittelstand, ZIM）。IGF 项目由 AiF 联合会直接管理，而 ZIM 项目选择了 AiF 项目管理公司作为第三方管理机构。此外，AiF FTK 公司受德国联邦经济部和柏林、北威州、汉堡和巴伐利亚州政府委托，负责介绍政府项目的组织、申请和评审（包括 IGF 项目在内）并促进创新与合作组织的交流和对话。

德国经济和能源部在与 AiF 的委托协议中规定了以下要求。第一，AiF 要联合各类机构进行项目的组织申请，并对有意向申请的单位进行培训，介绍申请财政经费进行科研任务所需的专业条件和申请程序。企业申请单位必须是 AiF 联合会旗下 100 个工业联盟的会员，而合作科研机构可以是 AiF 之外的公立或私营机构。第二，AiF 负责组织工业研究联盟会员筛选核心科技问题，确定共性技术的重点课题方向和计划。第三，AiF 负责项目管理和辅导工作，邀请外部专家对成员单位的项目申请内容和格式进行评审，并根据评审结果向德国联邦经济部提出项目资助建议。第四，AiF 负责项目经费的审计工作，并向德国经济部提出有关项目管理和经费管理的建议。第五，通过会议、研讨会或工作小组等方式，推广政府资助的研发项目所产出的技术成果。

过去 60 多年来，AiF 组织管理的研发项目数量超过 23 万个，对应政府公共财政经费达到 115 亿欧元。仅在 2015 年至 2019 年间，工业联盟研究 IGF 项目吸引了 1200 家科研院所的合作，并有约 1200 位产业和科技经验丰富的专家参与项目的评审和管理。2017 年，AiF 的工业联盟研究 IGF 项目和中小企业核心创新 ZIM 项目的总经费为 5.346 亿欧元。其中，IGF 项目年度财政支出为 1.717 亿欧元，共有 1613 个执行项目（包括 668 个新立项项目），参与科研机构 726 家、企业 20 654 家，每个工业联盟研究项目的平均企业数为 12.8 家。ZIM 项目 2017 年投入的财政经费为 3.629 亿欧元，支持 8330 个创新研发项目（包括当年新立项 2600 个），受资助企业 2600 家，参与合作的研究机构 1032 家。ZIM 项目中，约 48.1% 的资金即 1.744 亿欧元投给了 250 人以下的企业。AiF 是一家纯公益服务的科技社团，致力于推进科学、研究和发展。其经费来源完全依靠会员缴纳的会费，会员单位和科研部门不得动用财政经费缴纳会费，也不得将 IGF 项目经费用于会费。会员不能从联合会获取报酬，也不能从事联合会界定事项以外的工作获得额外或不合理的收入。

AiF 的正式会员资格要求是：致力于在某个技术领域推动和实施跨地域合作的法人科技社团，以中小企业或为中小企业服务的机构或经济组织为会员，并从事包括研发活动、科研成果评估、科研成果应用和转化等相关活动。AiF 联合会还吸纳了 10 家单位作为编外会员，包括德国联邦工业协会、德国工商大会、德国弗劳恩霍夫协会、德国科技社团协会等。申请财政项目时，AiF 会员必须严格遵守制度规定。例如，在申报 IGF 项目时，每个工业技术联盟会员都要提供符合要求的财务信息。工业研究联盟会员每年需向 AiF 汇报当前正在申报的课题任务、重要的财务变动信息、会员缴费信息、特别资金来源以及会员构成和年度收支与纳税状况。如违反相关规定，AiF 将对工业研究联盟进行核查，决定是否取消其参与 IGF 项目的资格、中止项目申请、停止支付项目经费，或追回项目经费。

AiF 联合会为会员提供专业经验和知识交流、促进领域内或跨领域合作，推动与其他资助机构、研究型企业和研究所的合作，与国内外科研资助机构交流特定研究目标，以及通过出版和组织活动向社会宣传工业技术联盟的科研活动的重要性和推广科技成果。AiF 联合会的管理部门包括会员大会和主席团。会员大会由正式会员和编外会员组成，只有正式会员有投票权。会员大会决定重要事务，如选举主席团成员、通过年度决议、批准财务报告和预算、制定财务管理规定，决议以简单多数票通过，章程修改和解散协会需 2/3 以上的票数。主席团由产业界代表、正式会员代表和科技界代表组成。管理部门和委员会成员都是义务服务，不领取报酬。

德国的经验表明，即使是西方国家政府也使用公共资金支持中小企业的创新和合作，通过财政经费支持共性技术开发和创新能力建设。德国政府利用第三方科技服务机构了解中小企业对共性技术的需求，并组织中小企业与高校和研究所团队合作开展共性技术开发，并促进和分享相关成果。德国注重公平、公益和专业的项目管理。这些经验对于我国中小企业创新项目的设计和实施，完善相关制度建设具有借鉴价值。

二、德国的创新环境

（一）社会市场经济模式

第二次世界大战之后的德国选择了"社会市场经济"模式作为基本经济社会体制，该制度是以生产资料私有制为基础，特别强调市场的竞争和企业独立自主的权利。德国政府一直奉行这一基本原则，为企业创新创造了良好的市场环境。工业革命后期，德国的银行和工业资本联合产生了众多垄断组织，1884 年德国垄断组织就已经达到 54 个，远高于英国和美国等发达国家。第二次世界大战前的德国政府又将垄断组织合法化，政府颁布的《卡特尔法》和《股份公司改革法》规定帝国有权建立新的卡特尔，一切卡特尔有权要求局外企业合并起来，还规定资本不足 10 万马克的公司应该被淘汰，新设立的股份公司资本不得少于 50 万马克。这些政策使得大公司比重不断上升，生产和资本的集中使得垄断势力异常强大。

1936 年德国登记的卡特尔数量已经超过 2500 个，垄断组织遍布在钾盐、炼铁、金属加工、人造氮、水泥、制糖、化学、电力、机器制造、纺织品、造纸业等各大行业。这些强大的利益集团阻碍了市场的竞争。德国第一届政府成立后即着手关于反垄断的立法，1957 年《反对限制竞争法》出台改变了德国自 19 世纪以来视卡特尔为合法形式的传统观点，禁止企业间协调垄断市场的行为，禁止卡特尔组织，禁止市场权力的滥用。竞争秩序的建立给德国现代化的建设注入了巨大的活力，使得企业在市场中必须通过不断地创新才能在竞争中生存和发展，特别是为中小企业减轻了来自大企业的竞争压力。

对自由竞争市场的重视，并不意味着德国政府不对经济进行干预。相反，"自由＋秩序"是德国社会市场经济的基本原则，路德维希强调社会市场经济要"在无限制的自由与极权之间找到一条健全的中间道路"，由市场力量来调控全国的经济活动，必要时由政府进行干预。由于创新在某种程度上有公共品的性质，同时也是关乎国家核心竞争力最重要的因素，因此德国政府在创新过程中的干预也极为明显。第一，德国政府非常重视科研和创新，即使在财力紧张的时期对科研的投入也是逐年增加的。第二，德国政府的科研力量布局一直以工业化应用作为基本导向，无论是科研经费的使用还是创新战略的实施，都是力图将科技和经济紧密地结合在一起。第三，德国政府在 20 世纪 80 年代之前的创新战略对于企业和科研院校的创新则采取一视同仁的态度。这一战略使得中小企业在创新上缺乏优势，一度导致德国的创新实力下降。为此，政府迅速调整战略，联邦政府和州政府都出台了各种激励政策鼓励中小企业的创新活动。第四，政府也不断调整重点创新的领域。20 世纪 80 年代之前，政府重点关注军事、国防、太空等项目，企业则把创新的精力集中在创造高品质的产品和更有效率的生产工艺上。结果导致德国在化工、钢铁、机械工程、电力工程、精密机械和光学部门等传统领域的研发投入很高，但是在生物、能源、计算机、信息等领域的技术和美国拉开了较大的差距。为此，德国政府密集出台各种鼓励高精尖行业发展的产业创新集群计划，推动这些行业的创新和科技进步。

（二）稳健的宏观经济环境

社会市场经济模式的核心是"自由＋秩序"，也就是在市场竞争为主的前提下，必要时进行政府干预。这种经济模式事实上是大部分国家奉行的国家政策，但是为什么德国可以始终保持国家竞争力的领先地位，特别是在工业领域的领先地位，而大多数奉行这种政策的国家却无法做到这一点？本书认为德国的独到之处在于德国社会拥有稳定创新环境的基石，包括低的通货膨胀率、稳健的房地产市场和审慎的金融体系。

由于早期经历过恶性通货膨胀，德国人对通货膨胀十分厌恶，第二次世界大战以后，德国央行的首要目标是稳定物价，其次才是经济增长，因此，抑制通货膨胀成为德国全社会的普遍共识。即使在 1998 年欧洲央行成立之后，也深刻秉承了德国央行严控通胀的货币政策传统。《马斯特里赫特条约》使欧洲央行成为世界上独立性最强的中央银行，规定物价稳定是欧洲央行压倒一切的长期目标。因此，可以看到德国在 1950～2017 年消费者物价指数年均增速仅 2.4%，德国的通胀控制能力堪称全球典范。低的通货膨胀率对创新活动的影响表现在以下两个方面。第一，低的通货膨胀率意味着经济环境稳定，而创新活动需要具有确定性的环境。创新的过程风险极高，需要有大量的人力资本和物质资本投入，但是市场瞬息万变，技术研发过程也存在很多不确定性，如果再叠加经济环境的不确定性，那么企业的创新活动必然减少。因此，创新比一般的生产性活动需要更加稳定的环境，这一点在实物期权理论中也反复论证了。由于企业的实物资产投资具有不可逆性，当面临不确定性时企业会推迟投资，直到环境稳定。特别是创新这种沉没成本极高、流动性极差的投资，企业在面临不确定性时拥有推迟创新的选择期权更加珍贵。高的通货膨胀率意味着经济的不确定性增加，因此，保持较低的通货膨胀率是创新活动的稳定剂。第二，低的通货膨胀率降低了企业的创新成本。抑制通货膨胀使德国的工业成本可以长期保持竞争力。货币的稳定也使德国的利率水平可以保持在较低位置，进一步降低企业创新的资金成本。而货币的稳定也降低了德国货币贬值的概率，促进了德国社会的资本积累，为创新活动提供了大量的资金。

房地产市场影响创新的逻辑也非常直观。房价或租金的增加一方面导致员工的租房和购房成本增加，另一方面房价和租金的提高也会传导到其他商品的价格上。例如，服务型消费都需要租用场所，租金提高之后，企业会将成本转嫁到消费品的价格上，消费品价格提高又会导致居民生活成本上升。因此，房价和房租上升的直接和间接作用都是提高居民生活成本，这都会引起工资的上升、企业的经营成本增加。更重要的是，如果一个地区的房价上涨幅度过快，很有可能诱导资本从实体经济转向房地产市场。一旦房地产泡沫破灭，企业家的资金不仅无法收回，企业也会因为长期没有资金投入、缺乏创新、无法转型而陷入经营困境。因此，控制好房价和地价对保持企业的创新活力意义重大。放眼全球，德国的房地产市场非常稳健，几乎没有出现过房地产泡沫，房价也始终保持在较低的水平。据统计，德国房价自 1970 年来年均涨幅仅 1.8%。1970～2017 年，德国名义房价指数仅上涨 2.3 倍，年均增速仅 1.8%，同期，英国、法国、美国分别上涨 52.8、16.1 和 12.5 倍，年均增速分别高达 8.8%、6.1% 和 5.5%。德国还形成了独具特色的住房市场结构，居民的居住结构以租房为主，住房自有率 45%，55% 的人口租房居住。德国的房地产市场价格稳定主要是由于德国的长期供需比较均衡，同时政府大力干预，保证了房价的平稳。这种干预包括：第一，保障租房者的利益，每年补贴中低收入阶层，鼓励他们租房。德国政府的住房补贴占 GDP 的 1.2%，其中九成给予租房者。第二，抑制房地产市场的投机行为。德国政府要求购房首付为 40%，禁止资产增值抵押，房屋持有十年后免征资本利得税，但房屋交易环节征收高达 10%的交易税费。

审慎的金融体系也是德国创新活跃的重要原因。当金融市场异常发达，资本可以通过金融市场轻松获得高昂利润时，资金就会从实体经济流向金融行业。在这种情况下，没有企业家愿意花费大量的时间、资金投入到风险很高的创新活动中，而是愿意在金融行业中做着轻松的"钱生钱"的游戏。德国的工业发展在发达国家之中表现十分突出与其审慎的金融体系密切相关。需要明确的是，与美国和英国不同，德国的金融体系是以银行业为主导的。德国企业的股票市值占 GDP 的比重为 24%，而美国高达 82%，英国高达 140%。德国的银行资产占 GDP 的比重高达 152%，美国仅 53%。因此，德国政府主要针对银行实施调控来保障金融市场的稳定。对于银行体系，德国政府一直奉行温和的金融压抑政策，即通过对银行的监管将金融行业收益率控制在较低但是稳定的水平。德国的金融监管始终以安全为基本导向，强调对存款人的保护。储蓄银行无法得到政府的担保，政府对于银行不良资产的拨备率要求也很高，这些都抑制了银行追逐高风险高收益的投资。而且德意志联邦银行不鼓励金融机构参与过多的金融衍生工具业务。这些约束和监管使得德国银行与其他发达国家的银行相比，平均回报率是很低的。德国金融业的审慎发展使得金融业一方面为实体经济提供了大量的信贷资金，另一方面，无论是资金还是人才都没有大量地集中在金融行业，而是流向了实体经济，这在很大程度上促进了德国制造业的发展。

（三）双元制教育体系

德国的教育体系为企业的创新输送了大量的专业技术人才，号称是工程师和发明家的摇篮，是德国保持核心竞争力的基础，其中双元制教育是其最具特色之处。"双元制"教育模式是指在德国实行的校企合作制度，学生不仅需要在学校受到良好的职业培训，也要在企业中学习职业技能，并且将理论知识和实践技能紧密结合。

在中等教育层面，"双元制"教育模式体现在德国有数量众多、不同类别的职业学校，包括职业学校、职业专科学校、职业进修学校、高级专科高中、专科学校。前两种是中等职业教育，后两种是高等职业教育。这些学校为不同层次的青少年提供了多种职业教育方式。在大学层面，除传统的综合类大学外，德国有专门开设工程和自然科学专业的工业技术大学，培养了一大批工程师，如慕尼黑工业技术大学、亚琛工业技术大学。20 世纪 60 年代后期，德国还设立了应用技术大学。应用技术大学同企业合作十分紧密，专业实用性强，而且学制较一般大学短，深受学生欢迎。目前德国有应用技术大学超过 240 所，德国 2/3 的工程师、1/2 的工业经济师都由工业技术大学培养。德国应用技术大学的学生来自专业高级中学或者文理中学，为了突出职业相关性和实用性，应用技术大学还要求学生在入学前获得相应的实践经验（不得低于 3 个月的预实习）。这些学校以培养应用型高级技术人才为目标，在课程学习的基础上还设置了实习学期，教学形式以实践为导向，使实用性和知识性紧密融合。

德国的双元制教育有健全的法律法规作为其支撑，《职业教育法》《职业教育促进法》等规范了职业教育的种类、培养计划、考试要求、校企分工。在双元制教育体系下，企业占主导地位，企业不仅为学生提供教学训练基地、培训中心，还承担学生的学费，甚至给学生支付工资。学生有 2/3 的时间在企业中训练生产技能，因此，学生毕业后都有良好的职业技术和工作能力。德国的各类职业教育始终以市场为导向，虽然有统一的教学大纲，但是没有统一的课程设置，企业和学院有权根据市场的变化灵活设置课程，随时将新工业、新方法、新技术加入培训中。

数据显示，德国双轨制职业教育体系涵盖了 350 多种职业，为该国培养了超 4000 万名具备高超技能和专业素养的劳动力。每年有 170 万左右的青少年选择接受双轨制教育，为德国工业界培养出大量高水平的专业工人和技术人员。与一些国家在教育上追求高学历和文凭不同，德意志民族自古就崇尚手工业和技术，有强烈的职业归属感，因此大多数德国人十分重视操作技能，愿意从事具体的实践工作。因此，德国的学生分流时间很早，小学四年级之后一部分学生进入文理中学，日后将参加高考进入大学，还有相当一部分学生进入主体中学和实科中学，未来将进入职业学校。双轨制教育体系为德国输送了大量专业技术人才，他们是推动德国产业创新升级的重要实践者和基础支撑力量。

第四节　贸易冲突中的德国经验

第二次世界大战之后，德国的出口增长非常迅速。德国在全球出口贸易中的份额从 1948 年的 1.4%上升到 1973 年的 11.6%，美国对德国的贸易余额迅速转为赤字，导致德国频繁面临美国的施压。一方面，美国要求德国调整汇率。1959 年以来，随着贸易顺差的扩大，德国马克的升值压力不断增加。1978 年的波恩会议通过出口税费和进口补贴，使马克变相升值。1985 年，美国、日本、德国、法国和英国在"广场协议"中达成共识，共同采取措施干预外汇市场，引导美元对主要货币的汇率有序贬值，以消除美国的经济失衡。1985～1987 年，美元兑换德国马克的汇率从 3.08 贬值到 1.57，贬值幅度接近 50%。另一方面，美国要求德国调整宏观经济政策，实施宽松的货币政策、扩大内需、增加进口，以消除美国的赤字。1986 年之后德国对美国的贸易顺差不断收窄，直到 1992 年之后才重新扩大。虽然，德国对美国的出口有所波动，但是 1979～1990 年，德国出口占世界市场的份额并没有发生大幅度的波动。同时，德国马克升值之后，德国的贸易顺差并没有下降，反而不断上升（仅在 1990 年出现过下降）。总体而言，在"广场协议"之后，虽然在 1987 年德国的经济增长速度下滑到 1.4%，但是在 1988 年又攀升到3.71%，1990 年更是达到 5%。可以说，德国在经历了短暂的衰退后，一直保持了良好的增长势头，2006 年的人均 GDP 更是超越了日本。

贸易冲突并未给德国的经济发展带来太多的负面影响，究其原因主要有以下几点。

第一，审慎的货币政策。历史上德国货币超发引起了恶性通货膨胀，使得德国央行对于通货膨胀、资产泡沫的容忍性很低。因此，即使在德国经济增长率下滑的情况下，德国央行仍然维持了较高的利率水平，并没有实施超低利率和货币超发的政策，而是实施偏紧的货币政策，以稳定物价水平、抑制资产泡沫为主要目标。"广场协议"后，日本政府将再贴现率从 1986 年 1 月的 5% 降低到 1987 年 2 月的 2.5%，这一举动使得大量的资金进入到股市和房地产，导致资产泡沫的出现。而德国 1985 年的存款利率为 4.44%，1987 年下降到 3.2%，1989 年则上升到 5.5%，贷款利率从 9.53% 下降到 8.33% 后在 1989 年又提高到 9.94%。德国政府还采取各种政策控制房地产价格，包括提高土地和房屋供应量、政府为租房定价、提供租房补贴、征收房产交易税等，较好地抑制了资产泡沫的产生。基于这些审慎的货币政策，与日本宏观经济加杠杆不同，1985～1990 年德国的企业部门、居民部门杠杆率都在不断下降。

第二，国内外市场的扩张。20 世纪 80 年代，德国的总投资率不到 GDP 的 18%，两德统一后大幅增长到 23%。一方面，统一后的德国为工业部门提供了新的市场，成为工业部门发展的新契机。同时大量的资金被投入到民主德国的基础设施建设、企业的兼并和扩张中，实体经济的发展为日后德国保持较高增速奠定了基础。另一方面，德国也在不断推动欧洲一体化，直接促使了欧洲货币体系的建立，建立了欧元区。欧元区的建立促进了成员国的贸易规模，德国就是其中受益最大的国家。

第三，金融市场始终致力于服务实体经济。德国的全能银行制度使得银行和企业之间建立了密切的合作关系（汤柳，2019）。银行对企业进行产权投资、参与企业决策、参与企业监管委员会。地区性的储蓄银行和合作银行则与中小企业建立了长期合作关系。这些德国银行业的基本特征使德国的银企关系异常稳定。在贸易冲突下，德国出台多项金融政策，为中小企业的创业、创新提供资金，支持推动中小企业转型和发展。为了降低德国企业对美国出口的依赖，1992 年开始德国政府启动贸易投资相结合的对外经济策略，推动企业扩大对亚太、拉美地区的直接投资。同时，由于审慎的宏观政策，德国的资产价格并未像日本一样出现巨大的泡沫，金融市场的资金也并未脱实向虚，始终支持着实体经济的发展和转型。

第五节 德国的创新之路对中国的启示

德国的社会价值理念和一些社会运行机制在发达国家中与中国最为相似，因此德国的创新发展历程中有诸多经验值得中国借鉴。第一，在短短几十年间，德国从非常落后的农业国家一跃成为世界制造业强国。在 20 世纪 80 年代之后，由于政策导向，德国技术进步的速度一度出现了下滑，但是随后又快速恢复，保持了全球制造业的领先地位。同样，中国在短短的改革开放 40 年中就成为世界制造业大国，目前则面临着向制造业强国的转型，面临着经济增长新旧动能的转换。中国怎样顺利转型升级、保持竞争力，是可以从德国的创新历程中获得宝贵经验的。第二，在发达国家中，德国的工业增加值占 GDP 的比重远高于美国、英国、日本，这与中国的产业结构也更加相似。德国政府和企业如何维持其在制造业技术的领先地位，也为中国制造业发展提供了很好的样板。第三，经济的发展离不开金融的支持。德国的融资体系以间接融资为主，直接融资为辅，这也与美国、英国的金融市场有巨大差异，但是与我国的金融市场的特征和状况是基本一致的。因此，德国如何通过金融发展促进企业创新，也是值得中国学习之处。第四，与西方很多发达国家不同，德国主流精英群体和知识分子强调对自由市场经济的约束，十分警惕自由市场对经济的冲击，这一点从德国对于房价、金融市场的控制也可以窥见一斑。同时，德国的民众也比较崇尚社会秩序，自愿接受各种各样的社会经济政治的制度安排，这与我国的文化氛围和社会氛围也是十分相似的。为此，本书从以下五个方面，梳理德国的创新历程对中国的借鉴意义。

一、教育为先，创新为本

教育为先、创新为本是德国获得成功的关键。一方面，德国自 19 世纪初期以来就十分重视教育，开创了现代大学制度，是世界上培养科学家和获得诺贝尔奖最多的国家之一。同时，德国的双元制教育也独具特色，为德国培育了大量的专业技术人员，提供了高质量的劳动力，有助于产品质量的提高和工艺的进步。德国教育为先的战略使得科技人才和技术人才层出不穷，为德国工业、企业、高校的创新和研发活动提供了源源不断的支持。另一方面，创新是德国在制造业始终保持全球领先地位的根本，无论是工业革命时期通过引进技术、引进人才、创造发明快速推动工业的发展，还是在第二次世界大战之后通过占 GDP 接近 3%的研发投入不断提高企业的产品质量和生产技术，创新、创造是不断强化制造业的核心竞争力的根本。

在科研投入方面，虽然中国的研发支出逐年增加，2018年全国的研发支出占GDP比重大约2.2%，但是与德国接近3%的比重相比还存在较大差距。而且研发投入不平衡的现象十分突出。上海、广东、北京等地区的研发投入占GDP比重已经超过3%，但全国绝大部分区域的研发投入比重都不足2%，有些地区甚至不到1%，仍有较大的提升空间。在人才培养方面，中国的中高等教育培育了大量的人才，但是对于促进创新而言还存在一些较突出的问题。第一，中国高校的数量众多，但是培养的顶尖科学家人数较少，在科学和科技领域的创新人才不足。第二，教育和产业之间没有紧密联系，学校和科研机构的成果向实业界的转化很少，也缺少校企之间的创新合作，科研和应用脱节现象比较严重。第三，综合类大学较多，但是专业技术类高等学校不足，使得高技能的专业人员不足。中国未来的创新之路也需要以教育为先，创新为本，进一步提高研发支出占GDP中的比重。政府也需要借鉴德国，大力发展双元制教育、应用技术大学，推行高校与企业和科研机构联合创新的模式，为制造业和高端服务业培养和输送大量的专业人才。

二、积极的创新扶持政策和前瞻性的产业政策

有关西方国家政府与市场关系的认识，一些观点认为在发达国家市场的力量占主导，政府的干预非常少。但事实上，从德国的发展历程来看，至少在创新上，政府的干预是十分积极和频繁的。无论是从政府对于科研的投入、对中小企业的扶持来看，还是从层出不穷的各种国家和地区创新战略来看，都可以发现，德国政府不断引导技术进步的方向，在激励企业、高校和科研机构创新上不遗余力。特别是近年来，德国密集出台各种产业创新集群政策、中小企业创新计划、工业4.0计划等，这些都将对未来德国的技术进步、产业布局产生非常积极的引导作用。

因此，我国政府也应该在产业政策和创新扶持政策上进行前瞻性布局。第一，瞄准未来产业发展的方向，结合中国的比较优势，选择未来在中国可能具有国际领先地位的产业进行重点扶持和投资。第二，出台各层次的创新扶持计划。创新扶持政策应涵盖产业、高校、企业、科研机构、人才，全方位地为创新提供激励机制。第三，打造高标准的创新评估体系，对政策的实施效果、项目的完成情况等进行科学、全面、全球领先的高标准评估，实时地、动态地调整创新政策，将产业政策和创新政策的效果发挥到最大。第四，打造产业创新集群，通过产业集群提高创新效率，降低创新转化和推广的成本，推动行业技术的整体发展。

三、重视中小企业的发展

中小企业是市场中最具活力的部分，是创新最活跃的组织。德国特别重视对中小企业的扶持，无论是从创新激励政策上还是从银行信贷上，都给予中小企业极大的关注、资金支持、税收优惠和信贷供给。政府还通过大量的中介机构、产业创新集群等方式为中小企业与其他企业、科研机构、高校搭建合作的桥梁，帮助中小企业研发创新，对中小企业提供全方位的帮助。这些政策使得德国的中小企业成为德国经济特别是制造业的支柱，很多企业虽然规模不大，但是在细分行业中却是"隐形冠军"。全球"隐形冠军"企业的数量为2734家，德国就有1307家。这些"隐形冠军"每1000名员工就创造了31项专利，而大公司只有6项，"隐形冠军"每项专利的申请费用大约为52.9万欧元，大公司则为271万欧元。"隐形冠军"充分发挥了中小企业机制灵活、管理高效的优势。

德国政府对于中小企业的重视十分值得我国各级政府参考。目前，很多政府在招商引资时往往只重视大型企业、重大项目，还是以GDP、固定资产投资等指标为招商引资和考核的指挥棒，不太重视引进轻资产的中小企业和民营企业。同时，各地政府在设置扶持计划时又往往对政策优惠制定很高的门槛，基本上只有大型企业或外资企业符合申请优惠的条件，中小企业即使达到门槛值，得到的资助也很少。此外，政府服务中小企业的意识也非常薄弱。这些状况导致我国很多地区的中小企业创新活力没有被充分调动和激发。从德国对中小企业的扶持经验来看，各级政府应该重视中小企业的创新研发，出台普惠性的中小企业创新激励政策，为中小企业搭建共性技术研发平台，帮助中小企业与科研机构合作。

四、维护金融体系和房地产市场稳定

德国稳定的金融体系和房地产市场也是促进创新的保障。金融系统的过度发达会导致资金脱实向虚，挤出企业的创新研发资金，而房地产价格的过高则会导致物价水平上涨，增加企业的用人成本和地租成本，不利于企业的研发创新。德国金融市场的审慎发展使金融业的利润水平并不明显高于制造业，因此大量的资本愿意留在制造业从事创新活动，而德国几十年保持低位的房地产价格不仅保证了德国物价水平的稳定，降低了企业的成本，而且也使资金不会去追逐房地产市场的利润，而是投入到实体经济中。

然而，在过去的一段时间，我国金融市场的过度扩张和房价的节节攀升使金融行业利润和房地产行业利润远远高于实体经济，导致大量资金"脱实向虚"，挤出了制造业的资金，高风险的企业创新研发活动自然也受到了抑制。中央政府意识到了这些问题的严重性，已经出台了各种方法收缩银行的表外业务，为保障"房住不炒"出台各种房地产调控政策。这些积极的政策还需要政府能够长期地、有效地执行，让企业经营者形成稳定的预期，能将资本投入到企业的研发活动中，依靠产品的创新和质量的升级获得更高的市场份额和更高的利润，而不是通过金融市场和房地产市场的投机行为获利。

五、搭建研究平台和研究中介机构

在德国的国家创新体系中，其中的中介机构是十分具有特色的。这些中介机构包括各类协会、学会和工商业联合会，它们积极为企业提供技术服务和培训支持，为企业和科研机构搭建合作平台，为政府的项目提供评估和监管，在德国创新过程中的作用不可或缺。中国的各个产业、各个地区虽然都有行业协会和工商业联合会，但是在技术创新、技术推广上发挥的作用非常有限。各级政府应该学习德国，让行业协会、工商联合会成为企业信息交流的平台、共性技术研究的平台、企业与科研机构沟通的平台、政府与企业合作的平台、劳动技能培训的平台，充分发挥这些中介机构在促进中小企业创新、高校成果转化、产业新技术推广、项目合作、政府项目评估和提高劳动力技能上的积极作用。

德国的创新体系中的四大国立研究机构也非常值得借鉴。马克斯·普朗克学会、亥姆霍兹联合会、弗劳恩霍夫协会和莱布尼茨科学联合会根据各自不同的定位，从基础研究、应用研究和大型试验设备等各个方面为企业的创新活动提供了强大的支持。这四大国立研究机构不仅帮助企业解决技术创新的难题，而且大幅降低了企业特别是中小企业的研发费用。目前，我国类似的研究平台几乎是完全缺位的。因此，中央政府和地方政府都应该联合各个层次的科研力量和技术力量，投入研发资金，构建基础性的、共性的技术平台，帮助企业进行产品研发和技术改进，降低企业的创新成本，保持企业的核心竞争力，推动整个行业的技术进步。

第五章 领先与赶超交替往复：法国的创新之路

赵仲匡 郭慧宇[①]

第一节 法国的创新发展状况

法国是一个中央集权的单一共和政体国家，全国行政结构分为中央、大区、省、市镇或市镇联合体四级，科技经费的投入与科研活动的筹办，皆由政府一致管控。法国是一个传统的科技创新大国，其科学技术发展总体水平居世界前列，特别是在航空航天、材料科学、能源等领域具有世界领先水平，先进工业、农产品加工业及服务业优势较大。然而法国同样也面临着创新困境。

一、创新指标基本情况

国内研发总支出定义为一个国家所有居民、公司、研究机构、大学和政府实验室等开展的研发总支出（包括现有支出和资本支出）。它包括由国外资助的研发，但不包括在国外进行研究的国内资金。该指标使用 2010 年作为基准年，以美元不变价格和购买力平价（purchase power parity，PPP）计算。如图 5-1 所示，从国内

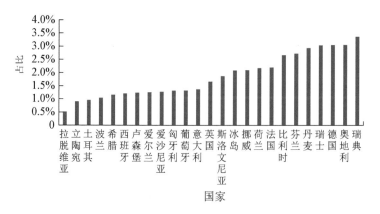

图 5-1　2017 年欧洲国家国内研发总支出占 GDP 比重

① 赵仲匡系武汉大学经济与管理学院特聘副研究员，郭慧宇系武汉大学经济与管理学院博士研究生。

研发总支出占 GDP 的比重角度来看，法国在欧洲国家处于中上游位置，在 2017 年的国内研发总支出占比达到 2.2%，虽然超过西班牙、意大利和英国这三个传统工业国家，却不及传统研发大国德国。但从国内研发支出总量角度来看，由于相较于北欧国家法国人口数量庞大，因此在总量上法国研发支出在欧洲仅次于德国与英国，位居第 3（图 5-2）。

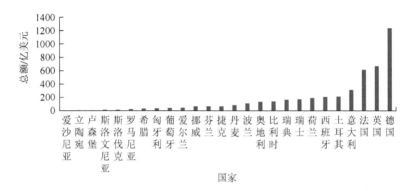

图 5-2　2017 年欧洲国家国内研发总支出总额

研究人员是从事概念或创造新知识、产品、流程、方法和系统以及相关项目管理的专业人员，该指标是根据每 1000 名就业人员中的研究人员数量来衡量的。丹麦、瑞典、芬兰、挪威、比利时在研究人员密度上位居世界前列，而法国以每千人 10.3 的密度次于他们，但高于德国、英国、意大利和西班牙（图 5-3）。

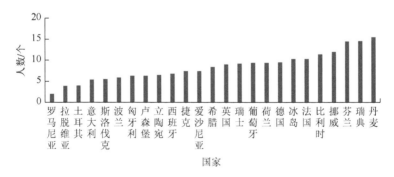

图 5-3　2017 年欧洲国家研究人员数（每千人）

专利申请数据来源于世界知识产权组织统计库，按照来源国《专利合作条约》（patent cooperation treaty，PCT）专利申请量进行统计，用来衡量创新的产出水平。从总体水平上来看，法国的创新产出水平名列前茅，在欧洲国家中仅次于德国，见图 5-4。但是考虑到创新产出与投入比的时候，法国的创新表现就稍逊一筹了。

图 5-5 衡量的是创新的产出和投入比，用专利数量与国内研发投入的比重来衡量创新效率，比例越高就代表着创新的效率越高。瑞士、芬兰、瑞典和荷兰在创新效率方面的表现尤为突出，而法国只位于第二梯队。

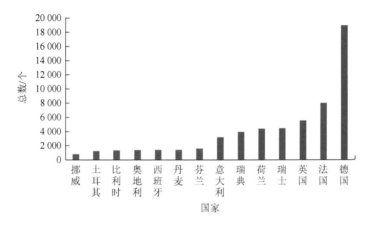

图 5-4　2017 年专利申请总数

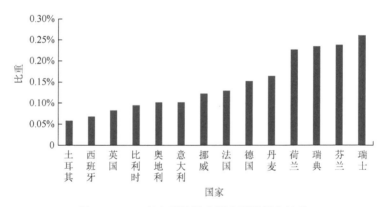

图 5-5　2017 年专利总数占国内研发投入比重

二、优势科学技术

（一）航空航天

作为欧洲最大的航空航天工业巨头，法国航空航天业的蓬勃发展引人瞩目。赛峰（SAFRAN）集团，是世界领先的航空发动机和设备制造商，旗下的透博梅卡（Turbomeca）公司是全球领先的直升机发动机制造商，斯奈克玛（SNECMA）公司是世界领先的航空航天器动力装置制造商；达索航空（Dassault Aviation）

是法国第二大飞机制造公司，世界主要军用飞机制造商之一；在发射地球同步轨道卫星领域，阿丽亚娜空间公司（Arianespace）一直保持着世界领先地位；泰雷兹集团（Thales Group）是全球领先的生产航空、防御及信息技术服务产品的电子高科技公司，旗下泰雷兹阿莱尼亚宇航公司（Thales Alenia Space）是欧洲领先的通信、防卫、导航及对地观测卫星设计与制造厂商。

截至 2017 年，根据法国航空航天工业协会发布的年度报告，法国航空航天总营业额达到 627 亿欧元。按照部门分类，系统部门的营业额占比最大，达到总销售额的 48.2%，制造业部门的营业额占到总销售额的 36.3%，发动机部门的营业额占比仅为 15.5%。在 2017 年，航空航天业的总研发金额达到 64.7 亿欧元，自筹的研发资金的占比达到历史最高点，占据研发总额的 56%，相当于总营业额的 7%；民用航空航天业务的收入份额不断上升，2017 年更达到了 78%。法国航空航天业的出口业务发展迅猛，其出口业务的营业额占比高达 85%。与法国航空航天业贸易往来最密切的是同属欧洲的其他国家，其业务占到出口总额的 30%；其次是北美地区，其业务占到出口总额的 23%。在法国，有 19 万人从事航空航天，且人数在逐年上升，劳动力大部分集中在管理阶层，占比达到 42%，而工人阶层和技术人员的占比均为 29%。

（二）能源

法国化石能源储存量仅占世界总储存量的 0.02%。考虑到本国自然能源资源的匮乏，法国将核能开发置于能源发展的核心，并以提高能源自给率为目标。自 20 世纪 70 年代以来，法国在核能领域取得长足进展，核能发电已占全国电力供应的 75% 以上，使法国成为世界上核能发电比例最高的国家之一。为了优化能源结构，与全球气候变迁和能源转型的主张相呼应，法国开始逐步减少对核电的依赖。2015 年，时任法国总统奥朗德颁布了《绿色增长能源转型法案》，提出到 2025 年将核电占法国能源结构的比重从超 70% 降至 50%，同时，扩大可再生能源占比，到 2020 年提升至 23%，到 2030 年提升至 32%。法国官方数据显示，截至 2017 年，水能、风能、太阳能、生物质能发电在法国电力结构中的占比分别为 10.1%、4.5%、1.7%、1.7%。

法国以其强大的技术实力在可再生能源的发展和创新方面表现出色，可再生能源已成为推动法国、欧洲乃至全球能源转型的重要动力。法国传统企业道达尔除继续深耕油气产业链外，也将新能源的研发视为其未来主要发展方向之一，主要致力于光伏发电和生物燃料两方面。道达尔进入光伏发电领域已有 30 多年的历史，但其最大的动作应为 2011 年买入美国 SunPower 公司 66% 股份一事，自此，

SunPower 成为道达尔光伏发电产业战略的核心力量。SunPower 在亚洲的菲律宾和马来西亚、美洲的墨西哥和美国、欧洲的法国等地均有业务。道达尔成为SunPower 控股股东后，光伏发电业务获得了迅猛发展。仅 2013 年，道达尔就启动了智利最大的太阳能发电项目 Salvador 光伏发电项目；与另两家公司（Masdar和 Abengoa 太阳能公司）共同开始运行全球最大的太阳能发电厂——阿联酋的Shams1 项目，同时还参与竞标南非太阳能项目。道达尔还将光伏产业与其现有业务相结合，在其欧洲和非洲的新加油站屋顶全部采用太阳能光伏材料，根据不同的地理位置，每年可发电 35 兆～50 兆瓦时。

法国沿海丰富的风力资源促进了海上风电项目的发展，该项目已成为法国能源转型的重点方向之一。根据"法国 2030"投资计划，法国未来将投入 3 亿欧元专项基金用于发展漂浮式海上发电。法国企业欧风（Eolfi）能源是近年来最被看好的法国再生能源公司之一，2016 年欧风决定在地中海及法国西海岸设立 7 个示范风场，还吸引了法国国家信托局、投资基金，甚至中国广核集团有限公司也参与投资，共同支持其位于法国西海岸的示范风场项目，该项目造价为 2 亿欧元。

（三）材料科学

材料科学是法国航空航天、民用核能、交通运输等多个领先领域的支柱。法国国家科研中心与法国原子能委员会等研究机构 20 世纪 70 年代就在纳米科技领域取得了卓越的研究成果。法国在纳米技术领域的优势主要得益于在微电子技术方面的杰出成就。2010 年初，法国总理聘请了 20 名来自科学、技术和产业领域的专家，重新组成理事会，并将纳米技术列入了六大科技发展领域之中。在纳米材料领域法国地位领先，主要采取自由发展的松散式管理。

法国设有一系列从事纳米技术研究的"卓越中心"，共同形成了"纳米技术中心网络"，为相关领域的研发提供了较为完善的基础平台。纳米技术中心网络主要包括以下设施：法国投资最大的产业研究中心——法国原子能委员会的电子信息技术研究所，整合了 6 家学术机构、18 家研究所和 28 家大型企业，致力于微纳米技术创新、科研与应用的一体化进程；国家科研中心下属的研究机构——国家系统分析与系统结构实验室，联合了图卢兹第三大学、国立图卢兹应用科学学院和图卢兹理工学院；位于巴黎附近马库锡的光电及纳米结构实验室，同样是法国国家科研中心的研究机构；位于奥赛的基础电子研究所，主要从事电子、光电及纳米技术研究；还有位于里尔的电子、微电子及纳米技术研究所。截至 2017 年，法国国家级纳米技术标准数量为 10，位居世界第 5；EPO 中纳米专利申请总数 8884 项，位居世界第 4。

第二节　法国创新发展史

一、工业革命前：近代科学研究萌芽

法国地处欧洲大陆的西部。罗马时期，四分五裂的高卢民族首次被纳入一个统一的管理体制之中，高卢地区也由原始社会向奴隶制社会转变，这些罗马化的人构成了法兰西民族的基础。罗马文明带来的世俗英雄主义和对"个体权利"的维护精神以及罗马崇尚自然法、私有产权以及合同精神都在后来的法国人身上得到了完整的体现。公元 486 年，法兰克人（日耳曼人的一支）进军高卢，建立了法兰克王国，日耳曼蛮族文明与已有文明的融合是法兰西民族形成的又一关键阶段。公元843年，法兰克王国分裂为西、中、东三块，西法兰克王国开始被称为法兰西，此后，法国历史先后经历了卡佩王朝、瓦卢瓦王朝、波旁王朝等多个朝代。

在大革命之前，法国一直处在王权与神权的二元统治之下。但是从 11 世纪的城市公社运动开始，法兰西人民的个人意识开始逐步觉醒。历经文艺复兴、宗教改革、启蒙运动和法国大革命四次运动后，自然权利和社会契约的思想逐步成形并最终完成实践。宪政和法制的观念深入人心，革命时代的口号"无宪法，毋宁死"充分体现了当时法国人民对宪法和法制的狂热。随着资本主义和人文主义的生根发芽，处在二元统治下的法国人民开始更多地关注世俗世界和个人价值的实现，这有力地促进了近代科学研究。在中世纪后期和近代时期，法国历经了一个群星璀璨的时代，涌现出了一大批杰出的数学家、科学家和哲学家。这些大师级的人物深刻地影响了法国历史。例如，卢梭的社会契约思想，改变了人民对国家的认识，孟德斯鸠的三权分立思想则深刻影响了当代政治。工业革命前的法国毫无疑问是近代科学研究的前沿阵地，我们认为以下三点促成了法国近代科学研究的繁荣以及第一次工业革命的成功。

（一）高等教育的兴起为知识的积累提供了土壤

11 世纪开始，法国开始出现中世纪大学，这些大学的出现为知识的积累提供了肥沃的土壤，培育了大批优秀的科学家、哲学家、文学家。中世纪大学主要由两部分学校发展而来，一部分是教会设立的教会学校，另一部分是在城市公社运动中建立的"城市学校"。教会学校虽然由教会建立并设有神学院，但是神学研究只占其研究很小的一部分。以罗马教廷的"大女儿"巴黎大学为例，其作为欧洲神学的研究中心，却将宗教神学课程严格限制在神学院之内，神学的地位很高但规模却很小。而城市学校主要有三类，第一类是为工商业者上层市民设立的学校，主要目的是提升文化素质，如语言学校和文法学校；第二类是为手工业者设立的行会学校，这种学校就是当时的职业技术学校；第三类学校是针对下层市民的，主要教授基础知识和技能，包含读写算等。

13 世纪至 15 世纪是法国大学迅猛发展的时期，各地纷纷效仿巴黎大学，在教会学校、城市学校的基础之上建立大学，比较著名的有图卢兹大学（1229 年）、蒙彼利埃大学（1289 年）、普瓦捷大学（1431 年）等。15 世纪以后，由于教会加强对大学的控制，并以经院哲学和神学为大学的核心，大学开始逐步走向封闭落后，不适应先进思想和科学的发展。因此，从文艺复兴开始，为摆脱教会对高等教育的控制，国家、贵族和学术团体开始建立和资助一些新型的教育和研究机构，如法兰西公学院（1530 年）、法兰西文学院（1663 年）以及在梅森沙龙基础上建立的法兰西科学院（1666 年），有些久负盛名的机构至今仍然存在。上述教育和学术机构为法国培养了大批的杰出人才并完成了大量的知识积累，如毕业于普瓦捷大学的笛卡儿，14 岁就进入梅森沙龙学习的帕斯卡，毕业于巴黎大学的拉瓦锡等。进入 18 世纪之后，资本主义经济的进一步发展催生了高等教育专科学校，如炮兵学校（1720 年）、国立路桥学校（1747 年）和国立巴黎高等矿业学院（1783 年）。在大革命前，法国资本主义经济的发展需要更多具备良好文化素质、掌握新科学知识的高级人才，法国高等教育的变革基本是顺应这个潮流的，但需要看到的是，这些教育仍属于贵族教育和精英教育的范畴。

1789 年法国大革命后，民主化、科学和技术成为新的高等教育体系构建的核心要素。旧的传统大学不再适应这些要求，被全部改造为综合理工学校，主要负责培养技术人才，原有的高等专科学校改革并建立了以自然历史博物馆为代表的研究机构，负责学术研究。上述体系构成了法国近代高等教育体制的雏形。拿破仑上台以后，对高等教育实施垄断，建立帝国大学统一管理和监督全国的公共教育，并增加高等专科学校的数量。这个时期法国高等教育呈现出过于功利、注重实用的特点，很多人才实际上是在为拿破仑的军事行动服务。例如，曾在巴黎综合工科大学任助教的傅里叶就曾随拿破仑远征埃及。这个时期的法国高等教育由精英教育向公共教育转变。

总体而言，法国的高等教育一直在不断变革以顺应时代的发展，同时，不论是王权政府（主要是路易十四）还是后来的民主政府，以及拿破仑政府都对高等教育予以大力支持。高等教育对于科学研究与创新的促进作用是十分显著的，它们为法国源源不断地输送人才。高等教育机构为人才的培育提供了场所，很多大师在这里学习交流，知识在这里得到积累和传承。尤其是对于前沿研究而言，在当时通信不发达的情况下，高等教育机构为这些研究提供了交流和传承的场所，从而避免了它们被埋没在历史的长河里。同时，这些机构还十分注重吸纳人才并给予他们足够的尊重：法兰西科学院的两位元老惠更斯和卡西尼，都不是法国人，而是用重金聘请来的；而居住在德意志的莱布尼茨也是科学院的通讯院士；出身底层人士的达朗贝尔和拉普拉斯，则凭借优异的学术成就跻身科学院，成为贵族。这些优秀的大师，加之完善的教育研究机构，来自政府的大力支持，以及大革命后建立的先进制度，使得法国近代科学研究呈现一派欣欣向荣的局面，专科学校的迅速发展则为工业革命输送了大量的技术人才。

（二）启蒙运动带来的科学革命和法治社会的建立

大革命前的法国是一个君主政体的国家，王权和教会推行蒙昧主义，人民思想受到封建专制和天主教会的控制，对自然科学和世俗的研究也都受到教会的限制。但是法国人民很早就开始了争取自身权利的斗争，这种斗争以 11 世纪至13 世纪的城市自治运动为起点，在 1789 年的大革命中达到高潮。文艺复兴为法国带来了人文主义，法国宗教战争则为法国带来了欧洲首个宗教宽容政策，有力地打击了教会在法国的统治，动摇了天主教会对人民思想的控制。终于，启蒙运动如期而至，这次思想启蒙运动对专制统治和教会的思想束缚发起了猛烈进攻，在法国乃至世界范围内都产生了深远的影响。

这次启蒙运动从两个方面重新塑造了法国的科研与创新活动。一是由启蒙主义科学观催生的以实验科学思想为核心的科学革命，这种思想主导了 18 世纪下半叶法国科学家对声、光、电、热的研究。对科学研究影响最大的著作当属狄德罗的《对自然的解释》，该著作的主旨在于阐述实验对于科学的重要性，其在书中明确提出了在数学物理思想上更进一步的实验物理学思想——"实验物理学一般地研究存在、性质"。他还给出了未来科学发展的蓝图，认为现有的抽象的数学研究会被具体的实验研究所替代。在短短的几十年时间内，他的这种思想就受到了主流科学界的认同，实验科学在法国方兴未艾，与原有的数学物理研究方法相融合成为数字化的实验科学方法。在实验科学思想的指导下，法国涌现出了一大批杰出的科学家，如化学之父拉瓦锡、物理学家库仑、数理科学家拉普拉斯等，法国也成为当时的世界科学研究中心。除此之外，启蒙主义科学观也对法国的科技政策产生了深远影响。在大革命时期科技政策制定中发挥决定作用的，如孔多塞和拉普拉斯这些学者，他们是实验科学思想的坚定支持者。前文提到的大革命时期的教育改革，就深刻体现了实验科学观的影响。首先，在新建立的巴黎综合理工学院中，16～20 岁青年考取大学的课程被设置为代数、几何、三角和物理学；其次，科学家开始被任命为大学教授，这属于世界首创；最后，大学的教育将数学和实验教学紧密结合在一起。这所学校是法国科学家和工程师的摇篮，也为世界提供了一个近代工科教育的模板。

　　二是启蒙运动为法国社会建立了一种规则意识，推进了法治的建设。现代西方社会强调的创新所需要的对冲突和不同意见的容忍（表现为议会政治）、对竞争的要求（表现为市场经济），这两项都需要人们具备清晰明确的规则意识，而整个社会最普遍的规则是法律。启蒙运动时代的思想家都强调要以法制取代专制，建立契约社会、法治社会，他们反对"朕即国家"，向民众宣扬"法律面前人人平等"，将规则意识，或者说法治意识烙入人民心中。大革命后，法治的观念已经深入人心，"无宪法，毋宁死"的口号在人民群众中口口相传。当然，法治并不只停留在意识的层面，法国的法治建设在大革命后迎来高潮，《人权宣言》和1791年宪法确立了"天赋人权""主权在民""三权分立"等重要原则，之后在拿破仑统治时期，法国制定了五部重要法典，包括《民法典》《商法典》《刑法典》《民事诉讼法典》《刑事诉讼法典》，再加上宪法，构成了法国完整的"六法"体系。其中《民法典》又称《拿破仑法典》，是资本主义国家最早的一部民法典，也是西方国家的立法典范。该典范确认了人民财产所有权的原则；明确了新的土地关系，激发了农民的生产积极性；确立了契约自由原则和法律面前人人平等的原则。而《商法典》则以法律来保障资本主义工商业的发展。完整的法律体系保证了资本主义的发展，拿破仑时期的经济政策也与立法思想不谋而合，主要包含以下三点：大力扶植工商业的发展，积极发展对外贸易和努力提高农业生产。法治的发展与经济政策的支持为工业革命提供了物质技术前提，产权明晰使交易费用降低，市场范围扩大，带来分工的深化，促进了创新。

（三）地处欧洲大陆中心，多元性、异质性的碰撞

　　创新在很多时候来源于灵感的一闪而过，或者说需要一些脑洞大开。陈方正教授在《继承与叛逆》中探讨西方科学出现在西方的基本原因时，认为多元性、异质性、断裂性对于创新而言至关重要。按照肖知兴教授的观点，创新可以分为渐进式创新、建构式创新和激进式创新三类，渐进式创新往往是在已有基础上的改进，创新幅度一般较小，激进式创新则往往可遇不可求；介于渐进式创新与激进式创新之间的建构式创新是比较具有可操作性的。具体而言，建构式创新的本质是不同的概念、不同的功能、不同的东西之间的连接，这就要求一个具有多元性、异质性的环境，法国恰好具备这样的环境。

　　法国的文化本身就具有十足的多元性。罗马时期的法国实现了罗马化，首次被纳入一个统一的管理体制之中，法国也由原始社会转变为奴隶制社会，罗马文明带来的世俗英雄主义和对"个体权利"的维护精神以及罗马崇尚自然法、私有产权以及合同精神都在后来的法国人身上得到了完整的体现。基督教和日耳曼蛮

族文明是罗马时期出现的非罗马化现象，这两种元素和古典文明有时又相互矛盾。基督教连接着政权和普通民众，起着纽带的作用，其宗教文明在中世纪早期迈入神学宗教时期，并于中世纪中期达到顶峰。从本质上来说，基督教是神权与王权进行精神统治的一种理论工具，也是封建生产关系和政治制度所需要的思想体系。在这一时期，基督教这一神学体系混合了理性与非理性、认识与信仰，它在客观上又为科学思想的出现和个体意识的形成开辟了道路，在塑造法国人的灵魂个人主义及其民族精神——人道主义方面，也产生了潜移默化的影响。日耳曼蛮族文明除了给法国人带来更为自由的民族精神和对个人独立的强烈情感以外，还为当时的法国带来了新的生产方式——具有人身依附关系的个体小生产，这种生产方式推动法国诞生封建制度。高卢土著的文化因子也是不容忽视的，正是有了这些世俗、豪放、乐观、不拘小节等文化禀赋，法兰西文化才会有别于同样受古罗马、日耳曼和基督教因素影响的西欧其他文明。然而这几大因素在法国各个地区所占有的百分比是不同的，并且这些比例也随着历史的前进而不断变化。这些古代文明在近代历史中起到的作用比一般认为的更加持久和深远，因此在时间和空间上法兰西文明具有显著的多元性和异质性，空间法国和时间法国构成了法兰西文明的多面体与统一体。

在空间上，多元性来源最明显的就是南北之差，南部法国和北部法国分别构成了既相并列又相补充的两个对立世界。这种南北对立的格局早在高卢时期已经奠立。在法兰克王国建立前，不同时期北方和南方都曾先后做过法国的政治、经济、文化中心。在法兰克王国建立后，政治、经济、文化中心逐步转移到了北方。到了封建制时期，北方封建主义发展较为迅速，南方发展相对迟缓。究其原因，封建制的发展不均衡不仅仅是土地的使用区别，还包括地区、习俗和文化在其中所起的作用。于家庭单位而言，北方的小家庭小生产的方式虽具有脆弱性却有开放性，本质上较少依附于传统大家族，因而较易接受变革，有利于生产力的解放。城市与乡村对立又构成了法国另一种历史地理的多元性。在特定的历史条件下和复杂的社会环境中，乡村，尤其是外省乡村长期隶属于封建贵族，它们既代表着分裂与离心的倾向，同时又具有保守主义的特征。而城市，自 11 世纪至 13 世纪城市公社自治运动后，逐渐成为资产阶级的地盘，而巴黎更成了王权与国家的象征。它们除代表着集中与统一的倾向外，还代表着理性的、抽象的精神文明倾向。由于它们与社会生产力的发展和新的生活方式相伴随，标新立异乃是这种文明潮流的重要标志。

在时间上，法兰西民族的多元性在法国制度发展史上面也有明显的显现，在社会制度和政治生活中，就曾出现了君主的、神学的、贵族的、民主的与个人的多重因素并存的封建制度、教会势力和城市公社三足鼎立的局面。法国不仅是欧洲封建文明的故乡，而且成为近代法国与欧洲资产阶级政权观念的先导。

因此，法兰西民族复杂的文化背景和意识形态、多层次的地域差异、混杂的政治制度提供了足够的多元性与异质性，对于法国的创新是大有裨益的。

二、两次工业革命：崛起与落寞

（一）第一次工业革命：崛起

18 世纪末到 19 世纪初的法国资产阶级革命，使法国一举成为世界政治的中心，长期受到封建思想禁锢的科学思想在启蒙运动中迸发出来，自由的科学探索拥有了宽松的环境，先进的市场意识大行其道，从而为工业技术的发明和工业化发展创造了有利条件，并且依靠国家政治法国还实现了世界性财富的积聚，因此第一次工业革命之后，法国在科学技术水平就追上了英国，成为第二个完成第一次工业革命的国家，并在当时成为第二大工业强国，一直保持到第一次工业革命结束。然而，在第二次工业革命开始，法国的经济增速开始放缓，在第二次工业革命结束后被美国和德国超过。

按照时间顺序，法国在第一次工业革命时期取得创新成果的主要原因可以总结为以下几点。首先，从思想层面来看，启蒙运动是法国大革命的火种，启蒙运动思想的核心内容是以科学的理性代替宗教的狂热和政治拼杀的革命。而启蒙运动对法国大革命的影响又和法兰西民族特性有关。从生产资料——土地角度来看，第一次工业革命正值法国资产阶级革命胜利时期，1789～1792 年法国传统社会结构得到了根本的改造，等级特权被取消，资产阶级开始执掌政权。特别注意的是在 1789 年 12 月，制宪议会开始发行以从教会手中收回的国有地产为担保的"指券"（一种国库债券），用来缓解国家财务困境。但这些土地最终被有序地转移到了资产者手中，土地为资产者日后建立工厂从事生产，以及工业发明的发展提供了基础。

其次，从法律层面来看，虽然 1804 年拿破仑在法国恢复了君主制，但是法国资产阶级的权力并没有被侵蚀，相反政府颁布了《拿破仑法典》。《拿破仑法典》的重要内容是用法律的形式巩固自耕农对土地、业主对企业的所有财产权，从而创立了资本主义的"私有财产不可侵犯"的法理原则并维护了资本主义私有制与资产阶级的经济利益。该法典体现了发展工商业的思想，旨在全面地解决经济立法问题，继承了罗马法、日耳曼法的优良传统，开启了大陆法系的先河。法国更是世界上最早建立专利制度的国家之一，早在 1791 年颁布了第一部《专利法》。从支持创新的角度来说，这两部法典在制度上保护了法国人的创新成果不被他人侵犯，保证了资产阶级的创新收益不被抢夺。虽然在此后政权跌宕，但是工业革命并没有停下脚步。资产阶级在大革命期间通过土地购买获得巨大财富，在革命后成为工厂主、金融家。政府颁布的以土地税为基础的选举制度使资产阶级在社会上占据了压倒性的优势，代替贵族掌握了法国的实际权力。从劳动力角度看，法国的工人数量不断增加，到了1840年，产业工人达到130万人，积累了一定数量的人力资本。从专利角度看，1834年各种工业发明专利不到600项，而到了1847年上升到了2000项，创新成果层出不穷，为工业发展提供了新的动力。

最后，从国家政策层面来看，到了第二帝国时期（1852～1870年），拿破仑三世在经济政策上采取的是经济自由主义加上国家总体调节的手段。在以稳定的政局为前提条件下，政府得以充分发挥国家集中调控的作用，对煤、铁、机械制造等工业以及运输行业实行减税政策以刺激经济发展。当时政府施行贸易开放政策，分别于1855年和1867年在巴黎举办世界博览会，除展示法国的工业实力之外，更重要的是学习外国先进的技术，进一步提高国内的创新水平和科研实力；法国还和欧洲绝大多数国家签订了贸易自由协定，取消高额关税，虽然这一政策遭到了某些工业部门的反对，但从长远创新的角度来看，这项政策增加了法国国内市场的竞争，倒逼法国国内企业进行研发并生产差异化的产品。与此同时，从金融业发展的角度看，政府对功能单调、数量有限、分布不均的旧银行进行结构性调整，使得金融行业在此期间得到了全面的发展。大银行在全国各地开设分行，中小银行迎来"井喷式"发展，政府特许新式信贷银行成立。金融机构的大量增加以及银行体系的逐渐完善对于法国工业革命的进展起到的作用不能被低估，它使得社会上闲散的资金得以汇集，农业技术的创新、城市基础设施的改建、交通网络的建设等有了可靠的资金周转。

总体来说，法国开始第一次工业革命的时间晚于英国甚至是西欧其他国家，但是法国在工业革命前期逐步地解放思想，通过实施私有化的土地政策，颁布维护资产阶级利益的法典，增加工人阶级的数量，采取强有力的政策和完善金融机构的发展来发挥后发优势，成为第二个完成工业革命的国家。这一时期法国的创新主要集中在优秀科学家在技术层面的发明创造。在第一次工业革命初始阶段，英国的创造者和发明家并不是受过高等教育的科学家，而是一些有经验的工匠，然而随着知识的复杂程度增加和知识的来源更加多元，教育在创新中所占到的比重越来越大，而法国当时的国民基础教育和科技高等教育相对于英国更发达，因此也解释了为什么在后期法国工业革命会迅速发展。

（二）第二次工业革命：难掩落寞

然而到了第二次工业革命，法国并没有跟上时代的潮流，而是被美国和德国甩在后面。从1870年爆发的为期9个月的普法战争的角度来看，法国创新由盛转衰的主要原因有如下几点。第一，在资金方面，第一次工业革命期间，法国依靠国家政治和暴力的殖民统治，获取大量的原始资本积累。由于创新的产生需要大量的资金来购买原材料、购置机器和建造厂房，所以在第一次工业革命期间，法国的资本足以支持其创新的蓬勃发展。然而，在法国境内发生的"普法战争"使法国的国民经济受到了极大的破坏。大量的资金外流，再加上巨额的战后赔款使得法国在科学研究上的资金极度缺乏。

第二，在资源方面，第一次工业革命期间，阿尔萨斯和洛林省属于法国并有着丰富且集中的煤炭资源，法国在两省内建立了大型的煤矿产业区和钢材产业区。两省全年生产的电量高达460亿千瓦时，生产的煤炭占到全国的1/4。然而，在法国和德国签署的《法兰克福条约》中，阿尔萨斯（贝尔福地区除外）和洛林东部包括梅斯要塞被割让给德国，造成了在第二次工业革命中法国钢材严重缺乏。而在"电气时代"，电气工业的发展和创新需要更优质性能的动力机械，这些大型机械以钢材为原材料并且需要大量的电力支持。

第三，在产业结构方面，第一次工业革命期间，轻纺工业蓬勃发展，而法国的大多数工业企业是中小型企业。法国许多企业都起源于18世纪的家庭企业，封闭性较强，对新技术不够敏感，与银行界联系不密切，缺乏大企业生产的规模效应，劳动生产率偏低。法国的经济结构的不合理，例如，法国奢侈品工业有悠久的传统，然而对这种昂贵商品的需求量少，因此无法规模化生产。在1896年，雇用工人少于50人的企业占总企业数的98.7%，因此在第一次革命时期能够发挥小企业最大的创新能力。然而，到了第二次工业革命，重工业取代了轻纺工业。由于重工业需要大规模的生产，法国当时的产业结构并不能支持重工业发展，因此产业结构进一步阻碍了法国在第二次工业革命中的创新。

除了普法战争以外，从法国资本市场表现来看，法国阶级和党派的斗争无疑给法国国内投资带来了较为明显的负面影响。第一，巴黎公社运动造成了资产阶级恐慌。1871年爆发的巴黎公社运动建立了人类历史上第一个无产阶级政权，虽然站在无产阶级的立场来说，建立无产阶级政权象征着无产阶级运动的一大胜利；但是从经济发展规律的角度客观来说，巴黎公社运动造成了显著的负面影响。在公社运动期间，资产阶级的财产被没收，企业管理权也交由工人把管。虽然巴黎公社运动仅仅两个月就宣告破产，但其诞生于法国巴黎，又作为全国性政权而存在，因而很有可能会被法国其他城市效仿。资产阶级担心巴黎公社运动重演，对投资工业办实业顾虑重重，因此法国资本家为了保护财产不受到侵占，决定将资产转移至海外。而对外投资多为以短期债券为主的间接投资，资产阶级不用实际上经营企业，只需到期领取利息，从而造就了无所用心的逐利阶层，助长了资产阶级的奢侈享乐之风。而工人阶层由于普法战争和巴黎公社的失败，参与社会事务和国家基础建设的高昂热情消失了。在巴黎公社失败后的一段时间内，无产阶级消沉，资产阶级奢靡，社会普遍存在着沮丧情绪。丧失了积极性和创造性的人民，无法推动经济的发展。

第二，法国金融业极度发达，金融资产阶级广泛参与法国的政治领域，导致经济结构改革难以推行。19 世纪末 20 世纪初美国证券市场的高额收益率刺激着法国资本大量投资于美国市场，而对国内投资进行尽可能的压缩。国内投资不足严重限制了法国工业水平的发展。在 1908 年，法国国内投资额为 95 亿法郎，而仅用来购买国外有价债券的资产高达 380 亿法郎，是当时世界上第二大资本输出国，这致使法国在工业产业方面的创新能力持续下降。在法国，这些资产阶级更热衷于政治投机，而其他社会群体也对政治十分敏感。因此法国相较于发展经济建设更加倾向于巩固政权，制定一系列有利于政权稳定的政策维护旧时的经济结构，反对经济改革。直到 1914 年第一次世界大战爆发前，法国以往的经济结构也并未发生根本的变化，传统的高档消费品生产和农业生产依旧占据着较高的比例，工业中占据主要地位的依旧是小生产者和小企业。这种经济结构严重制约了法国工业生产的现代化和技术的革新。

从法国文化角度来看，法国在这段时期经历了"文化革命"。出现"文化革命"最重要的原因是，当时的法国物质生产虽然在飞速进步，但是社会问题没有减少，而且矛盾积累呈上升趋势，这就与启蒙运动以来宣扬的社会进步南辕北辙，因而使社会部分人脱离理性的信仰，转而从非理性的角度去认识这个进步的世界。工人阶级走向了理想的幻灭，而资产阶级内部也出现了剧烈的分裂，在复杂的文化浪潮中，资产阶级受到以颓废为特点的"象征主义"影响最大，使得科学主义在新文化浪潮冲击下变得脆弱不堪。

虽然从客观因素和主观因素分析了法国作为一个整体在第二次工业革命这场科学竞赛中没有取得领先地位的原因，但是不可否认的是法国还是以追随者的角度参与了第二次工业革命的科技创新。另外，法国也在一些领域取得了巨大创新成果，尤其是在基础研究创新领域，法国重视高等人才的培养和理论科学的研究，在当时出现了很多具有多方面才能的科学家。例如，亨利·庞加莱不仅是因微积分和拓扑学闻名遐迩的数学家，也是一个卓越的物理学家；玛丽·居里，即居里夫人，先后获得了诺贝尔物理学奖和化学奖。

在先进科学技术创新方面，法国人虽然没有主导创新，却将国外创新的成果在本国中进行快速的运用。在 1866 年德国人西门子发明发电机后，法国就在 1878 年建成第一座水力发电站；1880 年，美国科学家改进电灯泡，20 年后巴黎开始使用电灯照明，到第一次世界大战前，法国各大城市都用上了电灯。

但是法国的科学发展的辉煌成就不能掩盖其不均衡的发展事实。在 19 世纪末到 20 世纪初，从全球范围来看，人类处在一个科技发展变革的时代，科学的组织形式正在发生翻天覆地的变化：在第二次工业革命中领先的德国和美国都建立了紧密联系工业的实验室，面对科研难题时，组织工程师和科学家进行有目的的集体攻关；然而，法国的科学家大多还按照传统模式，将生产和实践脱钩，科学与技术脱钩，没有完成从世界科学中心向世界技术中心和世界产业中心的转移。除此之外，科学家的身份认知也在全球范围内迅速地发生变化：美国和德国杰出科学家如西门子、爱迪生等都不将自己看作一个单纯的科学家，而是集科学家、工程师和企业家于一体，迅速地将科研成果转化为具有商业价值的产品；与此同时，以居里夫人为首的法国科学家则坚持走科学家到哲学家或者是科学家到政治家的道路，不以商业为目的科研，甚至不主张申请专利以免妨碍各国对其技术进行利用。在这种相对较弱的竞争冒险意识的主导下，富有冒险意识的科学家只能带着先进的生产技术和资金走出法国。虽然法国这种有着传统思想的、无私奉献的科学家精神令人感动，但是缺乏对本国创新的保护以及创新成果的有效转换使得法国在 20 世纪中期彻底失去了科技大国的地位。

法国科学教育的缓慢发展也是制约法国创新的重要因素之一。相较于美国和德国，法国的义务教育普及缓慢。19 世纪法国的教育体系呈现一种泾渭分明的双轨制特点。一轨是面向家境贫困学生的基础教育，从幼儿园到小学再到职业学校，他们受到的教育是最基本的知识技能，进入劳动市场后成为新一代的体力劳动者；另一轨是面向富有家族子女的精英教育，而这种教育的象征意义大于实际意义，富有阶层把教育当作社会身份的体现，学生大多选择的是文学、历史和哲学有关的学科。这种严格禁止教育资源流通的教育体制使法国的科学和技术滞后于经济的发展。这种培养模式无法满足经济发展所需的大量高科技创新人才的需求。

三、两次世界大战：严重破坏

第一次世界大战使法国经济受到了沉重的打击，首先，空前激烈的世界大战使法国损失了大量人口。统计数据显示战时法国军人死亡 131.5 万、伤残超过 280 万，使得当时法国的劳动力急剧下降。其次，法国 10%的领土被德国军队所占领，而被控制的是法国东北部最为重要的工业基地和粮食产地，在这种情况下，政府不得不承担大量的与社会服务有关的职责，并对工业生产进行控制。法国政府在总体上不是依靠税收而是通过借债来维持战争，在第一次世界大战期间，政府的财政收入总额仅为 348.6 亿法郎，而借债总额却高达 1755.2 亿法郎，因此政府为了应付超额开支只能增加货币供给，结果使得通货膨胀在法国爆发，给经济活动带来更加消极的影响。最后，世界战争造成法国银行和投资者损失惨重。除了经济上的影响外，第一次世界大战给法国带来最大的损失是"心理创伤"，战争的压抑和残酷使得法国人民畏惧战争，因此到了第二次世界大战，法国彻底丧失反抗精神。

第一次世界大战之后至第二次世界大战开始之前，法国重新恢复了和平时期的正常生活，数百万的士兵回到以前的工作岗位，一些新兴的工业部门如汽车、飞机、电气、化工以及无线电工业得到显著发展。政府采取各种措施重建被破坏的地区，直接投资 1000 亿法郎来恢复或重建 8000 个企业，修建大工厂和电站。到了 20 世纪 30 年代初，基本完成了第一次世界大战的重建工作。除重建之外，国家还运用财政手段，直接干预工业经济，发挥了垄断资本主义的调节作用——加大投资规模、增加货币发行、提高对大型企业和公共事业的投资推动工业生产的发展，并使得工业结构也发生了巨大的变化，大企业的地位增强，工人向大中企业集中，法国由农业国发展成为工业国。在此期间，政府引进大量的外来工人以满足国内的生产需求，世界各地不同的民族在法国这片领土上生活、工作，补充了当时法国稀缺的劳动力，但这也为日后种族之间的矛盾埋下隐患。然而，良好发展的经济势头也被 1929 年的经济大危机所击垮，危机使得法国工业生产力下降到 1911 年的水平；第一次世界大战后高速发展的弊端也显现出来，现代化的不均衡发展，垄断巨头在经济危机期间榨取政府拨出的巨款来扩大自身的经济和政治影响力，加剧了社会阶层矛盾。

在第二次世界大战期间，法国被德国迅速占领，臣服于法西斯政权的维希政府需要给德国缴纳巨额"占领费用"，法国大量的资源和劳动力被掠夺，工业科技在第二次世界大战期间陷入泥潭，没有得到发展。法国在第二次世界大战受到的屈辱经历，为战争结束后 20 世纪 60 年代戴高乐制定自主创新的自上而下的国家计划创造了前提条件。

四、20 世纪：从创新黄金时代到失落的十年

（一）20 世纪 50 年代：经济复兴阶段

在第二次世界大战前，法国就完成了由农业国向工业国的转变，工业发展实现了由以轻纺业为主向以重工业为主的转换。在经历过第二次世界大战的浩劫之后，法国经济几乎处于崩溃的边缘，国家百废待兴。在这一阶段法国的主要目标是实现经济的复兴，政府注重对基础部门的扶持，并优先发展一批重点产业。

具体而言，划定电力、煤炭、钢铁、水泥、农业机械和交通运输等 6 个基础部门为重点发展产业，推行国有化运动，并实行国民经济计划化。与此相对应的是政府调整投资方向，实行重点产业投资优先政策，积极鼓励新技术和新产品的开发和研制。在政府资金的支持下，基础部门的技术改造进行得如火如荼，不断有新技术、新产品被开发出来。此外，为满足基础部门技术改造和设

备更新的需要，除从国外进口部分急需的大型设备外，还将国内制造业的发展重心转向重型机械，特别是电机设备、冶金设备、农机设备、运输设备和矿山设备等。在这种情况下，基础部门的生产迅速增长，尤其是新型合成材料工业迅速崛起，为整个国民经济的发展提供了所需的燃料和原材料，大大加快了经济复兴的步伐。

在上述政策以及马歇尔计划的共同作用下，法国经济在战后迅速恢复，在1948年就达到了战前1938年的水平。但是好景不长，连年的对外殖民战争以及内部政治制度的软弱性导致各种经济、社会问题不断凸显，法兰西第四共和国已是强弩之末。尽管如此，法国的基础部门在战后的十余年时间内得到了长足的发展，能源和原材料部门的崛起为经济的发展注入了一针强心剂，为之后法国创新黄金时代的到来奠定了坚实的基础。

（二）20世纪60年代至80年代初：创新的黄金时代

1958年12月，随着戴高乐当选总统，法国正式进入第五共和国时代，这一里程碑式的事件标志着法国的发展进入了历史的新纪元。戴高乐摒弃了在第四共和国时期法国对美国的依附政策，决心走独立自主发展的道路，以期找回法国昔日欧洲霸主的荣光。他意识到，国家之间在经济领域的竞争，在当时的时代背景下主要表现为工业上的竞争，而发展强大工业的关键则是科学技术和将科技实际应用的能力。因此，戴高乐带领的法国新政府开始了大刀阔斧的改革。

为了使法国重获世界性竞争地位，新政府以发展工业为首要目标，并围绕这个核心制定了一系列重大战略性技术创新计划，将有限的资金和资源集中，投放到核能、航空航天、汽车和高速轮轨铁路、石油化工、电子和电机等重点行业中，进行集成式的工业创新。在1959年之后的十余年时间内，法国政府大幅增加科研经费支出，科研经费占GDP的比例从1.3%上升至2.2%，平均每年增长15%，国家研究机构的科研人员从1.2万余人增加至4万多人。

与此相对应的是，诸如国家空间研究中心、国家海洋开发研究院、国家健康与医学研究院、国家信息与自动化研究所等一系列研究机构逐步建立起来，它们与已经建立的国家科学研究中心、国家石油研究院、国家通信研究中心、原子能委员会、国家农业研究院、国家航空航天研究院等研究机构构成了完整的国家科技创新研究体系，在法国的国家创新中起到核心作用。

这一时期是法国国家创新体系建制化和成熟的阶段，在20世纪60年代，国家的创新活动由政府主导，技术的研发与推广应用则通常由大型国有企业和上述国家科研机构共同完成，形成了政府—国家科研机构—国有企业协同科技创新的模式。进入 20 世纪 70 年代之后，私有高新科技企业（如马特拉公司）开始崛起，其创新研究和开发能力开始逐步赶上国有企业。基于此，政府重新分配并调整了用于整体研究开发的资源，开始给予私有企业一定的经费支持，国家科研机构也开始与私有企业展开合作，原有的政府—国家科研机构—国有企业协同科技创新模式扩充为政府—国家科研机构—国有企业＋私有企业的模式。

在上述政策的推动下，法国在集中创新的重点领域取得了辉煌的科学技术成就，并建立起了保持至今的世界领先优势。这个时代也是继第二次工业革命时期后法国迎来的第二个创新的黄金时代——现代科学技术在这个时期迅速发展，各种研究力量不断壮大，素质不断提高，研究成果的产出和应用不论是在速度还是在广度上都是空前的。表 5-1 展示了在这一时期法国重点领域的主要创新成果。

表 5-1　20 世纪 60 年代至 80 年代法国重点领域的主要创新成果

重点领域	主要创新成果
航空	建立了空中客车公司，凭借自身的强大创新能力，拥有制造大型飞机的主要核心技术，成为唯一能与波音公司竞争的世界航空巨头
航天	建立了完整的军民用飞机、导弹、火箭、卫星、空间科学的研究与开发、实验、应用体系。代表成果为阿丽亚娜系列火箭，自 1979 年首次发射成功以后，从 1988 年开始，在商业发射领域的市场占有率就上升到世界首位
核能	成功实现了在核能领域的技术创新，自主研制并试射了核武器，成为世界少数几个拥有核打击能力的国家之一。在民用核能领域同样处于世界领先地位，通过技术的合作、引进、消化、吸收和创新，完全掌握并拥有全套核电技术，包括反应堆和核电站的整体设计、建造和运行管理，核电站建设标准体系以及安全标准体系
高速轮轨铁路	高铁是法国又一革命性的创新。创立了 TGV 高速列车运输体系，该体系包含了整体设计思想、概念、技术、基础设施、机车和信号系统等在内的一系列创新。TGV 在技术、经济、商业等方面都取得了巨大的成功，时至今日，其依然居于世界铁路运输的前沿
农业	不仅进行了农业生产科技的创新，还进行了农业生产制度的创新，农业集约化程度和劳动生产率不断提升，实现了农业生产的机械化和现代化。法国成为世界主要农业大国，粮食产量占整个欧洲的 1/3，欧洲前 100 家农业食品工业集团中，法国占有 24 家，而世界前 100 家农业食品工业集团中，也有 7 家在法国

注：TGV，全名为 "train à grande vitesse"，法国高速铁路系统

（三）20 世纪 80 年代初至 90 年代初：科研调整与创新体系完善

20 世纪 70 年代后期，法国经济开始陷入滞胀之中，其主要原因在于政府忽视了传统部门的技术改造和现代化投资，而采取对困难企业增加补贴以维持其原有生产规模的办法。结果，传统部门结构日益老化，煤炭、钢铁、造船、机械制造业等部门开工不足，生产能力大量闲置，生产人员严重过剩，企业亏损日趋严

重。同时，科研管理体系不再适应时代的发展，弊端频现，科研人才队伍老化，创新活动由盛转衰，陷入危机之中。1981 年，法国开始进入为期 14 年的社会党执政时代，时任法国总统密特朗进行了一系列的政策改革。科学技术发展政策方面也出现了重大调整，政策基调由之前的政府全面统筹开始向政府适度统筹、放松管理的方面转变。除了在少数涉及国家核心利益的关键领域，如核能、航空和航天领域，仍坚持由政府主导外，对其他领域的科学研究采取松散式管理，鼓励其自由发展。密特朗还推行了一系列社会主义政策，如减少法定工作时间、扩大带薪假期、加强社会保障等，这些政策对法国社会产生了深刻的影响。

1981 年，为了解决经济问题，法国政府提出"振兴科技，摆脱危机"的口号，强调了科学技术在经济发展过程中起到的重要作用。紧随其后，法国国民议会于 1982 年 7 月颁布了《科研与技术发展导向与规划法》，这是法国首部关于科技发展的立法。该法的主要内容包括：明确规定科学技术在国民经济和社会发展中具有优先地位；确定了国家科研经费在 GDP 中所占比例和增长目标、科研人员的增长速度；决定成立国家科技高级理事会和科研技术部；设定了优先领域和重大科研计划；以立法形式赋予了科研人员国家公务员的法律地位并规定了其福利待遇；促进科研成果的推广应用和商业化。而后，在总结 1982 年科技法施行经验的基础上，法国在 1985 年颁布和实施了《科学研究与技术振兴法》，该法是对《科研与技术发展导向与规划法》的完善与进一步延伸，其在前法规定的科研经费增长目标的基础上进一步规定，要基于国家经济状况，合理上调科研经费的年增长率；此外还特别明确了法国未来十年科技发展的主要目标和方针；规划了科技发展的整体布局；建立了科研评价评估体系；鼓励企业进行研究和开发活动；科研与技术发展民用资金投入规划。

除了立法外，法国还推出了一系列服务于科研和创新活动的政策，通过这些政策法国进一步完善了国家创新体系，并力图通过这些政策营造一个适合科研和创新的环境。科研税收信贷政策是一项始于 1983 年的政策，旨在通过减少企业的税负，鼓励企业增加 R&D 投资，加强工业创新研发。企业用于 R&D 的投资比上年增长超过 50% 的部分可以享受税收优惠。企业可以根据自身的发展需求以及对市场前景的分析和预测，选择适合自身研究与发展的项目，而不必受到政府干预。1984~1987 年，为促使企业在科学技术发展与变革中转型升级，加大对工程师等专业技术人员的培训力度，法国推出了工程师技术培训计划，根据各地区科研机构与高等院校的学科优势，在全国范围内创建了 25 个工程师技术培训中心，培训周期为 3~4 年。每一个技术培训中心正常运转之后，后续费用由参加培训人员的所属企业共同承担。培训人员均来自产学研各界在职的高水平青年科研人员或技术人员。法国还积极地推动本国与外国的科技合作，通过广泛的国际科技和工业合作，进一步完善本国的科技体制，促进科技进步，提高科技与工业竞争能力，发展国民经济，扩大影响。在此总政策的指导下，法国政府还明文规定对外合作应遵循从上游至下游的连续性原则，从学术交流、人员培训和共同研究开始，逐步发展至技术转让、工业合作和经济合作。

此外，法国在此期间还在《科研与技术发展导向与规划法》和《科学研究与技术振兴法》的指导下建立了科研评估体系，这一体系进一步完善了法国的国家创新体系，有效提升了创新的效率。在法国的科研评估体系中起主要作用的两家机构是法国国家科学研究委员会和科研与高等教育最高评估委员会，前者主要负责评估国家科研中心的项目，而后者主要负责高校、各类研究机构和大型科技规划项目的外部评估工作。事实上，自1982年以来，法国还建立了法国国家评估委员会、法国国家科研评估委员会、法国科研与高等教育评估署三家科研评估机构，但其并未实际发挥科研评估的作用。

在这个时期，法国推出了一系列有关创新和科技发展的法律政策，进一步完善国家创新体系，同时放松政府对多数领域科研的管理和主导，增强企业和科研机构、高校之间的联系，鼓励企业进行研发和创新。然而，让人始料未及的是，法国在接下来的十年间却陷入了创新的低谷期。

（四）20世纪90年代：失落的十年

20世纪80年代末，以信息技术为核心的第三次工业革命迅猛席卷全球，美国凭借强大的经济实力、雄厚的科技积累以及完善的创新激励机制在这场浪潮中独占鳌头。日本、韩国、芬兰等发达国家也紧随其后，依托自主创新或引进吸收建立了竞争优势。但法国却在这场浪潮中失去了方向，被这些国家拉开了竞争的身位。法国在这场革命中被甩开的主要原因是其对关键的信息技术创新应用缺乏足够的认识，并未及时将其列入优先重点发展领域。雪上加霜的是，法国在此期间还削减了研究开发的经费投入，在国防领域的投入甚至下降至冷战之后的最低点。战略与决策的失误致使法国与第三次工业革命失之交臂，在缺乏统一的战略指导的情况下，在20世纪90年代，法国的科研开发奉行的是"自由探索"主义，这导致科研与现实的市场需求脱钩。由于上述原因，法国的科研创新活动陷入历史低谷中，科研产出效益低下，国际竞争力丧失。

中小企业的挣扎状况是法国创新陷入历史低谷的一个缩影，来自法国中小企业创新署的统计数据显示，20世纪90年代法国中小企业的存活率仅有25%。错失这场浪潮使法国损失惨重，新兴产业丧失了最佳时机，经济因缺乏新的增长点而陷入了停滞，缺乏动力。与此相对应的是，在1995～2002年，信息技术对美国生产力的贡献高达40%。

五、21 世纪：变革与希望

在第三次信息技术革命后，法国未能跟上技术进步推动的经济结构转型，导致这个传统意义上的创新强国的创造力和竞争力被削弱，法国陷入一种对未来科技发展的忧愁中。因此，自 20 世纪 90 年代末，法国政府组织全国规模的大讨论，委托专家和学者对法国科技创新体系问题进行诊断和分析，并积极地采取了一系列的应对措施。这一讨论的结果构成了 21 世纪法国新的科研创新体系的建设——重视产学研结合，支持中小企业发展创新活动，发展新的经济增长点。

（一）创新体制改革

1999 年 7 月，法国颁布《技术创新与科技法》，目的是加速公共研究成果向创新企业的转移，改善中小企业的创新环境，在财政上和立法上进行支持。从总体上来说，首先，政府放松了对科研人员的限制，允许科研人员创办创新型产业，入股高新技术公司，给高新技术公司提供技术支持；其次，完善创新环境，政府致力于创造一个有利于成果转化速率提高的投资与融资环境；最后，政府还进行统筹规划，对影响国家经济和社会发展的重要技术进行招标，调集国家的力量去开展科技创新。在《技术创新与科技法》的指导下，法国确立了生命科学、航空航天与空间科学、环境与可持续发展、基础科学（数学、物理与化学）、能源、信息与通信技术、微纳米技术以及人文与社会科学等在内的优先发展领域，初步建立了科研机构、高等院校和企业联合的创新体系。

然而，《技术创新与科技法》并未根除法国长期以来在科技创新中累积的弊病，法国的科研体制依旧对技术创新有着较大的束缚。因此，2004 年全国范围的"科技抗议浪潮"在法国爆发，科研人员走上街头抗议，迫使政府对法国的创新体制进行大刀阔斧的改革。

首先是科研体制上的改革，法国在 2005 年成立国家科研署，旨在资助大型科研项目。通过调动资金的方式来协调高等院校、研究机构和企业间的研发合作，引导科学技术的发展方向。据统计，法国国家科研署的科研项目经费的年度预算，从 2005 年度的 3.5 亿欧元增长到 2008 年的 9.55 亿欧元。资助项目研究时间最长为 4 年，资金主要集中在生命科学、能源与可持续发展、信息与通信科学及其技术、纳米科学和纳米技术中。在 2005 年成立的法国国家工业创新署，标志着法国在 21 世纪重启国家集中的创新政策。该机构由法国总理直接负责，参照法国创新辉煌发展的 20 世纪 60 年代至 80 年代执行的工业计划，配合适应当今时代发展的方式，启动新的大型创新项目。为支持中小企业的创新发展，政府在 2005 年将现有机构进行整合，创立法国创新署集团，对中小企业创新进行链条式服务，包括成立、发展、创新和扩散整个步骤，为中小企业提供了一个完整的创新生态链。图 5-6 展示了改革后法国的科技创新体系。

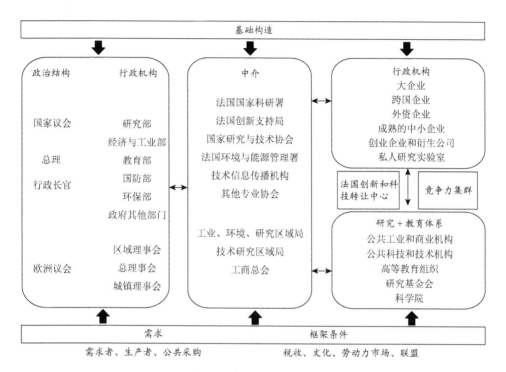

图 5-6　法国科技创新体系

案例 1：卡诺研究所

卡诺研究所是促进公私领域进行协同创新研究的机构，获得了由法国高等教育和研究部颁发的"法国境内杰出实验室"的荣誉称号。目的在于鼓励合作研究创新，引导公共实验室和私人企业合作。这种方法并不是法国独创的，而是借鉴了德国弗劳恩霍夫协会的方式。

卡诺研究所由法国政府挑选，2006 年挑选出的第一批卡诺研究所共包含 34 所公共研究机构，一次签约 4 年。评估表明这一批的卡诺研究所效果斐然，合同收入在 4 年内上涨了 40%。2010 年成立的第二批实验室在第一批的基础之上，结合新的研究和创新战略，利用高达 19 亿欧元的预算、3.5 亿欧元的企业合同和 6000 万欧元的中小企业合同，促进了法国创新技术的发展。2015 年高等教育和研究部关于卡诺研究所的报告指出，在短短 10 年内，卡诺研究所已经达到德国弗劳恩霍夫协会的同等水平。2015 年，卡诺研究所拥有 2 万名研究人员和 7500 名博士，每年与 2000 多家企业签订约 7500 份合同，其中近 1/2 的企业为中小企业和新兴企业，总合同金额达 4.55 亿欧元，其中 55%的合同涉及公共研发部门与企业的合作项目。

（二）科技创新计划

在完成科研体制的改革之后，法国实行了一系列的科技创新计划，取得了丰厚的创新成果。本章将列举法国在 21 世纪以来最具代表性的三个创新计划。

（1）竞争力集群计划：该计划由法国领土整治与发展部际委员会制定，自 2005 年开始，已经执行了四个阶段（2005～2008 年、2009～2012 年、2013～2018 年、2019～2022 年），目前，该计划已进入第五个实施周期（2023～2026 年）其目的是在一定的区域内加强大、中、小型企业，研究机构和大学之间的合作，整合企业、培训中心和科研机构的资金、知识和人才优势，协同开展项目，提高法国的创新能力。政府在全国范围内开展集群项目征集，在这些收集来的项目中进行筛选。对于符合要求的项目，政府会为这些项目贴上"标签"（由高到低）——"世界级""全球级""国家级"。这些集群基于政府的评级，可以获得金额不等的政府投资，其金额由高到低依次递减。由于这些"标签"并不是一成不变的，在项目实施的每一阶段末（每一阶段 3～4 年），政府会邀请审计机构对这些集群的表现进行打分并确立下一期该集群的新"标签"。对于表现优异的集群，政府会升级"标签"；而对于那些表现较差的集群，他们的"标签"会被降级甚至是被取缔。前两个阶段的主要任务是确认"极点"类型，并优化"极点"内的创新环境，共计引入 2508 个全新的研发创新项目，其中有 3/4 的研发项目为创新研发项目；而在最终阶段，则着重于改善经济出口以及就业状况。竞争力集群计划的有效实施极大地推动了法国经济的增长，使得法国在经济危机期间取得出色表现，科研水平和创新能力得到显著提升。

（2）未来投资计划：由法国投资总署制定并布局的未来投资计划，自 2010 年至 2017 年已经启动三期计划（2010～2013 年、2014～2016 年、2017～2020 年），每个阶段投入经费分别为 350 亿、120 亿和 100 亿欧元，2021 年 1 月 8 日，法国宣布启动第四期未来投资计划，将在 2021～2025 年投入 200 亿欧元。从项目资金的角度来看，未来投资计划要远高于竞争力集群计划。由于该计划涉及法国的教研部、工业部、能源部等多个政府机构，以及法国主要的国家公共资助机构和科研机构，因此具有明显的跨部门特点，广泛覆盖了法国未来重点发展的 6 个战略领域，分别为高等教育与培训、应用型基础研究及其经济价值、工业、可持续发展、数字经济以及健康与生物技术。为了弥补法国长期以来的应用型研究短板问题，该计划的资金近半用于支持高等教育和应用型基础知识研究，成立了卓越设备研究院、技术研究院、健康与生物科技计划研究院等。未来投资计划同竞争力集群的不同之处在于，不再对创新的分领域进行规划，而是从创新的价值链出发，关注整个上游高等教育科研和下游企业研发创新的过程，致力于构建一个完整的创新产业链。未来投资计划所取得的成就显著，更加灵活的资金调配和改进的评估体系推动了新项目的涌现，促进了各机构之间的紧密合作，增强了科研团队的危机意识。

（3）新工业法国计划：这个计划的产生源于 2008～2009 年的经济危机，危机的冲击迫使法国的"去工业化"进程加速，工业就业人口由 1980 年的 510 万人次减少到 2011 年的 310 万人次。因此，如何从"去工业化"转向"再工业化"成为法国亟须解决的重大转型课题。2012 年，法国总统奥朗德特别设立了生产振兴部，并召开全国工业会议，设立了国家工业理事会的常设专家与咨询机构。该理事会由总理担任主席，成员囊括经济、工业、数码技术等相关部门的部长，以及工业企业代表、工会代表、知名人士等多方面的代表，负责制定法国的再工业化政策。新工业法国计划由法国创新署集团制定，实施时间为 2013～2022 年。截至 2015 年，新工业法国计划已经投入经费 35 亿欧元，用于在第三次工业革命中促进企业创新，增加企业竞争力来实现工业转型。2022 年法国再工业化成果显著，成立 1900 个工业初创企业，10 000 个创新型中小企业，新建和扩建 76 个工厂，创立了 3000 个工作岗位。和竞争力集群以及未来投资计划一样，新工业法国计划旨在推动法国在其优势领域开发新产品和新业务。该计划包括 34 个具体项目，涵盖了数字技术、纳米技术、能源、医疗健康、交通运输、生物科技、智能电网等多个领域。每个项目都由政府指派一名负责人，这些负责人大多来自相关科技领域的企业，主要负责组织从业者和专家参与计划的实施。在财政支持方面，法国政府与政策性银行等公共机构联合参与了 34 个项目的制定，以降低企业在融资方面的信息不对称问题，从而减轻融资压力。新工业法国计划在实施后取得显著成效，仅在执行的一年内，法国相继宣布了多项标志性创新成果，其中包括无人机、智能仿生腿、外骨骼机器人、联网 T 恤、教育平板电脑、虚拟现实眼镜和新型电动飞机等。

（三）科技创新法规

20 世纪 80 年代制定的《科研与技术发展导向与规划法》保证了科研人员"三高"（高福利、高税收、高工资），引导科研人员投身于基础知识领域研究，放弃了对前沿尖端技术领域的研究。21 世纪以来，在立法上法国放弃了这一做法。除制定科技创新计划之外，在经历过 2004 年的科技抗议浪潮后，法国在 2006 年着手改革运行已久的科技评价体系，为法国政府的创新科技发展提供了法律基础，加强了不同研究课题之间的合作，更加关注实验室和企业之间的成果转化，同时也实施了一系列旨在促进协同创新的举措，如加速融入欧洲研究区和全球创新体系等。

2012 年，法国教研部通过多层次、自下而上的全国高等教育与研究大讨论，重新确定高等教育与科研的相关政策，同时进行《大学自治与责任法》的修订工作。这些法律的制定为科研发展方向和优先领域的选择提供了明确的指导，对科研活动进行了规范，保护了知识产权，为科技计划的制定和实施提供了坚实的法律基础。2013 年通过的《高等教育研究草案》确定了两个教育优先发展方向：一是改善青年学者的生存和科研环境，主要措施有提供奖学金、改善学生和年轻学者的生存条件、推动国际交流合作；二是将尖端科技创新定位在复兴法国的战略地位，重视应用型技术研究，促进科研机构和新兴企业的大力合作。

法国政府深刻地认识到数字化技术正在深刻改变社会，保持技术领域的前沿水平对一个国家的经济发展至关重要，需要培育有利于创新的环境，并于 2019 年颁布《企业成长与转变行动方案》。与此同时，供应链创新对融资产生了颠覆性的影响，首次币公开募集（特别是其中以供应链为基础的首次币公开募集）作为创新资金募集方式飞速发展。因此法国政府在 2019 年完善了首次币公开募集的法规，保护了这些创新投资者的权益。法国成立的创新委员会，根据评估与预测的结果，决定创新政策的主要方向和关注重点；采用路线图形式进行决策，以增强创新政策间的协调作用，简化创新补贴政策，对具有颠覆性创新潜力的项目进行资助。这些项目由创新委员会选定，由创新与工业基金每年提供约 1.6 亿欧元的支持，每个挑战项目的资金约为 3000 万欧元。当前已确定的挑战主要集中在人工智能与高密度能源储存领域。

第三节　法国创新发展的启示

一、赶超阶段创新政策分析

法国的赶超阶段主要集中于第一次工业革命时期、20 世纪 50 年代第二次世界大战后重建时期和 21 世纪初期。由于在上一节已经按照时间顺序对政府制定的一系列规则、政策和法律进行了详细的阐述，因此本节将使用简练的概括性语言来分析赶超阶段的创新政策。

（一）第一次工业革命

在第一次工业革命期间，英国已经率先完成工业革命，而法国刚刚经历了大革命，启蒙运动和培根主义思想在法国盛极一时。当时的法国政府开始意识到工业社会与农业社会之间存在不可逾越的鸿沟，因此，政府开始积极地制定政策、规则与法规。结合法国自身在中世纪以及中世纪之前的自身优势和民族特征，可以说法国是第二个完成第一次工业革命的国家。

一是在政策实施上，法国政府实施的"土地改革"政策将教会手中的土地转移到资本家手上开展生产活动。第一次工业革命早期创新的产生来自以经验为主的无数次的试错的成果，因此大量的生产活动象征着大量的实验，增加了创新产生的概率，为创新之门的打开布下先决条件。到了第二帝国拿破仑三世时期，政府在稳定的政治环境中采取的是经济自由主义加上国家总体调节手段，采取贸易开放政策并积极同欧洲其他国家进行合作交流，虽然政府的政策遭到国内生产商的反对，但是这项措施实际上使国内的生产商的危机意识增加，倒逼国内企业的竞争力上升，创新能力的提高。政府还对当时功能单调、数量有限、分布不均的旧金融业进行改革，特许新式信贷银行成立，放松了具有创新动力的中小企业的融资约束，使得社会上的闲散资金进入到城市建设以及技术创新中。

二是在法律体系上，法国政府在拿破仑时期颁布的《拿破仑法典》创立了资本主义的"私有财产不可侵犯"的法理原则，并维护了资本主义私有制与资产阶级的经济利益。随后还创立了《专利法》，成为世界历史上最早一批保护知识产权的国家之一，保证了资产阶级的创新收益不被抢夺。

（二）第二次世界大战重建

在第二次世界大战中，法国作为主要战场满目疮痍、百废待兴。在马歇尔计划的帮助下，法国仅用了3年就将经济恢复到了战前1938年的水平。法国当时的领导人戴高乐采取的是集中式的政策。一是推行国有化运动（交通、能源、银行），二是实行国民经济计划（电力、煤炭、钢铁、水泥、农业机械和交通运输），以六个基础部门为重点发展产业。

法国政府推行国有化和国民经济计划化的主要手段是加强生产和资本的集中，政府通过国有化或资本直接参与等措施推动企业的集中，形成许多垄断程度很高的国家垄断资本集团。这样，国有企业（包括国有化企业和公私合股企业）便在国民经济中起着举足轻重的作用。国有化运动的优势在于：第一，企业规模扩大，规模经济得到充分发挥，大大提高了劳动生产率；第二，促进了专业化协作；第三，增强了产品竞争力，推动了出口。

国有化的加强并不意味着彻底否认中小企业，因为在创新的发展中，中小企业发挥着提供创新活力的作用。大企业集团往往由生产垄断走向价格垄断，这就使企业失去了采用新技术和新工艺、改善经营管理、进一步提高劳动生产率的动力。为推动有秩序的竞争，政府鼓励中小企业与大垄断集团签订专业化承包合同。一方面，中小企业在大垄断集团的保护下得以生存和发展；另一方面，大垄断集团依靠中小企业取得优质的零部件和专业工艺加工品。

在20世纪50年代，政府通过财政补贴、税收优惠和低息贷款等方式帮助老厂实行技术改造，通过关税壁垒保护国内工业，并有重点、有选择地进口关键性设备和技术，提高中小企业自动化生产水平；设立经济和社会发展基金，对迁往外省和边远地区或在那里建立新厂的中小企业给予奖励。政府更加重视扶助中小企业的发展，专门制定了扶持中小企业的"行动计划"，为中小企业赠予资本，增加长期低息贷款数量，以及广泛地实行税收优惠。与此同时，在地方建立了各种相应的财政资助机构，如地区开发公司，专门为新建中小企业提供资助；建立投资公司，为中小企业筹集资金；为中小企业科研和革新以及产品出口提供补贴和减税优惠；为确保中小企业获得银行贷款，建立了全国信贷担保基金。

（三）21世纪初期

在21世纪法国政府和民众意识到，法国没有抓住第三次工业革命的机遇，在信息时代来临时被美国、德国远远甩在后面。因此，法国政府制定了一系列的规则、政策与法规，目的在于不重蹈第二次工业革命的覆辙，争取在第三次工业革命浪潮中获得一席之地。

在科研体制上，法国成立了众多创新中介，这些机构分工明确，由国家科研署负责大型国家项目的拨款，引导国家级科研创新项目的方向；由法国创新署对中小企业创新进行链条式服务，包括企业的成立、发展、创新和扩散整个步骤，致力于为中小企业提供完整的创新生态链的服务；技术研究区域局专注于创新成果的转化，该机构负责将实验室创造的专利加速转换为能为企业制造提供帮助的技术。在这些机构以及企业、科研机构和高等院校的配合下，竞争力集群、未来投资计划、法国新工业计划为法国创新科研能力的提升做出了巨大贡献。

在法律法规中，法国政府先后通过《新科技导向和规范法》《大学自治与责任法》《高等教育研究草案》规定了科研领域发展的方向，保证了科研成果的转化，保护了知识产权，以及提高了青年科研人员的生活保障。

二、领先阶段创新政策分析

法国处在领先阶段时期的政策往往不能作为正面榜样来分析，相反法国在领先阶段更容易制定错误的政策、规则和法律。因此，领先阶段也是法国创新衰败阶段的前兆，分别为第二次工业革命时期和20世纪八九十年代。因此本部分主要分析在创新发展到了领先阶段时，法国政府做错了什么。

（一）第二次工业革命

法国在第二次工业革命中没能抓住机遇，反而落后于德国和美国，除了普法战争、民族精神、科学家素养等客观因素之外，政府错误的政策也是加剧法国创新衰落的重要原因。

首先，不合理的政治结构恶化了资本市场的发展。金融家广泛地参与到政治决策制定中，导致经济改革无法推行，大量的资本流入有着高额资本收益率的美国资本市场。因此，法国国内的投资不足严重制约了法国在工业上的创新。

其次，过于注重政治稳定而忽视了经济的改革和创新的发展。制定政策的时候更加倾向于维护旧时经济结构，而反对经济改革，使得传统的高档消费品生产和农业生产依旧占据着较高的比例，工业中占据主要地位的依旧是生产水平低下的小生产者和小企业。这使得法国的创新发展没有一个好的经济结构作为支撑。

最后，未能制定保证科学家产生持续创新动力的政策。法国的科学家在第二次工业革命期间大量流失到世界其他国家，一些功成名就的科学家不愿意继续从事科学研究，也不愿意去企业进行科技成果的转化，而是受到法国政府的鼓励去投身于政界。政府未能制定保护青年研究学者的政策，导致大量的年轻骨干因为薪资或者派系斗争原因大量地流入德国和美国，造成法国在第二次工业革命时期面临人才短缺的问题。

（二）20世纪八九十年代

在经历了第二次世界大战后20年科技辉煌的发展腾飞时期后，法国在20世纪八九十年代科技创新发展中显得黯淡无光。归根结底要对法国政府制定的一系列法律、规则以及政策进行研究。

1981年上台的社会党在执政的14年内实施了一系列的社会化管理，使得法国成为欧洲最突出的"三高"国家之一，同时也成为低收入者的天堂，制约了经济的前行，使得生产费用昂贵，产品成本居高不下，社会经济结构转型困难。这些严重制约了法国的经济和社会发展，并导致竞争力逐步减弱和创新能力的丧失。

　　法国政府还制定了事与愿违的科技人才管理法案，削弱了科技人员的创新能力。政府不惜加剧财政负担将科研机构和高校的研究人员以及管理人员转为了国家公务员的身份，还将原有的以项目为主体的划分科研经费的方法改为按照人头计算。政策制定的本意在于给科研人员创造稳定的科研环境，使他们能专心于科技创新。但是，这项法案的弊端也显现出来，没有严厉而又有效的晋升和淘汰机制，这些科研团队里面寄生了大量"在其位不谋其政"的科学家。越来越臃肿的科研机构，论资排辈的科研氛围，不灵活的人事管理，以及效率低下的工作环境导致大量有创新潜力的青年科学人才流失。

　　法国政府对待科研没有进行统筹规划，造成了大量科研资源的浪费。这个问题随着科技的进步以及知识的复杂化变得愈发严重，这在法国的研究机构中显得尤为明显，国家科研中心、原子能委员会、国家健康与医药研究院、农业科学研究院这些大机构中的实验室各自独立，各大机构往往针对同一个领域（如生命科学）开展研究。

　　政府对于创新发展的前瞻性不足。在信息科技革命即将到来时，法国政府、科研机构和企业都没有认识到这场以信息技术为先导的技术革命来势会如此迅猛，因此毫无应对。政府对于科技变化的相关政策制定方面也显得非常业余，没有及时制定正确的科技政策和工业政策，导致错过发展的黄金时期。

三、法国科技创新体制建设

　　虽然在21世纪法国回应创新科技的速度相较于美国和德国的落后，使其失去了第三次工业革命的先锋地位，但是法国高等教育呈现的多样性和其职业教育的完整体系使得法国在新时代依然具有强大的潜力。

　　在整个20世纪，法国的高等教育一直在持续不断地改革以寻找适合时代发展的方法。在第二次世界大战后，1968年法国《富尔法案》的提出赋予了大学新的内涵，要建立以科学和文化为特色的公立学校。这些新型大学与以往的学校具有显著的不同。过去的法律只承认有行政特点的公立学校和工商特点的公立学校。《富尔法案》所确立的以科学和文化为特色的新型大学，一方面强调了科学与科研单位的重要地位，另一方面又成为这些教学与科研单位共同的服务机构。《富尔法案》的目的是培养应用型人才，因此在法国各地诞生出了新式大学，如里昂大学。里昂大学受到《富尔法案》的影响分裂为三所大学：其中科学系、医学和药学院组建为里昂第一大学；法律、文学和人文科学院组建为里昂第二大学；行政和管理、劳动和社会保障研究所、语言学系组建为里昂第三大学。

　　到了20世纪80年代，法国政府根据当时的国际环境又提出了新的应对手段——《萨瓦里法案》，将职业化加入高等教育基本性质的行列，同科学和文化相并列。其目的在于克服法国人骨子里对文学专业的挚爱，打破即将进入社会的大学生对社会存在的浪漫幻想，并强调更换职业的普遍性。因此，法律要求大学与企业界加强合作，企业人员除了要参与大学决策，还要亲临教学。一方面，在执行《萨瓦里法案》后，法国高等教育中心实施博士生和企业直接对接的政策——工业研究培训协议，其目的是加强公共研究和企业之间的交流，为法国的创新做贡献。这些项目主要是电子通信和 IT，以及研发和工程服务部门。企业为博士生布置课题，提供经费，还指导博士生完成毕业论文，政府给这些企业提供相应的税收减免的服务。另一方面，《萨瓦里法案》赋予了高等院校更自由的财政支配权，大学可以自主根据在校学生人数、校园建筑面积以及师生比例等准则来进行国家拨款和设备的分配。此外，大学还有权接受地方政府的资金支持，并与企业、地方政府以及国家签署合作协议。

　　到了 20 世纪 90 年代，法国政府意识到，虽然法国的科技潜力处于世界前列，但是科技和工业生产之间的联系却远远不如美国和日本。法国著名企业家纪尧姆·福里指出：这种现象的产生是由于高等教育与科研机构之间、科研机构自身之间、大学与工程师学校之间缺乏沟通和合作；技术转让和传播的成本过大，不利于中小企业的发展；风险投资不足以支撑中小企业在起步阶段的发展；以国家为导向的科研体系将资金集中在有限的领域内。因此，1999 年颁布的《创新与研究法》就上述问题提供了解决方案。第一，鼓励科研人员创建企业，并且不限制科研人员在企业中从事何种职业，为深入企业或创立创新企业的科研人员保留六个月职位。第二，除了科研人员自身要深入企业转化科技成果之外，科研机构也要建立"孵化器"帮助企业的诞生，或创立"工商事务所"，负责与企业或地方行政部门签订科技合作合同。

　　2017 年，法国国家工业委员会颁布旨在提升法国工业竞争力及工业转型的《我们的工业雄心》报告。报告指出要深化职业培训，通过对教育与培训关系的设计，提升培训的精准度；政府要对职业前景进行预测，指导人才的储备，适时开设符合时代的专业或减少不符合时代潮流的专业。针对相对成熟的学徒制度进行改革，吸引企业及年轻人对于传统学徒及职业教育的关注。

案例 2：法国国家科学研究中心科研考核指标

　　法国从第二次世界大战之后就开始建立专业的科研考核体系，适当的科研考核可以正向激励科技人员的科研热情使其发挥科研才干，因此学习法国的科研考核指标对于我国的科研水平前行有着较为重要的意义。

　　首先，评价人员的组成有法可依并且有相对自由的决策权。评价机构的重组改革依托于科技评价法案的顶层设计和统筹指导，而非仅依赖于行政命令的直接实施。并且法案赋予了评审委员会对于指标遴选、信息收集、报告撰写的极大的自主权，可以在不受政府的干预下完成。其次，评价指标更加多维化。法国国家科学研究中心抛弃了传统的"唯论文，唯职称，唯学历，唯帽子"的评判标准，强调将科研产出能力、学术影响能力、团队协作与沟通能力、科研与行政能力和培训与教学能力结合作为一级科研考核指标，在一级指标下划分了二级指标，如表 5-2 所示。关注科研成果的质量、影响力以及经济效应，科研人员的科研、行政管理、培训、沟通和教学能力。再次，挑选合适的评估人员。除挑选在专业领域才能出众的专家团队作为评审团之外，还对专家进行合理的分类，将评估人员分为评审专家和科学顾问，这两个团队各司其职，发挥了不可替代的作用。最后，评估结果做到透明公开。除在官网上定期公布评审结果之外，还会对公众及其利益相关者对评估结果的质疑进行调查和回复，保持公正、透明、公开的评估环境。除公布评估结果之外，还公开评估阶段所使用的预算经费，进一步增加评估的权威性。

表 5-2　法国国家科学研究中心评估指标体系

一级指标	二级指标
科研产出能力	期刊/会议论文的数量、类型、级别 程序开发与应用的原创度、推广度 专利的申请量、授权量、影响力、专利权转让收益、专利成果转化收益
学术影响力	受邀或主动发起国际/国内专题学术会议、专家研讨会、大学交流会的次数 受邀作为博士学位论文答辩评委会评审专家的次数 获得国际/国家/地方学术奖的次数
团队协作与沟通能力	联合发表期刊/会议论文的数量、贡献程度 联合出版专题领域系列丛书的数量、扮演角色 参与多学科、跨领域、跨部门的项目的数量、扮演角色
科研与行政能力	进入国际/国家知名学术委员会、专业协调会、科研机构、研究单元、重点实验室行政层 作为跨学科、跨领域、跨部门联合项目总负责人、执行负责人、子课题负责人的次数
培训与教学能力	学科总课时量 服务人群类别

资料来源：方晓东等（2019）

案例 3：产学研协同博士培养计划

法国传统的博士培养方法与社会需求严重脱节，博士本应作为创新推动的主力军，却由于错误的培养无法发挥作用，给法国的创新带来了很大程度的阻碍。因此，2005 年的《卑尔根宣言》为欧洲各国博士教育改革指明了方向，提高博士生教育的实用性，促进博士生的职业化，增强博士生科研创新能力与职业能力，以满足当今创新发展的需要。

这项宣言的具体措施主要有：高等院系与政府签订协同培养博士合同，博士合同面向一年级的注册博士生，博士合同无任何年龄、国籍以及日期的条件限制，政府应为博士生提供完成工作的必要信息等，保障博士生最低报酬和作为政府职员的权益，此外博士合同规定了签约博士生享有社会保障、工作时间、最低薪水等待遇，博士生将在没有经济压力下开展研究和工作。

高等院校还应与企业签订协同培养博士合同，法国国家研究与技术协会（Association Nationale Recherche Technologie，ANRT）专门设立申请与评估平台力推产学研合作，如图 5-7 所示。ANRT 规定，企业要获得协议机会和政府资助，应该在 ANRT 网站上发布公告，并描述企业对科研项目和研究团队的需要，以引起博士学院、实验室和博士生的关注。博士学院或实验室把科研计划提交到 ANRT 网站，便于企业与博士生联络与对接。ANRT 对企业能否介入研究、博士学院或实验室的研究条件进行鉴定，对协议进程跟踪调查和阶段评估，并向企业发放阶段性资金补贴。

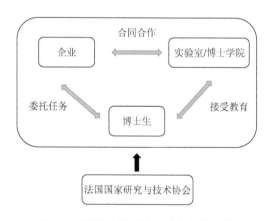

图 5-7　法国产学研协同博士培养计划

四、法国企业的创新行为

在谈及企业作为创新的主体时，本书将选择法国富有科技含量的大型企业和传统企业的创新路径，利用案例分析的方法对法国企业的创新行为进行分析。

案例 4：大型企业的创新活动——阿尔斯通

阿尔斯通成立于 1928 年，是一家总部位于巴黎、以电力和轨道交通为主营业务的大型公司。在电力领域：水电设备世界第一，核电站常规岛世界第一，环境控制系统世界第一；在轨道交通领域：超高速列车和高速列车世界第二，仅次于中国中车。

阿尔斯通的成功可以总结为以下几点。首先，公司大力开展国际合作，将世界优良的创新成果纳入旗下。阿尔斯通公司是法国最大的铁路设备生产厂家，这项业务隶属于阿尔斯通的交通事业部，它的经营方针是充分利用企业自身的优势，联合国内外知名度较高的同行企业，组成临时的工业集团，共同投标，抢占国内外市场；兼并产品单一、质量好的铁路产品厂家；吸收外来资本，扩大再生产，建立跨国公司，使企业成为规模大、技术力量雄厚、产品信誉高、市场稳固、在国际上享有盛誉的大公司。

其次，阿尔斯通公司通过恰当的人力管理措施，推动企业创新的发展。阿尔斯通还利用阿尔斯通大学的全球资源、教练辅导、内部调动等手段来实施人才的培养，通过各种管理层互动项目来强化内部沟通，促进员工的管理参与，通过员工持股、业绩分享计划来与员工共享企业经营成果。员工持股计划并非一般意义上的管理层及骨干员工持股计划，它是一个针对所有员工的全球性项目，2010年全球雇员占的股份为总股本的1%，尽管不算多，但阿尔斯通倡导的是希望跟员工分享公司业绩的理念，要让员工觉得他们也是公司的主人，也要更加关注和参与公司的发展。除了价值观之外，由于公司的业务不断发展和变化，企业也要求员工必须具有较强的创新理念、灵活性、适应能力及沟通能力，同时还要符合公司对职业道德方面的要求。

最后，阿尔斯通积极响应法国的创新计划，大力发展产学研合作。仅在2018年，阿尔斯通就提交了600个项目。与美国和欧洲9国共65所高校建立产学研合作关系，推动开放式创新，保证企业一直走在研发的前端。除与众多大学合作之外，阿尔斯通还和研究中心、初创企业合作，此举促进了公共和私人研究计划。企业还参与法国产业政策——竞争力集群计划，专注于未来的嵌入式系统和运输解决方案。

案例5：传统企业的创新——路易威登"奢侈品实验室"

路易威登作为全球最大的奢侈品集团，拥有上百年的历史。2016年路易威登集团发布"奢侈品实验室"孵化器项目，集团将借助该项目，让旗下品牌通过数字化手段为顾客提供个性化服务。该项目将吸纳50家电商和科技行业的初创公司。这些公司将与路易威登集团一起探讨时装和皮具、葡萄酒和烈酒、香水和化妆品、腕表与珠宝及精选零售领域的奢侈品品牌的未来挑战。初创公司研发出的最新数字化产品也将在路易威登传统领域中得到巧妙运用。

这些初创企业也对路易威登集团的风险规避起到显著的作用。奢侈品公司如果自建电商，一般情况下需要经过长时间的磨合期和统计期，而与已经拥有相关技术和大数据的公司合作，可令集团的电子商务业务加速落地。2019年入围决赛的30家初创企业提出了以"打造未来客户体验"为主旨的顶级解决方案。这些公司来自9个不同国家，涵盖10个不同类别，包括全渠道、供应链、客户服务解决方案、客服、数据和人工智能。

第四节　法国对中国的启示

一、政府在不同阶段、领域应发挥不同作用

法国作为一个坐落在欧洲西部地区的大国，资源禀赋丰富，生活条件优越，信息交流通畅，人才辈出，在创新上从来都是位于世界前列。从法国创新发展的历史来看，法国历史上出现过两个创新的高峰期，第一个时期在第一次工业革命时期，尤其是拿破仑时代，第二个时期在第二次世界大战后至冷战结束前期。

在第一个时期，创新是为战争服务。自第一次工业革命以来，法国组织了数量庞大的科研队伍，使其军事技术领先于同时代其他国家，也带来了军事战术的革命性变化。例如，拿破仑的炮兵学院雇用了拉格朗日等183名教授，并要求炮兵学习微积分和物理学等知识，使得其炮兵精度远超其他国家；到了克里米亚战争时期，线膛枪技术的变革也使得枪械射程变长，骑兵退出了历史舞台。从这一时期来看，创新对于法国来说，有着非常直接的收益，即在长达数百年的世界霸权争夺战中取得技术和战略领先的地位，从而获得更大的殖民地和更多的资源。

在第二个时期，法国是北大西洋公约组织（简称北约）中的第一大国，由于苏联的长期威胁，法国政府也极大地增加创新研发的投入力度。这一时期的许多创新后来被民用化，包括航天、核能、材料和化工等，形成了法国直到现在尚存的创新优势。可以说，第二个创新黄金时期的出现，也是由于潜在战争的威胁，产生了对创新的巨大需求。

但是不同时期的创新具有不同的特点，法国是一个大陆法系的国家，这两个时期都需要国家主导的力量，此时法国政府都做得相当成功。但是在其他时期，当创新需要市场的力量，以企业为主的时候，法国在创新上的作为便略逊一筹。其中的原因是多方面的，可能由于：法国的重农主义传统；居民生活较为安逸，而创新是辛苦且具有高风险特征的工作；此外整个国家偏向学院派思维，理论创新层出不穷，直到现在法国依然是世界上基础科学最为发达的国家，但将基础理论转化为最终产品的能力不足。

中国同样是一个政府主导的国家，这一点与法国类似。在促进创新时需要区分不同创新的特征。在当前互联网时代，创新特别需要国家做基础性的投入，如数据的开放、大数据基础设施的建设。得益于国家的大力支持，当前我国在这方

面的创新较为领先。同时，还需要意识到，不是所有的创新都适合由国家来引导，灵活的私人部门迸发的创新灵感可能会改变该领域的整个生态。例如，引领一代社交潮流的 Facebook（脸书）与 Twitter（推特），最初只是开发者闲暇时做的"小玩具"。对于私人部门的创新，国家需要营造良好的营商环境和政府管理体制，发挥市场经济对创新的激励作用。因此，法国的创新史给我国的第一个启示是：要注重针对不同创新的类型和某一创新的不同阶段，厘清市场和政府的关系；对于公共性强的部分政府做，其他部分通过营造公平的竞争环境由企业家和创新者完成。

二、重视对高端人才的培养与吸引

此外，法国并不是第一次工业革命的发祥地，而其在追赶期间，得益于法国皇家科学院的建立。法国皇室和贵族给予科学家和研究人员极高的待遇，从欧洲各国大量发掘各种人才。法国优越的气候和人文环境也是吸引各国人才的有利条件。在多种因素的综合作用下，法国皇家科学院最终得以后来居上，超越英国皇家学院，成为当时世界上规模最大、水平最高的学院。因此，在追赶期间，需要国家大规模投入，才能实现后发者优势。

创新的核心是人才，通过从英国"挖角"到现代微积分创始人莱布尼茨，法国一跃成为数学基础研究的中心，甚至在今天依然保持着领先地位；而英国一直沿用牛顿较为烦琐的微积分记号标记，导致数学学科的后续发展开始落后于法国。从目前的情况来看，世界各国对人才的竞争日趋激烈。当代人才的需求已经超越了简单的收入和经济需要，更重要的是对人文环境的要求。除此之外，人才聚集效应也是一个不可忽视的重要因素，一定规模的人才集中在一起所产生的效应很可能远远超过各自独立作用的效应。人才聚集带来的信息共享效应、知识溢出效应、创新效应、规模效应等会进一步吸引更多的人自发地加入。因此，第二个启示来自法国的创新追赶史：在赶超阶段需要国家大力成建制投入，重视对高端人才的培养与吸引。例如，可以以政府力量多修建类似华为科技小镇这样的人才聚居地。

三、注重科学研究成果的转化与落地

一直以来对于文学、艺术与哲学等领域的狂热追求，以及偏向学院派、不以商业为目的的科学研究，使得法国在基础科学领域取得了辉煌的成就。但在第二次工业革命与第三次工业革命中，这一特点却导致法国科学研究与工业产业严重脱节，大量科学研究成果无法转化落地，进一步阻碍法国工业的发展。这一弊端自第二次工业革命便开始显现，更致使法国与第三次工业革命失之交臂。此后法国痛定思痛，以立法的形式促进科研成果的推广应用和商业化，迎来新的创新黄金时代。

中国同样拥有大量大学、科研机构、各种大型实验室，科学论文及专利产出逐年增加。如何帮助这些研究成果加速转化，真正投入生产生活，是我国在科技创新发展中不得不面临的一个关键问题。在当前全球化潮流不可逆转，国际产业链日趋紧密的时代，任何创新只有转化为最后的产品才可以具备可持续性。因此，法国的创新史对我国的第三个启示是：建立健全相关法律与政策，引导科研机构与企业加强合作，注重科学研究成果的转化与落地。

首先，创新这一行为，风险高、收益不确定，私人部门往往很难独自完成，但是私人部门对创新的敏感度、灵活度等对国家创新发展有着举足轻重的作用，因此国家需要加强对私人探索行为的激励。其次，还需要结合既有的制度和文化环境，思考在政府主导背景下如何完善市场的力量，发挥市场对个人创新的激励作用。同时，我们也要意识到创新的竞争是全球性的竞争，道阻且艰，不进则退；表面上是人才和资金的竞争，实则是制度和文化对全球人才吸引力的竞争。最后，创新行为需要国家财政的扶持，一方面国家预算要充足，另一方面国家预算要倾斜向创新。从法国创新历程来看，一个国家只要能形成并执行长期重视创新的战略，那么创新就会长期给一个国家带来丰厚的回报。

第六章 创新韩国：后发优势国家的赶超之路

杨 威 刘华珂[①]

第一节 韩国的科技状况及其创新发展历程

一、政府主导的创新发展道路

近年来，创新已成为许多国家经济增长和发展的重要驱动力。世界知识产权组织和美国康奈尔大学等机构共同发布的《2017 年全球创新指数》报告显示，2017 年韩国在全球创新指数排名中位居第 11 位，亚洲排名第 2 位，这得益于韩国政府主导推动创新驱动发展的模式。政府通过宏观战略指导与协调、税收优惠政策支持、技术研发资金支持、成果推广支持等手段推进和完善国家创新系统。韩国成功实现了由"主导追赶经济"向"服务创新经济"的职能转变，通过优先培育创新型龙头企业，加强整个产业的技术积累和生产配套条件，支持中小企业创新，形成良性的产业创新生态环境，实现创新驱动，达到世界领先技术水平（黄辰，2018）。

韩国创新发展的成功经验可以为其他国家提供借鉴和启示。尤其对于一些发展中国家来说，韩国的创新模式更具有可操作性和实践性，因为韩国之前也经历过技术积累和发展的过程。这些国家可以借鉴韩国的政策和措施，优先发展创新型龙头企业，支持中小企业的技术创新和研发，形成良性的产业创新生态环境，逐步实现创新驱动发展，提高国家的综合实力和竞争力。

二、韩国创新能力的横向比较

（一）韩国在 OECD 国家中的位置

据韩国科学技术企划评价院（Korea Institute of Science & Technology Evaluation and Planning，KISTEP）发布的《国家科学技术创新力分析》报告，2018 年韩国科学技术创新力在 OECD 成员国中位列第 7。科学技术创新力评价始于

---

① 杨威系合肥工业大学经济学院副教授，刘华珂系武汉大学经济与管理学院博士研究生。

2006 年，将科学技术创新力分为资源、环境、网络、活动、绩效等 5 个单元和 36 个指标，计算出科学技术创新力综合指数（capacity of science and technology innovation index，COSTII）。与 OECD 国家相比，韩国 2018 年的 COSTII 为 11.531 分，高出 OECD 的平均值 9.004 分。但位列首位的美国 COSTII 得分为 17.603，显著大于韩国，表明韩国创新水平虽然在 OECD 国家处于较为领先的水平，但与最先进的美国相比仍有一定差距。

韩国在总共 13 个部门中的 8 个部门中排名相对较高，其中包括 R&D 投资（第 2 位）、三螺旋结构的运作（第 2 位）和有形基础设施（第 2 位）。工业合作（第 29 位）、国际合作（第 29 位）和支持系统（第 32 位）的排名低于韩国在 COSTII 的排名。

（二）中、日、韩三国对比

为了能从横向展示韩国的科技发展状况，表 6-1 展示了 2018 年中、日、韩三国在 5 个维度（资源、活动、网络、环境、绩效）的得分情况。综合上述 5 个维度来看，日本的创新能力最强，韩国次之，中国则落后于日本和韩国两个国家。就细分项目来看，韩国在活动和环境两个方面表现出相对优势，在一定程度上体现了该国创新驱动的特色。

表 6-1　2018 年中、日、韩 5 个维度排名情况对比

维度	排名			相对水平				
	韩国	中国	日本	韩国	中国	日本	平均值（韩国、中国和日本）	平均值（35 个国家）
资源	8	3	2	34.4%	45.9%	53.6%	44.6%	25.6%
活动	3	5	8	79.7%	64.5%	53.2%	65.8%	40.8%
网络	10	8	7	51.6%	57.8%	59.7%	56.4%	43.7%
环境	22	24	23	65.4%	63.7%	65.0%	64.7%	7.3%
绩效	14	15	3	48.1%	46.7%	84.1%	59.7%	44.9%

表 6-2 进一步将上述 5 个维度细分成 13 个子维度，进而考察了中、日、韩三国的对比情况。在细分的 13 个子维度中，韩国优势最明显的是 R&D 投资和三螺旋结构的运作，均排名第 2，中国的 R&D 投资排名第 4，日本的 R&D 投资排名第 8。由此可见，韩国在提升技术水平的过程中，尤其重视增加对 R&D 的投资。在被调查的 35 个国家中，日本在知识创造方面排名最高，韩国（第 23 位）和中国（第 28 位）排在后面。中国（第 10 位）在文化上排名较高，韩国（第 25 位）和日本（第 28 位）排名靠后。

表 6-2　2018 年中、日、韩 13 个子维度排名情况对比

维度	排名			相对水平				
	韩国	中国	日本	韩国	中国	日本	平均值（韩国、中国和日本）	平均值（35 个国家）
人力资源	12	4	14	83.0%	94.1%	71.4%	82.8%	60.1%
组织化	7	5	2	7.8%	14.8%	23.0%	15.2%	7.2%
知识资源	7	3	2	13.6%	30.2%	67.5%	37.1%	10.4%
R&D 投资	2	4	8	93.5%	77.9%	72.4%	81.3%	44.2%
创业精神	8	11	31	35.3%	24.4%	5.5%	21.7%	24.4%
三螺旋结构的运作	2	6	1	96.3%	82.3%	100.0%	9.9%	46.3%
工业合作	30	17	21	28.9%	59.9%	43.3%	44.0%	55.1%
国际合作	30	2	16	0.4%	1.4%	2.1%	1.3%	5.3%
支持系统	33	30	27	35.0%	35.6%	42.6%	37.7%	64.4%
有形基础设施	3	32	6	93.6%	51.6%	88.9%	78.0%	71.7%
文化	25	10	28	40.9%	74.1%	39.2%	51.4%	57.3%
经济成果	8	5	13	40.5%	45.0%	30.2%	38.6%	29.8%
知识创造	23	28	1	25.3%	16.7%	100.0%	47.3%	34.6%

在表 6-2 的基础上，表 6-3 进一步将上述 13 个维度细化成 36 个具体指标，对比了 2018 年中、日、韩三国的科技发展状况。表 6-3 的数据显示，3 个东亚国家在研究人员、专利数量以及研发投资方面都表现出较大的数量优势，但在相关定性指标方面显示出明显的不足，如科学和工程专业的博士毕业生占人口比例等，表明中、日、韩三国技术投资效率均有待提升，应逐步从"量的累积"转变为"质的提升"。

表 6-3　中、日、韩国 36 个细分指标的排名情况对比

维度	排名			相对水平				
	韩国	中国	日本	韩国	中国	日本	平均值（韩国、中国和日本）	平均值（35 个国家）
资源：								
人力资源								
研究人员总数	5	1	3	21.2%	100.0%	39.3%	53.5%	10.7%
每 10 000 人的研究人员总数	4	33	10	92.9%	12.9%	68.1%	57.9%	52.8%
科学和工程专业的博士毕业生占人口比例	22	—	27	35.4%	—	21.3%	28.3%	42.9%

续表

维度	排名			相对水平				
	韩国	中国	日本	韩国	中国	日本	平均值（韩国、中国和日本）	平均值（35 个国家）
资源：								
组织化								
机构	8	9	2	3.8%	2.7%	14.5%	7.0%	4.6%
拥有美国专利商标局专利授权的组织数量	9	4	8	16.5%	24.7%	17.5%	19.6%	11.8%
在世界 500 强大学中排名的大学数量	8	3	2	7.2%	29.0%	45.5%	27.2%	7.6%
创业精神								
在世界 1000 强企业研发排名中的企业数量	11	2	5	11.0%	43.3%	21.1%	25.1%	10.4%
GERD	5	6	1	13.3 1%	10.9%	100.0%	41.4%	8.2%
知识资源								
过去 15 年中的 SCI 论文数量	5	2	3	15.5%	88.3%	33.0%	45.6%	9.3%
过去 10 年的专利数量	2	13	15	99.4%	44.9%	71.4%	71.9%	40.2%
活动：								
研发人员数	13	7	8	44.4%	58.3%	54.4%	52.4%	37.8%
研发投资	2	14	4	77.2%	33.0%	53.9%	54.7%	30.1%
毛利率	1	—	13	100.0%	—	47.9%	73.9%	41.7%
R&D 投资								
每个研究人员的 GERD	9	18	29	47.8%	24.4%	5.0%	25.7%	31.8%
风险资本投资占国内生产总值的百分比	4	—	21	22.8%	—	6.0%	14.4%	14.1%
网络：								
三螺旋结构的运作								
三螺旋运作的专利数量	2	21	1	60.9%	1.4%	100.0%	54.1%	9.7%
商业企业 R&D 在政府和高等教育 R&D 中的百分比	13	3	32	49.9%	93.2%	15.0%	52.7%	43.5%
工业合作								
产业合作	30	17	21	28.9%	59.9%	43.3%	44.0%	55.1%
国际合作								
国际合作	28	20	14	0.7%	2.7%	4.0%	2.4%	7.4%
有外国共同发明者的专利数量	29	25	24	0.1%	0.1%	0.2%	0.1%	3.5%

续表

维度		排名			相对水平				
		韩国	中国	日本	韩国	中国	日本	平均值（韩国、中国和日本）	平均值（35 个国家）
环境：									
支持系统									
由政府资助的 BERD 的百分比		23	27	36	11.9%	9.4%	0	7.1%	18.4%
法律和系统支持水平	知识产权	31	33	19	22.6%	9.9%	55.6%	29.4%	57.4%
	对创新的立法支持	26	19	23	30.0%	49.3%	37.6%	39.0%	49.2%
有形基础设施									
固定和移动宽带用户数（每 100 名居民的固定和移动宽带用户数）	每 100 名居民的固定宽带用户数	5	31	19	88.0%	42.3%	57.3%	62.5%	59.4%
	每 100 名居民的移动宽带用户数	10	24	4	60.8%	32.9%	80.3%	58.0%	43.8%
互联网和固定（有线）宽带的个人百分比	互联网	6	36	11	92.8%	0	83.2%	58.7%	66.4%
	固定（有线）	23	2	17	48.1%	84.8%	54.5%	62.5%	52.6%
文化									
国家文化		29	8	34	24.2%	66.5%	7.9%	32.8%	47.4%
学校中的学科		25	13	14	46.6%	61.8%	60.0%	56.1%	51.7%
绩效：									
经济成果									
人均人口的工业增加值		18	36	11	22.3%	0	31.1%	17.8%	25.5%
高技术出口（占制成品出口的百分比）		4	5	13	88.5%	82.7%	51.2%	74.1%	46.1%
技术收支占总产值的百分比		30	—	28	0.7%	—	0.9%	0.8%	8.4%
知识创造									
专利数量		5	4	1	15.6%	22.1%	100.0%	45.9%	9.0%
每 GERD 专利数		12	27	1	31.6%	6.0%	10.0%	45.9%	23.8%
论文的数量和引用	每个研究人员的 SCI 论文数量	34	33	35	4.6%	6.51%	0	3.7%	31.9%
	每篇论文的 5 年平均引用次数	32	31	29	27.1%	29.2%	30.3%	28.9%	48.7%

注：GERD（gross domestic expenditure on R&D），即国内研发总支出；BERD（business enterprise expenditure on R&D），即企业研发支出

三、韩国创新能力的纵向比较

根据 2018 年《国家科学技术创新力分析》报告，韩国的 COSTII 在 OECD 国家中的排名呈现明显的上升倾向，从 2007 年排名第 12（得分：10.963）升至 2016 年排名第 5（得分：12.322）。由此可以看出，韩国的科学技术力量综合水平在 2007～2016 年得到了较大的提升。

而 2018 年韩国的排名降至第 7，得分 11.531 分，OECD 国家平均得分为 9.004。根据 2016 年的 COSTII 得分情况，对比可以发现：①韩国的科学技术力量综合排名在 2018 年相较于 2017 年有所下降，且得分情况也明显下降（11.531＜12.322）；②OECD 国家平均 COSTII 水平由 2016 年的 9.598 下降至 2018 年的 9.004，可能是受到全球经济增速放缓的影响。

四、韩国创新能力的优势与劣势

表 6-4 根据 COSTII，详细列举了 2007～2018 年韩国创新能力的优势与劣势，并标明了其相应的具体得分。可以发现，韩国在科学技术力量综合水平方面的优势主要体现在：研发投入占 GDP 比重较高，研究者获得专利数较多，研究者在人口中占比较高，专利获得总数较多等方面，表明韩国投入了大量的人力资本、资金从事科学技术，高度重视科技创新。韩国的劣势主要体现在研究者的 SCI 论文较少、知识产权得分较低、论文引用较少等方面，表明韩国的技术创新效率不高，创新质量有待提升。

表 6-4　韩国创新能力的优势与劣势

优势与劣势	项目	得分
优势	GBAORD 占 GDP 的百分比	1.17
	每千名研究人员的三螺旋合作专利数	1.115
	GERD 占 GDP 的百分比	4.23
	BERD 占工业增加值的百分比	4.83
	研究人员总数	361.292
	每万人研究人员总数	70.5
	全球发展报告	79.354
	风险资本投资占 GDP 的百分比	0.086
	高科技出口占制造业出口的百分比	26.6

续表

优势与劣势	项目	得分
优势	专利数量	2.671
	过去 10 年中的专利数量	23.800
	每 100 名居民的固定宽带用户	41.6
	使用互联网的个人百分比	95.1
劣势	每个研究人员的 SCI 论文数量	0.17
	知识产权（点）	5.70
	每篇论文的 5 年平均引用率	5.84
	技术收支占毛入学率的百分比	17.8
	技术合作（点）	5.20
	外国直接投资占 GDP 的百分比	2.12
	民族文化（点）	5.84

注：GBAORD（government budget appropriations or outlays for R&D），即政府研发预算与拨款

五、韩国的创新发展历程

（一）韩国创新发展的几个阶段

韩国工业现代化的成功经验是一种后发优势的三步走赶超路径。这种路径的核心是培育创新型龙头企业，加强整个产业的技术积累，支持中小企业创新，形成良性的产业创新生态环境，实现创新驱动发展。通过这种路径，韩国成功地从一个产业经济体转型为一个创新驱动的经济体。

韩国的创新驱动发展路径分为引入模仿阶段、吸收改进阶段和技术创新阶段。在引入模仿阶段，韩国通过吸收和模仿国外先进技术，初步建立起自己的产业体系。在吸收改进阶段，韩国开始注重自主创新和技术改进，在某些关键领域取得了突破性进展。在技术创新阶段，韩国逐渐成为全球领先的技术创新国家，涌现了一批具有国际影响力的创新型企业，带动了整个产业的技术升级和转型升级。

总之，韩国工业现代化成功经验的三步走赶超路径为其他国家提供了借鉴和参考。政府的重视和支持是韩国创新发展的关键，而企业的积极参与和推动也是不可或缺的。只有政府和企业共同发挥各自的作用，才能形成良性的创新生态环境，实现创新驱动发展和经济的可持续发展。韩国各阶段的发展特点如表 6-5 所示。

表 6-5 韩国创新发展各阶段的特点

阶段	时间	人均GDP（美元）	技术特征	发展战略	产业选择	政策着力点
引入模仿阶段	20世纪50年代~60年代	（750, 1600]	技术引进	工业立国贸易兴国	重化工业	培育创新性龙头企业
	20世纪70年代~80年代	（1600, 6000]	技术吸收	科技立国	高技术产业	
吸收改进阶段	20世纪90年代	（6000, 10 000]	技术跟踪	创造性发展战略	信息与通信技术产业	扶植中小企业创新
技术创新阶段	2000年以来	（10 000, +∞）	技术领先	新增长战略	创造经济创造产业	建设创新系统

资料来源：张赤东（2016）

1. 引入模仿阶段

1）仿制期（20世纪50年代至60年代）

20世纪50年代，韩国在科技和工业基础上非常薄弱，工业化的起步也是从此时期开始的。为了推进工业化建设，韩国政府采取了以引进促进仿制的方式，扶植企业并引导企业开展技术的引进、吸收和效仿。随着时间的推移，韩国逐渐由劳动集约型工业、轻工业向重工业转变，并实施了重化工政策。韩国着重发展的战略性产业包括钢铁、机械、造船、电子、非金属、石油化工、化学工业等。然而，韩国也意识到技术引进可能会对其国家造成"未来持续发展的危机"。因此，韩国政府通过推进技术自主创新，加强科技人才的培养和引进高科技企业等措施，从根本上解决了技术引进和仿制的局限性，实现了技术水平和经济实力的快速提升。此外，韩国还通过发展高附加值产业，提高了产品质量和品牌价值，不断提升国家的竞争力和国际地位。经过几十年的发展，韩国已经成为一个技术含量和经济实力都非常强大的国家，为世界经济和科技的发展做出了重要贡献。

2）改进期（20世纪70年代至80年代）

20世纪80年代，韩国逐步从"工业立国"转向"科技立国"，将自主研发和提升国家创新力作为主要发展目标。政府提出了优先发展高技术产业的战略，重点发展电子、机电一体化、精细化工、半导体和新材料等技术密集型产业。为了避免低水平重复引进，政府采取了严格的监督审查制度，加强对引进技术的消化、吸收和再创新能力。同时，政府推动产学研合作，鼓励并支持企业发展研发机构，加强本土企业研发能力，促进企业、大学与国家科研机构合作开展技术研发。通过这些举措，韩国不断提高自主创新能力和技术水平，成为全球科技创新领域的强国之一。

在实施"科技立国"战略的过程中，韩国政府着重加强了高技术产业的发展，特别是电子、半导体、信息技术等领域。政府不断加大对这些产业的扶持力度，推动其发展成为国家的支柱产业。此外，政府还出台了一系列优惠政策，鼓励企业加大研发投入，提高技术创新能力。在这些政策的推动下，韩国的高科技产业不断壮大，逐渐成为国家经济发展的重要支柱之一。除了政府的支持，韩国的高科技企业也起到了至关重要的作用。这些企业通过不断地创新和技术升级，不断提高产品的技术含量和附加值。同时，这些企业还积极参与国际合作和竞争，不断提高自身的竞争力和国际影响力。这些企业的发展不仅推动了韩国经济的发展，而且为全球科技创新和产业升级做出了重要贡献。

2. 吸收改进阶段

20 世纪 90 年代，韩国政府逐步认识到在国际竞争中，仅仅依靠技术引进无法长期维持国家的科技竞争力。因此，韩国开始实施创造性发展战略，以"选择与集中"的原则突破重点领域，提高局部技术优势，促进整体科技进步。韩国政府重视大企业对国家科技发展的推动作用，特别是三星、现代、乐金等以集团经济为特征的大企业。这些企业加强研发，不断提高技术创新能力和市场竞争力，推动韩国高科技产业的发展。同时，政府也意识到中小企业在韩国经济发展中的重要作用。这些中小企业虽然创新能力不强，但是在某些领域存在着一定的技术优势和市场空间。因此，政府提出发展创新竞争与合作，推动中小企业的创新与发展。

为了实现创造性发展战略的目标，韩国政府采取了一系列措施。首先，政府提出了改进科技计划制定方法的建议，将科技计划的制定改为自上而下与自下而上相结合，集中投资和开发能赶超世界先进水平的项目。其次，政府成立了中小企业管理局（Small and Medium Business Administration，SMBA），推动中小企业创新与发展。SMBA 主要负责制定中小企业创新政策，提供中小企业的融资、技术咨询和国际市场开拓等服务。最后，政府还提出了发展风险投资的措施，为中小企业提供了资金和技术支持。政府开设了科斯达克（KOSDAQ）股票市场，并规定在科斯达克上市的中小企业五年内享受免税待遇。这些措施促进了中小企业的融资渠道的拓宽和技术创新能力的提高。政府也采取了采购政策向中小企业倾斜的措施，优先采购本国产品，以支持本国中小企业的发展。这些政策促进了中小企业的发展和市场竞争力的提高。

3. 技术创新阶段

自 2000 年以来，韩国进入了创新快速跟踪和技术领先并存的时期。这一时期的科技创新特点包括：一是从跟随型创新向领先型创新转变；二是从单一的政府主导型创新向多元的协同型创新转变；三是从重视数量和规模的创新向重视质量和效率的创新转变。为了适应这一时期的科技创新特点，韩国政府提出了技术领先战略，工作重心转移到国家创新系统建设上。主要措施如下。第一，调整政府地位与作用。政府从直接干预科技活动转为制定科技政策和提供科技服务，从单一的资源分配者转为多元的协调者和促进者。第二，改善大企业和小企业两极化关系。政府通过加强中小企业的研发能力，促进中小企业与大企业、高校、研究机构等之间的合作，提供中小企业专属的科技金融和税收优惠等措施，缩小中小企业与大企业在科技创新方面的差距。第三，加强公共研发和建立科学园区。政府通过增加公共研发投入、优化公共研究项目管理、提高公共研发成果转化率等措施，提升公共研发的效率和质量。同时，政府通过建立各类科学园区，如国家级、地方级、专业级、产业级等，为科技创新提供良好的基础设施和环境。

2010 年，韩国制定了面向 2040 年的科技发展长期愿景与目标。该愿景将韩国定位为"全球领先的创意经济强国"，并提出了四个战略方向：一是以人为本的科技创新；二是以社会需求为导向的科技创新；三是以未来挑战为契机的科技创新；四是以全球合作为基础的科技创新。朴槿惠政府提出"创意产业"理念，对科技和经济模式进行改革。该理念强调将科技与文化、艺术、设计等结合，打造具有高附加值和竞争力的产品和服务。政府还制定了多个科技创新计划，如"未来挑战计划""社会问题解决计划""中小企业成长计划"等，加强对中小企业的支持和促进其技术竞争力提高。

4. 总结

韩国是一个科技创新的成功案例，其科技发展经历了引入模仿、吸收改进、技术创新三个阶段，创造了"汉江奇迹"。在这三个阶段中，政府发挥了重要的作用，促进了创新要素配置流动，形成了良好的创新生态环境。在引入模仿阶段（20 世纪50 年代至 80 年代），政府通过实施出口导向型工业化战略，引进外国技术和资本，培育本土企业和人才，建立基础设施和制度框架，为科技创新奠定了基础。在吸收改进阶段（20 世纪 90 年代），政府通过实施重点产业培育计划，加大对科技研发的投入和支持，鼓励企业进行技术改进和自主创新，提高了科技创新的质量和效率。在技术创新阶段（2000 年以来），政府通过实施技术领先战略，转变科技创新的模式和方向，推动科技与文化、艺术、设计等融合，打造创意产业和创意经济，提升科技创新的附加值和竞争力。在不同阶段，政府在坚持基本国策的条件下，适时、准确调整和实施政策，引导社会知识、资本、人员流动，并为其提供服务支撑。政府的作用是韩国成功实现"三步走"赶超路径的关键。

（二）韩国政府作用的转变：从产业政策到创新政策

在韩国的创新过程中，政府的作用逐步由产业政策向创新政策过渡，重点转向企业家，注重培育和激励企业家创新精神。

产业政策是指政府通过规划、指导、支持、干预等手段，对特定产业或部门进行优先发展或调整的政策。韩国在引入模仿阶段和吸收改进阶段，广泛实施了产业政策，以促进经济增长和结构转型。例如，政府通过实施出口导向型工业化战略，引进外国技术和资本，培育本土企业和人才，建立基础设施和制度框架；政府通过实施重点产业培育计划，加大对科技研发的投入和支持，鼓励企业进行技术改进和自主创新。

创新政策是指政府通过制定法律、规章、标准、预算等手段，为科技创新活动提供有利的环境和条件的政策。韩国在技术创新阶段，逐渐转向实施创新政策，以提升科技创新的质量和效率。例如，政府通过实施技术领先战略，转变科技创新的模式和方向，推动科技与文化、艺术、设计等融合，打造创意产业和创意经济；政府通过制定面向2040年的科技发展长期愿景与目标，为科技创新提供清晰的方向和目标。韩国在创新过程中高度重视企业家的作用，这是因为，在高度开放和竞争的全球市场中，企业家是科技创新的主体和动力，他们能够发现市场机会，整合资源，承担风险，推出创新产品和服务。因此，创新制度设计必须以有利于企业家重新组织及自由调配生产要素为出发点，减少体制或政策因素对生产要素合理流动的阻碍。同时，政府的干预也需要结合健全的市场机制，如此才能发挥创新政策的作用。

在韩国经济发展历程中，政府逐渐从自由放任政策（20世纪50年代至60年代），转向重视产业政策（20世纪70年代至80年代），再到推动科技创新以实现经济振兴（20世纪90年代至今）。这一过程反映了韩国经济发展所面临的不同挑战和机遇，以及政府对科技创新的认识和态度的变化。韩国的经验表明，政府的作用是科技创新的重要推动力，但也需要与时俱进，适应科技创新的特点和需求，这样才能实现科技创新的持续发展。

20世纪六七十年代，韩国实施了政府主导的开发战略，以出口导向型工业化为核心，大力发展重化工业和制造业。根据世界银行的数据，韩国的实际GDP年均增长率在1961～1979年达到了8.6%，远高于世界平均水平。韩国的出口额从1960年的5500万美元增长到1979年的178亿美元，成为"亚洲四小龙"之一。

然而，政府主导的开发战略也带来了一系列的问题，如政治社会混乱、经济结构失衡、资源环境破坏、外债累积等。特别是在1973年和1979年发生的两次石油危机后，韩国经济受到了严重的冲击，出现了负增长。1980年，韩国的实际GDP增长率降到了–1.7%，同时面临着高通胀和高失业的困境。

为了应对危机和挑战，韩国开始进行经济自由化改革。1985年颁布的《产业发展法》明确了市场在产业发展和经济运行中的主导作用，放松了对外贸易和投资的管制，促进了市场竞争和效率。1987年实行民主化改革，结束了军事独裁统治，为经济改革提供了政治保障。金大中政府（1998～2003年）提出"第二次建国"的目标，并进行大幅结构调整和制度改革。金大中政府面对 1997 年亚洲金融危机的严峻形势，采取了一系列措施，如接受国际货币基金组织的救助计划、推进金融体制改革、加强企业治理、促进劳资关系协调等。这些措施使韩国经济在短期内实现了复苏和稳定。20 世纪 80 年代中期至 90 年代后期，韩国实施了两次市场化改革。第一次市场化改革（1986～1992 年）旨在促进经济结构调整和开放，加快从劳动密集型产业向技术密集型产业转型，提高对外贸易和投资的自由度。第二次市场化改革（1993～1997 年）旨在促进经济体制转轨和创新，加强市场机制和法治建设，推动科技创新和人力资源开发。另外，韩国的经济增长要素包括科技创新、教育体系、产业政策、国际贸易、企业管理以及宏观经济政策等多个方面。这些要素相互作用共同推动了韩国经济的持续增长。韩国 1972～2011 年的经济增长要素指标如表 6-6 所示。

表 6-6 韩国经济增长要素分解（1972～2011 年）

要素	1972～1997 年	其中			1998～2011 年
		1972～1978 年	1979～1989 年	1990～1997 年	
GDP 平均增长率	8.2%	9.5%	8.1%	7.2%	4.1%
资本	12.8%	14.4%	12.5%	12.0%	5.7%
劳动	2.7%	4.2%	2.5%	1.6%	−0.2%
全要素生产率	1.5%	1.0%	1.7%	1.8%	2.0%
平均贡献率（资本＋劳动+全要素生产率＝100%）					
资本	61.2%	67.8%	54.6%	63.7%	46.4%
劳动	18.9%	26.0%	18.7%	12.9%	−0.3%
全要素生产率	19.9%	6.2%	26.7%	23.4%	53.9%

资料来源：亚洲生产力组织数据库

　　韩国自 20 世纪六七十年代以来的经济发展，为韩国经济和社会带来了巨大的变化和影响。一方面，韩国经济实现了从落后到先进的跨越，成为世界第十二大经济体，并在科技创新方面取得了显著的成就。根据彭博新闻社发布的全球创新指数排名，韩国 9 年夺 7 冠，成为全球最具创新力的经济体之一。另一方面，韩国社会也实现了从封闭到开放的转变，建立了民主法治的政治制度，提高了人民的生活水平和幸福感。韩国的经济发展经验，为其他发展中国家提供了有益的借鉴和启示。

　　韩国政府在迈向中高收入经济体的过程中扮演了重要角色，推行了主导型体制的产业政策。然而，这样的政策也导致了两次社会经济危机，使政府感受到了必须改革的压力。最终，韩国政府实施了强制性的制度变革，将政府的作用限制在一定程度内，为创新政策的实施创造了有利的制度环境。

第二节　案例研究：芯片产业发展历程与三星公司的崛起

一、韩国芯片的发展历程

韩国半导体产业起源于 1959 年，现为韩国的支柱型产业，主要由集成电路（integrated circuit，IC）组成。韩国企业在起步阶段只能完成进口元器件组装，但经过 60 多年的发展，一度成为全球半导体设备的第二大生产国。2017 年，韩国三星集团下的三星电子超越美国英特尔，成为全球最大的半导体设备制造商。韩国半导体产业的成功经验值得中国学习和借鉴。

（一）国家政策和资金的支持

半导体是现代信息技术的基础和核心，其发展水平反映了一个国家的科技实力和竞争力。韩国是一个半导体产业强国，其半导体产业的发展离不开政府的强有力支持。自 20 世纪 70 年代起，韩国政府开始实施计划，鼓励本土化生产和半导体核心技术的研发。1974 年，政府制定了《电子工业振兴计划》，将半导体列为重点发展领域之一，并提供了税收优惠、贷款担保、进口关税减免等政策支持。1979 年，政府成立了半导体产业振兴委员会，负责制定和协调半导体产业的发展战略和政策。

1982～1987 年，政府通过投入 3.46 亿美元的贷款和激励民间投资，加速了韩国 DRAM 技术的研发。1983 年，韩国成功开发出 64K DRAM，并在 1984 年开始量产。1986 年，韩国又成功开发出 256K DRAM，并在 1987 年开始量产。这些成果使韩国成为世界上第四个拥有 DRAM 技术的国家，并在全球市场上占有一定的份额。

在 20 世纪 90 年代，政府进一步推动半导体产业国产化，并出台了多项政策和计划，促进半导体产业的发展。1991 年，政府制定了《半导体产业振兴基本法》，规定了半导体产业的定义、目标、方向、任务等，并设立了专门的机构和基金来支持半导体产业。1993 年，政府制定了《半导体产业中长期发展计划》，明确了到 2000 年实现 1G DRAM 技术和到 2010 年实现 16G DRAM 技术的目标，并提供了研发资金、人才培养、市场开拓等方面的支持。

2016 年，政府主导成立了"半导体希望基金"，旨在为半导体产业提供更多的资金支持。该基金规模为 1.5 万亿韩元（约合 13 亿美元），主要用于投资中小型半导体企业，以提高其竞争力和创新能力。2018 年，政府出台了《半导体研发国家政策计划》，旨在为半导体产业提供更多的政策支持。该计划规定了到

2030 年实现 128 层 3D NAND 闪存技术和到 2040 年实现 256 层 3D NAND 闪存技术的目标，并提供了税收优惠、人才培养、知识产权保护等方面的支持。

　　韩国的措施使韩国半导体产业在技术、产量、市场等方面取得了举世瞩目的成就。根据国际半导体产业协会的数据，2019 年，韩国的半导体产值达到了 1030 亿美元，占全球半导体市场的 17.3%，位居全球第 2。韩国的三星电子和 SK 海力士分别是全球最大的 DRAM 和 NAND 闪存生产商，其市场份额分别为 43.5% 和 45.3%。韩国的半导体产业是韩国经济的支柱和引擎，也是韩国科技创新的代表和标志。

（二）政产学研的通力合作

　　韩国半导体产业的成功，包括采用"政府 + 大企业 + 高校"模式，促进校企合作，重视"引进 + 培养"半导体技术人才，形成以三星电子和 SK 海力士为龙头的完整产业链条和精细的企业分工，以及多个半导体产业城市群的支持。这些因素共同推动了韩国半导体产业的快速发展。

　　首先，"政府 + 大企业 + 高校"模式是韩国半导体产业发展的基础。政府通过制定政策法规和提供资金等强有力的支持，为半导体产业提供了有利的环境和条件。大企业通过投入大量的资金和人力，进行半导体技术的研发和生产，为半导体产业提供了核心的动力和竞争力。高校通过培养半导体技术人才和开展半导体基础研究，为半导体产业提供了源源不断的人才和知识。政府、大企业和高校之间通过各种形式的合作，实现了资源的共享和优化。

　　其次，校企合作是韩国半导体产业发展的重要途径。校企合作指的是高校与企业之间在半导体技术研发、人才培养、成果转化等方面进行合作的活动。校企合作有利于提高半导体技术研发的效率和质量，缩短半导体技术从实验室到市场的周期，提高半导体技术人才的实践能力和创新意识，促进半导体技术创新和产业发展。韩国政府通过设立专门的机构和基金，如半导体产业振兴委员会、"半导体希望基金"等，支持和鼓励校企合作。

　　再次，"引进 + 培养"半导体技术人才是韩国半导体产业发展的关键因素。韩国政府和企业重视引进国外先进的半导体技术人才，以弥补国内人才缺口，并借鉴其经验和技能。同时，韩国政府和企业也重视培养本土的半导体技术人才，以保证人才供应和更新。韩国政府通过制定《半导体人才培养计划》，为高校、职业学校、研究机构等提供资金、设备、教材等支持，以提高半导体教育质量。韩国企业通过建立内部培训中心、与高校合作设立专业课程、派遣员工出国深造等方式，提高员工技能水平。

　　最后，以三星电子和 SK 海力士为龙头的完整产业链条和精细的企业分工，以及多个半导体产业城市群的支持，是韩国半导体产业发展的有力保障。三星电子和 SK 海力士是韩国半导体产业的领军企业，其在 DRAM 和 NAND 闪存领域拥有世界领先的技术和市场份额。韩国半导体产业形成了从设计、制造、封装、测试到销售的完整产业链条，涵盖了各个环节和层次的企业。韩国半导体产业采用了精细的企业分工方式，使每个企业都能专注于自己擅长的领域，实现了协同效应。韩国政府通过建立多个半导体产业城市群，如京畿道、庆尚北道、光州广域市等，为半导体产业提供了良好的基础设施和环境。

（三）逆周期投资

半导体产业是一个具有高度竞争和周期性等特征的产业，其发展受到市场需求、技术进步、价格波动等多种因素的影响。在这样一个充满变化和不确定性的环境中，韩国半导体企业成功的另一个重要原因是逆周期投资，即在行业不景气时敢于进行投资，以抓住市场机会，提高自身竞争力，挤压竞争对手的生存空间。

三星集团是韩国半导体企业中最具代表性和影响力的企业，其在半导体产业中的成功，与其坚持逆周期投资有着密切的关系。三星集团通过逆周期投资，顺利度过了 1984～1986 年和 2008 年金融危机期间的半导体产业低潮期，并迫使竞争对手走向负债破产，扩大了自己在半导体市场的市场份额，奠定了霸主地位。

1984～1986 年，美国和日本等国家的半导体产能过剩和价格下跌，导致全球半导体市场陷入低迷。许多半导体企业纷纷减少或停止投资，以降低成本和损失。然而，三星集团却选择了逆流而上，大举投资半导体技术研发和设备生产。1969 年三星电子工业成立，1984 年更名为三星电子，成为三星集团的核心企业。1985 年，三星电子开始建设全球最大的 DRAM 工厂，并在 1986 年完成。这些举措使三星电子在半导体市场上取得了突破性的进展，并在随后的几年里迅速超越了日本和美国等国家的竞争对手。

2008 年，由于美国次贷危机引发了全球金融危机，全球半导体市场需求大幅下降，许多半导体企业再次面临着投资缩减或退出市场的压力。然而，三星电子再次选择了逆周期投资，继续加大对 DRAM 和 NAND 闪存技术的研发和生产投入。2009 年，三星电子成为全球第一个量产 40 纳米 DRAM 和 30 纳米 NAND 闪存的企业，并在 2010 年推出了 20 纳米 DRAM 和 27 纳米 NAND 闪存。这些举措使三星电子在半导体市场上保持了领先优势，并在金融危机后迅速恢复了盈利能力。

1996～1999 年三星电子发起了价格战，在技术支持下成功清除了很大一部分竞争对手，进一步扩大了市场份额。1996 年，由于日本等国家的 DRAM 供应过剩和价格下跌，全球 DRAM 市场陷入低迷。三星电子利用自身技术优势和成本优势，大幅降低 DRAM 价格，并提高 DRAM 质量和性能。这一举措使三星电子在 DRAM 市场上占据了主导地位，并迫使许多竞争对手退出市场或转向其他领域。1999 年，三星电子的 DRAM 市场份额达到了 30%，而日本等国家的份额则大幅下降。

（四）美日半导体贸易冲突与美国对韩国的扶持

半导体产业是信息技术领域的核心和基础，其发展受到国际政治经济环境的影响。韩国半导体产业的迅猛发展与 20 世纪 80 年代美日半导体贸易冲突有关。美国对日本半导体行业进行打压（表 6-7），同时扶持韩国半导体产业，促进了韩国半导体行业的迅猛发展。

表 6-7 20 世纪 80 年代美国对日本半导体产业限制

产业	美国采取的贸易保护措施	日本应对举措	结果
半导体	301 条款、反倾销诉讼、禁止日资在美投资并购、贸易制裁性关税	第三国出口价格管制、对美出口产品价格控制	1986 年《日美半导体协议》

资料来源：中国金融四十人论坛

20 世纪 80 年代，美国和日本是全球半导体市场的主要竞争者。由于日本半导体企业在技术、成本、质量等方面具有优势，美国半导体企业在市场份额和利润上不断落后于日本。美国政府认为日本半导体企业采取了不公平的贸易手段，如倾销、限制进口、垄断市场等，损害了美国半导体产业的利益。因此，美国政府对日本半导体行业进行了多次调查和制裁，试图迫使日本政府改变其贸易政策，并保护美国半导体产业。

1986 年，日美双方在长期的谈判后签订了《日美半导体协议》，规定了双方在半导体贸易方面的一系列条款和目标。其中最具争议的是，日本政府承诺将其国内市场对外国半导体产品的开放度提高到 20%，并将其对第三国市场的出口价格维持在合理水平。然而，这一协议并没有得到有效的执行和监督，美国政府认为日本没有兑现其承诺，并继续对美国半导体产业构成威胁。

1987 年 4 月，美国政府宣布对含日本芯片的日本产品征收 100%进口关税，此举引发了全球范围内的贸易摩擦和反应。这一举措也刺激韩国半导体企业成为全球半导体产业的主要竞争者。由于美国对日本产品征收关税提高了其成本和价格，日本半导体企业在全球市场上失去了竞争力，韩国半导体企业借此机会扩大了自己在全球市场上的份额，并提高了自己在技术和质量方面的水平。特别是三星电子，在 1986 年成功开发出 256K DRAM，并在 1987 年开始量产后，迅速成为全球 DRAM 市场的领军企业。

韩国正是借助美日半导体贸易冲突这个良好机遇，在 1985~1991 年，一鼓作气完成对美日半导体技术上的追赶。同时，为了尽量避免与美国在半导体设备上的贸易摩擦，韩国在市场布局之初，就选择将自家半导体设备主要销往到美半导体设备影响力较弱的亚洲地区，而不是像日本一样将半导体设备主要出口到美国（汪超和张慧智，2018）。

事实上，在日本快速崛起时，美国为了培植制约日本制造业的备胎国家，已经在 1960 年后开始大力扶持韩国的发展。这一举措，随着 1985 年后日本半导体产业的突飞猛进，成为在美国偏心下让韩国崛起与日本衰落的重要伏笔。1987 年披露的东芝事件，即东芝非法向苏联销售高技术国防产品，让里根对日本直接发起了第二次世界大战后美国首例贸易制裁，即《超级 301 法案》。1987~1991 年，美国开始以《超级 301 法案》为敲门砖，配合美元贬值及日元升值的对赌性汇率操控手段，对日本的半导体产业和操作系统的萌芽市场，实施了毁灭性的精准打击。1989 年 12 月 29 日，随着日经平均股价达到最高 38 957.44 点后的瀑布式崩盘，日本彻底退出了与美国的竞争，而日本的半导体产业也自此走上了下坡路。最终，日美两国政府于 1991 年 6 月签署了为期五年的《新半导体协议》。

韩国在半导体市场的崛起，除日本在"日美半导体战争"中的战败因素和美国的扶持外，也和早年韩国在得到美国半导体技术援助时，积攒下的人才基础有关。据公开资料，韩国根据国情开展了"经济开发五年计划"和"新乡村运动"，并结合三星等财阀的企业基础，在与美国的合作中使得韩国的农业和工业得到快速的发展。其中，1962~1996 年，韩国政府制定的 7 个五年计划中，第 1~4 个五年计划称为"经济开发计划"，第 5~7 个五年计划为"经济社会发展计划"。

（五）基于外围专利策略的精准市场定位

韩国半导体企业在半导体技术方面取得了举世瞩目的成就，其中一个重要原因是重视基础技术研究，利用基础技术抢先申请知识产权战略，占据市场竞争优势。

半导体的基础技术是指材料、器件、工艺、设计等。基础技术的研究具有高度的创新性和战略性，对半导体产业的发展具有决定性的影响。韩国半导体企业重视基础技术的研究，投入大量的资金和人力，与高校和研究机构进行合作，不断提高自主创新能力。韩国半导体企业利用基础技术抢先申请知识产权，即在基础技术领域申请大量的专利，以保护自己的技术成果，防止他人侵权或模仿，并通过专利许可或转让等方式获取收益。这一战略使韩国半导体企业在半导体市场上具有较强的议价能力和竞争优势。

为避免与先发大国正面交锋，韩国企业采取外围专利策略，消化吸收核心技术，研发技术含量不高的外围配套技术，在核心专利周围编织专利网，形成"引进—吸收—创新—输出"的良性循环。外围专利策略是指在核心技术已被他人专利保护的情况下，通过对核心技术进行改进、优化、扩展等方式，申请与核心技术相关或补充的外围专利。这种策略有利于避免与核心专利所有者发生直接冲突，同时提高自身产品或服务的附加值和差异化程度。韩国企业通过外围专利策略，在遏制跨国公司技术垄断的同时，不断扩大自身竞争优势。

（六）企业家和员工的通力合作

韩国半导体产业是韩国经济的支柱和引擎，其成功离不开优秀的企业家精神和员工不辞辛劳的工作态度。韩国政府提出了企业和政府、企业和消费者要相互理解、相互协调、共同打开经济困局的口号，大力发展半导体产业是国家赋予的重大使命。老一辈企业家秉承完成使命的初心，不惜牺牲传统经营方式和基业，转战半导体产业，在负债引进外国先进技术的同时，巨额投资研发项目，一路攻坚克难。同时，韩国员工常年工作时间超长，工作态度认真刻苦。

韩国半导体产业的成功，与其优秀的企业家精神密不可分。韩国半导体产业的领军人物之一是三星集团创始人李秉喆。他在 20 世纪 70 年代初期，就敏锐地抓住了半导体产业的发展趋势和机遇，并决定将三星集团从传统的纺织、贸易等行业转向高科技领域。他不惜借贷数亿美元，引进美国和日本等国家的先进技术和设备，并投入大量资金进行研发和生产。他还亲自参与半导体技术研究，并带领员工进行实验和测试。他曾说过："如果我们不做半导体，我们就没有未来。"他的远见卓识和坚定决心，为三星电子成为全球最大的半导体生产商奠定了基础。

韩国半导体产业的成功，也与其员工不辞辛劳的工作态度密不可分。韩国员工以其勤奋、敬业、忠诚而闻名于世。如表 6-8 所示，根据 OECD 的数据，2016 年，韩国员工的年平均工作时间为 2124 小时，高于 OECD 平均水平。韩国员工在半导体技术研发和生产过程中，表现出了高度的专注和投入，不断提高自身技能水平和创新能力。韩国员工还具有强烈的团队精神和责任感，与企业共同面对市场风险和竞争压力，与企业共同分享成果和荣誉。

表 6-8　2016 年 OECD 各国员工年平均工作小时数前十名排行榜

排名	国家	年平均工作小时数
1	墨西哥	2228
2	哥斯达黎加	2216
3	韩国	2124
4	希腊	2042
5	智利	1990
6	俄罗斯	1985
7	拉脱维亚	1938
8	波兰	1923
9	冰岛	1864
10	爱沙尼亚	1859

资料来源：OECD 发布的 2016 年就业前景报告

二、三星集团如何从亚洲金融危机中崛起？

（一）三星的经营战略选择

其实，在 1997 年亚洲金融危机席卷整个亚洲大陆之前，三星集团已经处于"要么变革要么死亡"的困境。1993 年对于三星的发展来说，是十分关键的一年。1993 年 1 月 31 日，三星集团会长李健熙前往美国洛杉矶进行了为期一个月的市场调查，他发现：三星集团的产品在海外市场沦为廉价产品，只能在折扣店低价销售。李健熙指出，改变三星，必须首先抛弃二流的产品形象，努力把产品品质提高到世界水平。1993 年 6 月，三星集团发动以变革为主题的法兰克福宣言，指出"除了老婆孩子，一切都要变化"，吹响了"新经营"的号角。主要的措施如下。① "7.4 制"唤醒 18 万员工。将原来的上班时间由 8 时 30 分～17 时，提前到 7 时～16 时，让"没有完全睡醒的三星职员切身体会到改革"。②人才战略：强调教育重要性，通过各个进修项目，实行人才管理革新。将核心资源分为 S（super，超级）和 H（high，高级），技术也分为基础、尖端、革新、未来等四类。

韩国三星集团旗下的三星电子是全球最大的半导体生产商，其在半导体产业中的成功，与其在面对危机时的经营革新战略有着密切的关系。本节将概述 1995～1999 年，三星电子如何通过实施经营革新战略，从低迷的半导体市场和亚洲金融危机中走出，并实现了财务结构的优化和竞争力的提升。

1995 年，三星电子盈利创史上新高，达到了 1.3 万亿韩元（约合 11.5 亿美元），半导体存储市场繁荣。然而，1996 年下半年起，由于全球半导体供应过剩和价格下跌，半导体经济形势开始恶化。1997 年末金融危机袭来，韩国货币大幅贬值，外债飙升，经济陷入衰退。三星电子陷入全面危机，其负债率高达 300%，面临着破产的风险。

为了应对危机和挑战，三星电子实施经营革新战略，采取精简机构、削减开支、处理无收益资产、裁员等措施，优化财务结构，财务状况得到了极大改善。具体包括以下几方面。

（1）精简机构：三星电子对其组织结构进行了大规模的调整和优化，将原来的 8 个事业部缩减为 4 个事业部，并将各个事业部下属的部门和小组进行了合并或裁撤。这一举措使三星电子的组织结构更加扁平化和灵活化，提高了决策效率和执行力。

（2）削减开支：三星电子对其各项开支进行了严格的控制和节省，包括广告费、差旅费、福利费等。同时，三星电子还对其在海外的分公司和工厂进行了调整或关闭，以减少运营成本。

（3）处理无收益资产：三星电子对其持有或投资的无收益或低收益的资产进行了清理或出售，包括股票、债券、房地产等。同时，三星电子还对其参与或运营的无收益或低收益的项目进行了退出或终止，包括汽车、航空、生物技术等领域。

（4）裁员：三星电子对其员工进行了大规模的裁员，以降低人力成本。1998 年底，三星电子共裁减了 2.6 万名员工，占总员工数的 20%。同时，三星电子还对其高层管理人员进行了调整或更换，以提高管理水平。

经过两年多的结构调整，三星电子的流动资金情况明显改善，负债率从亚洲金融危机后的 300%降到了 85%。同时，三星电子也借助汇率变动和市场需求恢复等因素，在 1999 年实现了盈利反转，并在 2000 年创造了历史上最高的盈利。三星电子的经营革新战略，使其在半导体市场上保持了领先优势，并为其在 21 世纪的发展奠定了坚实的基础，三星电子新经营战略见表 6-9。

表 6-9　三星电子新经营战略

三星电子各时期新经营战略				
时期划分	第一新经营时期			第二新经营时期
	新经营第一阶段	新经营第二阶段	新经营第三阶段	新经营第四阶段	
时期	1993 年 6 月～1996 年 6 月	1996 年 7 月～1998 年 12 月	1999～2001 年	2002 年 4 月～2003 年 6 月	2003 年 7 月～2010 年
基本方向	品质经营	速度经营	确保全球竞争力	准备经营	"超一流"
核心目标	品质、服务社会信任	缩短生产周期节俭经费、减员缩小组织规模	最好最便宜最快	拥有核心事业、聘用优秀人才、开发尖端技术	人才经营、发掘新事业领域、提高品牌价值

（二）三星集团如何利用中国市场发展起来？

在 20 世纪 90 年代，三星集团在国外市场上被认为是一个廉价产品的品牌形象。会长李健熙认识到品牌形象的重要性，开始展开差别化海外营销战略（表 6-10）。

表 6-10　三星集团差别化海外营销战略

国家/地区	主要战略	具体措施
韩国	全球战略本部	R&D：开发高附加值产品； 开发国际经营资源
中国	第二基地	第二国内需求市场；全球生产基地；利用丰富的 人力资源
日本	新技术展示中心、新出口市场	R&D 中心；现地营销中心
东南亚	生产基地	间接出口生产基地；为欧美地区提供配件；进口 到韩国；设立区域调配中心
美国	本土化营销新技术情报中心	现地营销中心；R&D 中心
墨西哥	间接出口基地	中低端产品生产； 生产、供给配件
欧洲	为确保进入当地市场建立生产设施	高端产品生产；R&D 和设计中心；地区营销中心； 设立欧洲总部

三星集团在逐步发展壮大的过程中，极其注意全球品牌形象，并通过设计营销、品牌促销、差别化海外市场三大品牌营销战略，确立了三星在国际市场上令消费者青睐、信任的品牌形象。海外市场，特别是中国市场，一直是三星集团重军布局的区域，三星集团不仅将中国市场视为除其国内市场以外的第二大内需市场，还利用中国丰富的人力资源，将中国作为全球性的生产和加工基地。

三星集团在中国的发展，最早可以追溯到 20 世纪 70 年代，在中韩尚未正式建交之际，三星集团经中国香港从内地进口煤炭，这是新中国成立以后韩国企业与中国进行的第一笔贸易。此后，三星集团与中国市场的联系日益密切。表 6-11 详细介绍了三星集团与中国市场开展联系的发展历程。

表 6-11　三星集团与中国市场开展联系的发展历程

时间	事件	意义
20 世纪 70 年代	三星集团经中国香港从内地进口煤炭	新中国成立以后韩国企业与中国进行的 第一笔贸易
1985 年	三星集团在中国香港设立中国地区本部	正式开始准备进入中国市场
1992 年	在天津成立三星集团第一家在华合资企业	此后，三星集团在中国的发展开始加速

续表

时间	事件	意义
1995 年	三星集团中国总部成立	三星集团中国总部的成立是其本地化战略的重要一步，通过在中国设立总部，三星能够更好地理解中国市场，开发符合中国消费者需求的产品和服务
1996 年	三星（中国）投资有限公司成立	自 1996 年开始，三星集团在中国天津、深圳、苏州等各地设立法人

　　总的来说，三星集团在中国市场的竞争战略可以分为三个阶段（表 6-12）。三星集团将中国市场作为自己的第二基地，"中国战略"的成功为三星集团的发展增加了后劲。三星集团之所以能够迅速从亚洲金融危机中迅速恢复并获得进一步的发展，关键在于"中国战略"的成功。中国廉价的劳动力资源和广阔的国内市场，为三星集团提供了盈利和扩大市场占有份额的基础。

表 6-12　三星集团的"中国战略"

时间	战略	内容
20 世纪 70 年代~20 世纪 90 年代	建立廉价生产战略	利用廉价劳动力，大量生产中低端产品
20 世纪 90 年代后期~2001 年李健熙会长访华前	以质取胜战略	集中力量开始在中国市场销售最新型高端产品
2001 年李健熙会长访华后	提高产品溢价能力的品牌战略	彻底摆脱之前消极的经营战略，积极开展高级化、个性化的品牌竞争

（三）三星集团崛起的启示

　　与三星集团相比，韩国的另外两大财团——现代和大宇，其主营国外市场分别是朝鲜和南美，前者的金刚山开发项目亏损巨大，后者因阿根廷金融动荡损失惨重。唯独三星，其"中国战略"搭上了中国经济快速增长的顺风车，很快从亚洲金融危机中恢复，并实现了快速发展。从三星集团崛起中，我们可以得到以下几点启示。

　　第一，把握时代大局，确定正确战略。在亚洲金融危机之前，三星集团已经处于生死存亡的困境，只有变革，才能拯救三星。三星集团迅速调整战略目标，由以量取胜转变为以质取胜，通过停止低质量产品生产、严把质量关，不断提升三星的品牌形象。并在金融危机到来之际，撤销冗余机构、削减不必要开支等，为公司正常经营回笼资金，保证公司的正常运转。

　　第二，加大科研投入，重视人才培养。三星集团对质量的严格要求促使其不断加大科研投入，通过研发不断提升产品的质量，以满足消费者日益增长的高品质需求。此外，三星集团还通过鼓励员工进修、高薪聘请人才等举措，提升三星集团内部的人才实力。

第三，及时调整产业结构，向新型工业转轨。在经历了亚洲金融危机之后，三星集团果断地将自己的主营业务由传统的重工业转变为新兴工业。三星集团曾经一味"贪大求全"，业务涉及汽车、建筑等传统领域，导致大笔资金无效经营。三星集团通过削减不盈利业务，迅速止住了"出血点"，确立了以电子产品和电信产品为主营业务的战略，以专业化取代全面化，以信息化取代传统化，迅速取得了快速复苏和发展。

第四，放眼国外市场，加快推进国际化。三星集团从一个廉价家电品牌发展为今天的全球知名品牌，与其国际化战略密切相关。韩国国内市场狭小，难以满足三星集团大规模的生产需求。因此，自20世纪80年代以来，三星集团开始进行海外投资，逐步确立了差别化的海外战略。值得一提的是，三星集团的成功与中国经济的发展密不可分，三星集团一直将中国作为第二基地，利用中国广阔的消费市场和丰富的劳动力资源，搭上了中国经济快速发展的便车，较快从亚洲金融危机中恢复并实现了快速发展。

第三节　韩国的科技创新体系

韩国政府根据国家战略需求和目标，建立了科技管理体制，以国家科学技术咨询会议为最高决策中心。政府部门负责制定科技计划，专业机构负责执行和管理科技项目，科学技术企划评价院提供技术预测、评价、调查等支撑工作。

一、韩国科技管理体制演进

在过去的几十年里，韩国的科技管理体制经历了从技术管理局到科学技术部，再到科学技术信息通信部的转变。韩国为了适应不断变化的国家战略需求，进行了多次科技管理体制改革，对韩国科技发展起到了重要作用。

这些变化反映了韩国科技发展战略的演进。起初，韩国的科技管理主要以出口驱动为核心，通过技术管理局来推动技术的研发和应用，以增强出口竞争力。随着时间的推移，韩国逐渐从技术驱动转向创新驱动，注重科技创新的能力和竞争力。这促使了科学技术部的成立，更好地制定和实施科技政策，推动创新和科技产业的发展。

韩国科技管理体制的核心是国家科学技术咨询会议。这个会议由总统担任议长，汇集了各界的专家学者和政府官员，旨在负责科技政策的建议、制定、审议和执行。通过这个咨询会议，韩国能够形成科技发展的共识，协调各方面的资源和力量，确保科技政策的科学性和有效性。

韩国科技管理体制的支撑机构是科学技术企划评价院。这个机构在科技管理中发挥着重要的角色，负责提供技术预测、评价、调查等服务。科学技术企划评价院利用先进的科技预测和评估方法，为科技政策的制定和决策提供科学依据。他们还开展相关的调查研究工作，收集和分析科技领域的数据和信息，为科技发展提供重要参考和决策支持。

韩国科技管理体制经历的多次变化与国家战略需求和目标相适应，从出口驱动到技术驱动，再到创新驱动。核心机构国家科学技术咨询会议由总统担任议长，负责科技政策的建议、制定、审议和执行。韩国最终形成了将科学技术政策建议、制定、审议和执行的主导权集中在由总统主导的科学技术咨询会议之中的现代科技管理体制（图6-1）。

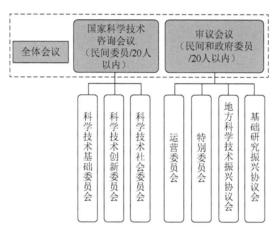

图6-1　韩国的现代科技管理体制

二、韩国科学技术发展计划

韩国科学技术基本计划是韩国政府每 5 年制定一次的有关国家科技发展方向、目标和政策的重要文件。该计划由科学技术信息通信部综合各部委的科技计划和措施，并由国家科学技术咨询会议进行审议和决定。

韩国的第四次科学技术基本计划以 2040 年未来愿景为目标，强调以人为本，旨在推动科技发展与社会需求的紧密结合。该计划设立了四大战略和预期目标，旨在引领韩国走向具有全球竞争力的科技强国。这些战略和目标涵盖了多个领域，包括信息通信技术、生命科学、环境与能源等，以确保韩国在关键领域的科技创新和发展。

除了科学技术基本计划，韩国的各中央行政机关还依据相应的法律规定，制定了许多中长期科技计划，其实施周期在五年以上。这些计划涵盖了广泛的领域，包括制造业、农业、医疗保健等，旨在促进各个领域的科技创新和发展。每年，韩国政府对这些计划进行统计和分析，以评估其实施效果，并根据需要进行调整和改进。

韩国的科技规划和政策制定过程非常注重专业性和科学性。在制定科学技术基本计划和中长期科技计划时，政府部门通过广泛的调研和咨询，吸纳了各界的意见和建议。这些意见和建议经过严格的评估和分析，以确保科技政策的科学性和可行性。

通过科学技术基本计划和中长期科技计划的制定与实施，韩国在科技发展方面取得了显著的成就。科技政策的稳定性和连续性为韩国的科技创新和发展提供了坚实的基础。同时，韩国政府在统计和分析科技计划实施情况方面的努力，有助于发现问题和瓶颈，并及时采取措施加以破解，以确保科技政策的有效执行和科技发展的顺利推进。

三、韩国创新机制体制的特点

（一）韩国科技法规对科技发展的制度保障

自 20 世纪 60 年代起，韩国开始颁布一系列与科技相关的法律法规，旨在为科技发展提供必要的制度保障。这些科技法规的出台和实施，对韩国科技产业的蓬勃发展和经济增长起到了重要的推动作用。这些法规的制定与韩国的国家发展模式相适应，经历了从引进技术到模仿创新，再到自主创新的演进过程。

在韩国的科技法规体系中，最具权威性和全面性的法律是 2001 年颁布的《科学技术基本法》。该法律被视为科技领域的根本大法，对韩国的科技政策、管理体制、研发事业、创新环境等方面进行了全面规定。《科学技术基本法》的制定旨在加强对科技发展的引导和管理，为科技创新提供坚实的法律基础。

《科学技术基本法》确立了韩国科技政策的总体目标和原则，明确了韩国政府在科技发展中的责任和职能。该法律规定了科技政策的制定、执行和评估机制，确保了科技政策的科学性、合理性和可持续性。此外，该法律还规定了科技研发和创新活动的支持措施，包括资金支持、研发人才培养、知识产权保护等方面的具体政策和措施。

韩国的科技法规与国家的发展模式相适应，积极响应了科技创新的需求和挑战。在 20 世纪六七十年代，韩国主要依靠引进技术和模仿创新来推动科技发展。为了支持这一发展模式，韩国制定了一系列法律法规，促进技术引进、技术合作和技术转移。这些法规为外国技术的引入提供了便利条件，推动了韩国科技产业的快速发展。

随着时间的推移，韩国逐渐转向自主创新的发展模式。为了适应这一新的发展趋势，韩国加大了对科技创新的支持力度，并相应地调整了科技法规。韩国的科技法规开始注重知识产权保护和科技成果转化，加强对科技创新的激励和保护。此外，韩国还加强了对科技研发机构和高等教育机构的管理和监督，提高了科技研发的质量和效益。

此外，韩国的科技法规也注重建立良好的创新环境。韩国制定了一系列法律法规来促进创新活动的开展和创新成果的转化。例如，韩国设立了专门的创新基金，提供资金支持和风险投资，鼓励企业和研究机构进行创新研发。同时，韩国还加强了知识产权保护，建立了健全的知识产权法律体系，保护创新者的合法权益，激励他们进行更多的创新活动。

韩国的科技法规体系不仅注重国内科技发展，还积极开展国际合作和交流。韩国积极参与国际科技组织和科技合作项目，与其他国家分享科技成果和经验。韩国的法律法规也鼓励和支持科技人才的国际交流和合作，吸引优秀的科技人才来韩国工作和创业。

（二）韩国科技战略规划的评价体系

韩国是一个高度重视科技发展和创新的国家，为了有效地制定和实施科技战略规划，韩国高度重视科技战略规划的预测和评价工作。韩国通过制定《科学技术基本法》，建立了科技水平评价、技术预测和科技计划制定的法律基础和制度框架，其中设置了科学技术企划评价院，对技术预测路线进行了详细布局（图6-2）。韩国科学技术企划评价院是韩国政府下属的专业机构，负责科技预测、评价和计划的具体实施工作，为韩国政府提供科技政策和战略的咨询和建议。

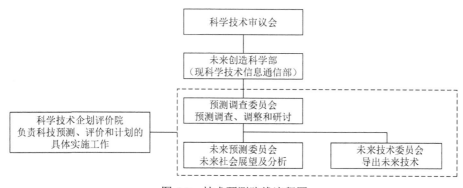

图 6-2　技术预测路线流程图

1. 国家科技预测路线

韩国自 1994 年开始每 5 年进行一次全面的科技预测，截至 2020 年已经完成了 5 次。韩国的科技预测工作主要包括前期准备、确定备选技术和技术预测评估三个步骤。前期准备阶段，主要确定预测目标、范围、方法、标准和组织结构等。确定备选技术阶段，主要通过文献分析、专家咨询、德尔菲法等方法，筛选出具有重要性、影响力、不确定性和潜力等特征的备选技术。技术预测评估阶段，主要通过专家评审、专家讨论会、专家调查等方法，对备选技术进行多维度的评估，包括发展水平、发展趋势、影响因素、影响范围、风险和机遇等。

韩国的科技预测结果主要用于指导和支持韩国的科技政策和规划的制定和实施。韩国政府根据科技预测结果，确定了韩国未来科技发展的方向、趋势、热点问题和重点创新技术。在 2020 年完成的第五次科技预测中，韩国政府确定了 24 项重点创新技术，包括人工智能、生物医药、新材料、新能源等领域（表 6-13）。这些重点创新技术将成为 25 年内韩国优先关注和发展的技术，也将成为韩国提升国际竞争力和实现可持续发展的核心动力。

表 6-13　24 项重点创新技术的技术扩散预计时间点

技术名称	技术扩散预计时间点	
	世界	韩国
多旋翼无人机	2020 年（美国）	2024 年
虚拟现实和增强现实	2020 年（美国）	2024 年
智能工厂	2020 年（德国）	2025 年
物联网	2021 年（美国）	2024 年
基于大数据的个人医疗服务	2021 年（美国）	2025 年
智能电网	2022 年（美国）	2024 年
超高容量电池	2021 年（美国）	2025 年
高性能碳纤维复合材料	2022 年（日本）	2026 年
柔性显示屏	2023 年（韩国）	2023 年
稀有金属循环利用	2023 年（日本）	2026 年
可穿戴式辅助机器人	2023 年（美国）	2027 年
无人驾驶汽车	2023 年（美国）	2028 年
多晶硅半导体	2024 年（美国）	2028 年

续表

技术名称	技术扩散预计时间点	
	世界	韩国
认知计算	2024 年（美国）	2028 年
CO_2 捕获和存储	2024 年（美国）	2028 年
基因治疗	2024 年（美国）	2028 年
干细胞	2024 年（美国）	2028 年
智能机器人	2024 年（美国）	2028 年
人造器官	2024 年（美国）	2028 年
量子计算	2025 年（美国）	2021 年
脑机接口	2025 年（美国）	2022 年
人造光合作用	2026 年（美国）	2020 年
超高速真空管道列车	2028 年（美国）	2033 年

2. 国家核心战略技术水平评价

韩国作为一个高度重视科技战略规划的国家，每两年都对国家核心战略技术进行水平评价。这一评价工作由韩国科学技术企划评价院负责，旨在为科技政策和计划提供可靠的依据。为了确保评价的准确性和客观性，韩国采用了德尔菲调查法，并通过问卷调查的方式对专家进行广泛的调查。

在评价过程中，韩国将国家战略技术按领域进行细分，并对来自 5 个国家和地区的共计 120 项技术进行水平分析。这些国家和地区的选择是基于其在科技领域的领先地位和重要性。在进行技术水平分析时，韩国将各国技术水平与最高水平国家（通常是美国）进行对比，并根据分析结果将技术发展水平划分为四个类别：先导集团、追赶集团、后发集团和落后集团。

通过对比分析，韩国能够确定各个国家和地区在不同领域的技术差距，并预测技术差距的弥合时间。先导集团代表那些在某一领域中技术领先的国家或地区，追赶集团则代表那些正在迅速迎头赶上的国家或地区，后发集团指的是那些在技术发展方面相对滞后但有潜力的国家或地区，而落后集团则代表技术上相对滞后的国家或地区。

这种技术差距的分类和年限的确定，有助于韩国科技决策者更好地了解国家在不同领域的技术实力，并制定相应的科技政策和规划。通过科学而系统的水平评价，韩国能够更好地把握国家在全球科技竞争中的地位和优势，并为未来的科技发展提供战略指导。

如表 6-14 所示,在各个领域中,韩国在电子、信息、通信方面与美国最接近,达到了 84.2%,而中国在航空航天方面与美国最接近,达到了 81.5%。但从综合技术差距来看,韩国与世界最高技术水平的差距仍在不断缩小(表 6-15)。

表 6-14 技术水平评估结果

领域	韩国			中国			日本			欧盟			美国		
	所处集团	技术水平	技术差距/年	所处集团	技术水平	技术差距/年	所处集团	技术水平	技术差距/年	所处集团	技术水平	技术差距/年	所处集团	技术水平	技术差距/年
电子、信息、通信	先导	84.2%	2.2	追赶	72.6%	3.7	先导	90.3%	1.4	先导	89.6%	1.6	先导	100%	0
医疗	追赶	77.5%	3.8	追赶	69.5%	4.8	先导	89.9%	1.6	先导	92.7%	1.2	先导	100%	0
生物	追赶	77.4%	4.3	追赶	69.4%	5.8	先导	92.5%	1.7	先导	94.5%	1.2	先导	100%	0
机械、工程、制造	先导	81.8%	3.4	追赶	71.0%	4.7	先导	95.7%	1.0	先导	97.3%	0.8	先导	100%	0
能源、资源、极限技术	追赶	78.3%	4.5	追赶	74.0%	4.9	先导	93.1%	1.5	先导	96.7%	0.6	先导	100%	0
航空航天	追赶	67.5%	9.7	先导	81.5%	5.2	先导	84.5%	4.3	先导	93.1%	2.0	先导	100%	0
环境、地球、海洋	追赶	78.6%	4.5	追赶	66.9%	6.8	先导	94.3%	1.4	先导	97.6%	0.6	先导	100%	0
纳米材料	追赶	78.6%	3.8	追赶	73.5%	4.5	先导	96.4%	0.7	先导	94.2%	1.0	先导	100%	0
基建、交通	追赶	79.6%	4.2	追赶	70.1%	5.9	先导	97.0%	0.7	先导	97.0%	0.6	先导	100%	0
灾难、灾害、安全	追赶	73.5%	5.4	追赶	65.7%	7.0	先导	92.9%	1.8	先导	91.2%	2.1	先导	100%	0

表 6-15 与世界最高技术水平的差距　　　　　　　　单位:年

国家/地区	基础研究领域差距			应用开发研究领域差距			综合技术差距		
	2014 年	2016 年	增加	2014 年	2016 年	增加	2014 年	2016 年	增加
韩国	4.6	4.4	-0.2	4.2	4.0	-0.2	4.4	4.2	-0.2
中国	6.0	5.3	-0.7	5.6	5.1	-0.5	5.8	5.2	-0.6
日本	1.7	1.5	-0.2	1.5	1.4	-0.1	1.6	1.5	-0.1
欧盟	1.1	1.1	0.0	0.0	1.1	0.1	1.1	1.1	0.0
美国	0.0	0.0	0.0	0.0	0.0	0.0	0.0	0.0	0.0

3. 加强机构建设和人才培养

韩国一直以来都非常重视人才培养政策,致力于培养科技精英学生,为此推出了英才教育和精英教育对策。这些对策旨在发现和培养具有卓越科技才能的学生，为他们提供优质的教育资源和环境，以促进其全面发展和创新能力的培养。通过这些教育对策，韩国希望培养出一批才华横溢、具有国际竞争力的科技精英，为国家的科技发展和创新提供强有力的支持。

韩国的人才培养政策还强调人才的终身教育，为此 1999 年在《社会教育法》基础上修订了《终身教育法》，并构建了开放的终身教育体系。韩国意识到教育不应该只局限于学生时期，而应该贯穿一个人的整个生命周期。因此，韩国鼓励人们在工作和生活中继续学习和提升自己的能力。通过提供广泛的终身教育机会和资源，韩国希望每个人都能够实现自己的潜力，并为社会的发展做出积极贡献。

此外，韩国还拥有全球知名的企业培训和发展规划机制，将人力资源战略与企业发展战略相结合。韩国的企业培训机制旨在提高员工的专业技能和职业素养，使他们适应不断变化的市场和技术需求。企业通过培训和发展计划，为员工提供持续学习和发展的机会，以提高整体组织的竞争力和创新能力。这种结合人力资源战略和企业发展战略的做法，使韩国的企业在全球范围内赢得了良好的声誉，并为国家的经济增长和科技创新做出了重要贡献。

在人才引进方面，韩国也实行了灵活的政策机制，以吸引国内外的高级人才。韩国提供了持续发展的环境和生活配套设施保障，为外国人提供了良好的工作和生活条件。此外，韩国还推进了有条件地允许拥有双重国籍的政策。这一政策的推进旨在阻止人才流失，吸引和留住外国高级人才，为国家的经济和科技发展注入新的活力和创新力。韩国希望通过这些人才引进政策，打造一个开放、多元和具有吸引力的人才环境，使国家能够吸引到世界各地的顶级人才，推动国家的科技和经济发展。

四、韩国的创新主体

（一）韩国的研究机构组成

1. 公共研究机构

韩国的科技研发体系由公共研究机构、大学和企业研究机构构成。这些机构在韩国的科技创新和研发领域扮演着重要的角色。国立研究机构是由政府设立和运营的机构，其研究人员身份为公务员，其主要任务是负责政府委托的研究项目。作为公共研究机构，国立研究机构在韩国的科技政策制定和执行中发挥着关键作用。它们通过独立的研究和科学实验，为政府提供科学依据和政策建议，推动国家科技创新的发展。

政府资助研究机构是由财团法人成立的机构,其研究人员不受公务员法制约。这些机构主要从事国家研发项目和市场化的研发活动。政府资助研究机构在韩国的科技研发领域具有较高的自主性和灵活性,能够更好地适应市场需求和创新发展。除了国立研究机构和政府资助研究机构,韩国的科技研发体系还包括其他非营利法人研究机构。这些机构可能由学术界、行业协会或其他组织成立,旨在推动特定领域的科技研究和创新。它们通常与大学、企业和政府部门合作,共同开展研究项目,促进科技成果的转化和应用。韩国具有代表性的政府资助机构包括韩国首家政府研究机构——韩国科学技术研究院(Korea Institute of Science and Technology,KIST)、韩国生命工学研究院、韩国电子通信研究院、韩国科学技术企划评价院(韩凤芹和景婉博,2017)。

2. 企业研发机构

韩国的企业研发机构是科技创新的主要驱动力,其在研发支出中占据了75%的比重。这一数据凸显了企业在韩国科技发展中的重要性和积极性。为了促进企业的研发活动,韩国政府采取了一系列财税政策支持措施。其中包括税收抵免、免税优惠等,旨在减轻企业在研发过程中的财务负担,激励企业增加研发投入。通过税收优惠政策,韩国政府为企业提供了更多的财务资源,以支持其创新和技术发展。

此外,韩国政府还积极采取措施,认证和资助那些具有优秀研发中心的企业,以培育世界级的创新能力。这些认证和资助计划旨在鼓励企业建立高效、专业的研发机构,提高其科技创新水平和竞争力。通过资金支持和专业认证,政府为企业提供了更多的发展机会和资源,使其能够更好地开展研发活动,推动科技创新和产业升级。

(二)公共机构科研体制改革

韩国的公共研究机构在科技政策中扮演着重要的角色,这与韩国科研体制的改革密切相关。韩国政府采取了一系列改革措施,旨在提高公共研究机构的自主性、灵活性和研发效率,以更好地推动科技创新和发展。

首先,韩国政府对国立研究机构进行了改革,将其转变为政府资助研究机构。这一改革举措旨在增强机构的自主性和灵活性,使其能够更好地适应科技发展的需求和变化。通过政府的资助和支持,这些研究机构能够独立地进行科研项目,并更加灵活地调整研究方向和资源配置。

其次,为了提高研发效率和科技资源利用率,韩国政府设立了研究会,集中管理各职能部门所属的政府资助研究机构。这一举措旨在整合研究机构的资源,避免重复研究和资源浪费，提高科研项目的执行效率和效果。通过研究会的统一管理，研究机构能够更好地协同合作，共享科技资源，实现协同创新和科技成果的互补和共享。

最后，韩国政府还实行了理事会决策制度，以分离决策权、执行权和监督权，进一步调动研究人员的积极性和创新潜力。理事会由研究机构的高级管理人员和外部专家组成，负责制定科研项目的决策和方向，监督项目的执行情况，并对研究机构进行评估和监督。通过这种机制，研究机构能够更加灵活地应对科技发展的挑战，激发研究人员的创新活力，提高科技研发的质量和效率。

这些改革措施的实施对韩国的科技创新和发展产生了积极的影响。首先，转变国立研究机构为政府资助研究机构增强了机构的自主性和灵活性，使其能够更好地响应市场需求和科技发展的变化。其次，设立研究会集中管理研究机构，提高了研发效率和科技资源的利用效率。最后，实行理事会决策制度调动了研究人员的积极性和创新潜力，推动了科技研发的进一步提升。

然而，韩国的公共研究机构改革仍面临一些挑战和问题。例如，机构间的合作与协调仍需进一步加强，以实现资源共享和协同创新。此外，机构的自主性和灵活性提高的同时，也需要制定监督和评估机制，以确保资金的有效使用和科研成果的质量。未来，韩国政府可以进一步完善公共研究机构的管理机制，韩国公共研究机构在科技政策中发挥着重要的作用，并且与该国科研体制的改革密切相关。

五、研发投入政策

韩国科技发展经历了三个阶段，分别是引进吸收技术、技术创新和科技自主创新阶段。在这个过程中，韩国不断增加研发投入，提高研发强度。根据世界知识产权组织数据：1967 年，韩国研发投入只有 1800 万美元，占 GDP 的 0.38%；到了 1991 年，韩国研发投入达到 95.9 亿美元，占 GDP 的 1.91%；2001 年，韩国研发投入增加到 124.8 亿美元，占 GDP 的 2.96%，世界排名第 8；2015 年，韩国政府预算总额 325.4 亿美元，研发预算投入 18.9 亿美元，全国研发投入总量达 737.2 亿美元，占 GDP 的 4.23%，世界排名第 1（图 6-3）。

1991 年到 2011 年，韩国研发投入保持了 10%左右的年均增长率，之后 4 年降至 6%左右，2016 年降至 1.1%，后又逐年提升。韩国研发投入强度自 1994 年超过 2%后一直稳步上升，2015 年达到 4.23%，位居世界首位，2017 年韩国政府研发预算为 19.3 亿美元，研发强度高达 4.29%，依然是世界最高。韩国在发展高附加值产业和提升科技自主创新能力的过程中，对研发资金的投入始终保持高水平和高速度（图 6-4）。

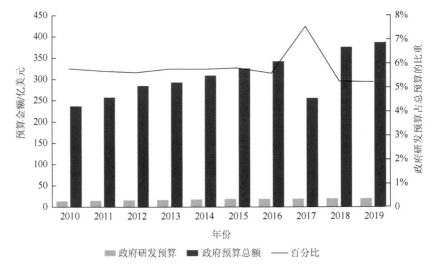

图 6-3　韩国政府研发预算在政府预算中的占比情况

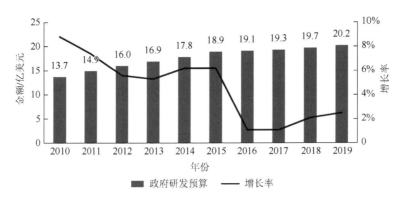

图 6-4　韩国政府研发预算与增长率

　　韩国作为一个富有科技创新活力的国家，曾经在基础研究投入方面表现出较高的强度。这种高投入与政府主导的科技投入模式和科技战略转变密切相关。在韩国，企业是基础研究经费的主要投入者和使用主体，其投入占据了全国总基础研究经费的一半以上。这种情况反映了韩国企业对科技创新的重视。企业在基础研究领域的投资不仅有助于提高科技水平和竞争力，还推动了韩国经济的发展和转型。韩国基础研究的研发投入占比一直较高，从 1995 年到 2015 年的平均值为16.2%，仅次于美国的 18.0%。这显示出韩国在基础研究方面的投资力度相当可观。这种高投入有助于培养科研人才、推动科技创新和提升国家的科技实力。韩国政府和企业在基础研究领域的共同努力为韩国的科技发展奠定了坚实的基础。

　　为了有效管理和促进基础研究，韩国政府形成了以科技部和教育部为主的基础研究管理格局。此外，政府还设立了韩国科学基金会、韩国研究基金会等专门机构，以协调和支持基础研究的发展。政府还通过制定《基础科学研究振兴法》等相关法律来规范和推动基础研究的进行。然而，值得注意的是，基础研究投入的高强度并不仅仅是一个国家科技实力的表征，还需要与科技政策和战略的协调配合。韩国政府在科技投入方面的引导和支持起到了重要的作用，通过制定相关法律和建立专门机构，为基础研究的进行提供了有力的支持和保障。这种政府主导的科技投入模式和科技战略转变有助于激发企业创新活力、提升国家科技实力，并在全球科技竞争中取得更有竞争力的地位。

韩国作为一个科技创新活跃的国家，其基础研究投入对企业的研发投入产生了积极的推动作用。在全球研发投入 100 强榜单上，韩国有 4 家企业成功入选，其中三星电子位居前列。这充分展示了韩国企业在研发投入方面的重要地位和出色表现。韩国企业是研发投入的主要来源和执行主体，其研发投入占据了总研发投入的约 75%，而政府资金的比例仅为 5.1%。这说明韩国企业在科技创新上承担了巨大的责任和负担，是韩国科技发展的主要推动力量。

为了进一步促进产业技术创新和提高竞争力，韩国制定了名为"第六次产业技术创新计划"的重要政策。该计划的投资规模达到了 17.8 万亿韩元，旨在构建一个良性循环的产业技术生态系统。通过在技术领域的投资和支持，该计划旨在提高韩国产业的技术创新能力和竞争力。该计划的实施旨在鼓励企业加大研发投入，推动技术创新和产业升级。韩国政府希望通过建立更加良好的产业技术生态系统，为企业提供更好的研发环境和支持，激发创新潜能，推动科技进步。这将有助于提高韩国产业的核心竞争力，促进经济的可持续发展。

六、韩国的知识产权保护举措

韩国在 2016 年的 PCT 国际专利申请量排行榜上以 1.556 万件名列第 5，这与该国政府对知识产权的高度重视密切相关，同时也推动了韩国的科技发展。韩国在知识产权政策制度方面经历了从宽松到严格的转变，以适应其经济发展水平的变化。

韩国政府一直致力于支持中小企业在知识产权创造方面的努力。政府提供了指导、服务、费用减免和信息服务等多种支持措施，以帮助中小企业更好地保护和运用知识产权。这些措施的实施为中小企业提供了必要的支持和保障，从而鼓励他们积极参与创新活动，并将其创新成果转化为知识产权。

韩国企业善于利用基础技术抢占专利申请的先机，这为他们在市场竞争中取得优势地位提供了重要支持。例如，三星电子在基带技术和功能模块技术方面的优势使其能够超越苹果等竞争对手，成为专利申请领域的领先者。这种基于基础技术的专利战略为韩国企业提供了创新的基础，同时也为他们在全球市场上赢得了更大的话语权。

韩国政府对知识产权的重视和支持为韩国的科技创新和经济发展提供了有力保障。通过制定并不断完善知识产权政策制度，韩国政府为企业和个人提供了创新保护的法律框架和良好的投资环境。这不仅激发了企业的创新热情，也吸引了更多的投资和人才流入韩国，促进了科技创新和经济增长。

韩国在PCT国际专利申请量排行榜上的优异表现是其知识产权政策和创新环境共同作用的结果。政府对知识产权创造的支持、中小企业的扶持措施以及企业基于基础技术的专利战略都为韩国在专利申请领域的成功做出了贡献。这种成功经验为其他国家提供了有益的借鉴，也为知识产权保护和创新政策的制定提供了宝贵的经验。

第四节　韩国的主要经验与启示

科技创新直接关系国民经济发展的后劲，决定了一个国家能否在国际产业分工和国际产业标准制定中占据有利地位，韩国科技体制改革的一些做法给予了我们如下启示。

一、全方位的科技体制改革是关键

韩国科技体制改革是该国建设科技强国的关键措施，其具有以下三个特征。第一，这一改革是全方位的，涵盖了经济、社会、财政、科技等多个领域。韩国认识到科技发展与整体国家发展密切相关，因此在科技体制改革中不仅关注科技领域本身，还考虑了与科技相关的各个方面。这种全方位的改革确保了科技体制改革的协同性和全面性，为韩国成为科技强国奠定了坚实基础。

第二，韩国的科技体制改革是持续进行的。韩国根据战略需求和实际情况，不断对科技体制进行优化和调整。这种持续改革的机制使得科技体制能够适应不断变化的科技环境和国家需求，及时解决科技发展中的问题和挑战。持续改革的特点使得韩国能够保持科技创新的动力和活力，不断推进科技发展。

第三，韩国的科技体制改革与经济发展战略相融合。韩国科技体制改革的调整和优化是根据经济和产业结构的调整来进行的。韩国认识到科技创新对于经济发展的重要性，因此将科技体制改革与经济发展战略有机结合，确保科技发展与经济发展相互促进、相互支持。这种融合的特征使得韩国能够在科技创新和经济增长之间实现良性循环，推动了国家整体的发展。

我国在推进科技创新和体制改革方面可以借鉴韩国的经验。我国应将科技和社会经济融合作为目标，将科技发展与经济社会发展相互融合，实现协同发展。同时，我国应以不断优化的战略为指导，根据国家需求和科技发展的实际情况，持续推进科技体制改革，不断完善科技创新体系和机制。此外，为了营造良好的政策环境，我国政府应制定有利于科技创新和体制改革的政策，提供支持和激励措施，鼓励科学家、企业和社会各界积极参与科技创新和体制改革，共同推动我国科技强国的建设。

二、改革核心是协调政府与市场、社会的关系

韩国政府通过协调政府、市场和社会之间的关系，逐步建立起市场发挥决定性作用的创新环境。在这一过程中，韩国政府的基本职责是通过体制改革来加强知识产权法律的保护，并减少对企业的直接投入，以激励企业增加研发投入。韩国政府认识到其作用的领域和重点需要与时俱进，根据市场和社会的发展程度动态调整科技战略和政策。这种灵活性使得韩国能够不断适应变化的环境和需求，为创新提供良好的发展环境。

我国政府在推进科技创新方面可以借鉴韩国政府的经验。首先，我国政府应改变传统的确定性思维方式，放弃过度干预和直接扶持企业的做法，转而实施普惠性政策，让市场主体在创新中公平竞争。这样做可以激发企业的创新热情，推动市场的活力和竞争力。同时，我国政府还应加大对知识产权的保护力度，完善相关法律法规，并加强执法工作，增加违法成本。这些措施可以有效保护知识产权，鼓励企业进行创新研发，并提高创新的回报率。此外，政府还可以通过提供专业的知识产权服务和支持，帮助企业更好地利用和保护知识产权。

三、加大改革力度、重塑社会微观基础

韩国科技创新中，社会改革在韩国科技创新扮演着重要的角色，尤其在国立研究机构的改革方面体现得尤为明显。这些改革举措旨在提高科研机构的创新能力、提升效率和透明度，并推动科技与社会的深度融合。我国的科技创新面临着类似的任务，主要包括推进社会微观主体改革，特别是高校和科研事业单位的改革，以减少政府的管理干预，增加市场和社会的作用。这一任务的关键在于建立更加灵活和适应市场需求的科技创新体系，使科研机构能够更好地发挥作用，促进科技成果的转化和应用。

在我国科技领域的结构性改革中，应重点关注以下几个方面。首先，需要建立统一的科研管理组织体系，打破各个部门之间的条块分割，实行理事会制度，以提高科研资源的整合和协调效率。这样可以避免资源的重复浪费，促进科研机

构之间的协同创新，实现科技创新的整体推进。其次，应推进国有研究院所的去行政化管理，赋予高校和科研机构更多的自主权。这样可以激发科研人员的创新潜能，提高科研机构的自主决策能力和创新能力，使其更加适应市场需求和科技发展的变化。再次，需要构建稳定支持与竞争机制相结合的科研经费管理体制。科研经费是科技创新的重要支撑，应注重公平和效率，既要保障科研机构的基本经费需求，又要通过竞争机制激发科研人员的积极性和创新动力。最后，科研行为应受道德文化和相应制度的约束，重视科研精神和科学素养的培养。科研人员应当具备良好的科学道德和职业操守，在科研活动中遵守科学规范和伦理原则，推动科技创新的健康发展。

四、进一步完善科技改革与创新路径

韩国的体制改革为科技创新提供了有效的制度保障，其制度设计和分工在改革推进过程中起到了重要作用。我国科技管理体制改革的目的在于提高财政科技投入的效率，其中以项目制为中心的竞争机制被认为对科研创新具有积极作用。然而，项目制也面临一些问题，如科研行为的混乱、缺乏自由竞争和同行评议机制、缺乏协调和监督等。

未来，为了进一步改革和完善项目制的管理方式，我国应从以下几个方面展开努力。首先，政府应转变职能。政府的角色应更多地体现在提供政策和资金支持、制定规范和标准、构建科技创新生态系统等方面，以促进科研机构和科研人员的自主性和创新性。其次，需要加强顶层设计和协同创新，避免项目管理的碎片化现象。在项目选择和组织实施过程中，应注重整体规划和协同协作，避免重复建设和资源浪费。通过建立科研项目的统一管理平台和信息共享机制，促进科研机构之间的合作与交流，提高资源的整合和效率。再次，应鼓励自由探索式的基础研究，并加大对基础研究的支持力度。基础研究是科技创新的重要基础，因其具有较高的不确定性和较长的研发周期，需要更多的自由度和长期的支持。政府可以通过设立专项基金、建立稳定的科研经费渠道等方式，提供更多的支持和保障，激发科研人员的创新热情，推动基础研究的开展。最后，还需要加强科研行为的伦理约束和监督机制，建立健全科研诚信体系。科研人员应遵守科学道德和研究伦理，进行诚实、可靠、透明的科研活动。政府可以通过加强科研行为的监督和评估，建立科研成果的评价体系，倡导学术诚信和科研诚信的文化氛围。

综上所述，未来我国科技管理体制改革应继续完善项目制的管理方式。这包括转变政府职能、加强顶层设计和协同创新、鼓励自由探索式的基础研究，并加大对基础研究的支持力度。这些改革举措将有助于提高科研项目的管理效率，推动科技创新的发展。

第七章　从技术引进到自主创新：中国的创新之路

周　鹏　郭一帆[①]

　　改革开放是中国共产党在实践中创新马克思主义理论的一次伟大觉醒，造就了中国经济年均 9%高速增长的世界奇迹。创新是促进国家经济增长的源泉（Romer，1986）和保持企业核心竞争力的关键（Porter，1992）。科技创新是改革开放的不竭动力，微观企业是科技创新的主体。作为一个发展型政府，中国在推进社会主义建设的进程中，始终将科技创新作为引领中国经济发展的第一动力。立足国情，1956 年颁布的《1956—1967 年科学技术发展远景规划》确定了"两弹一星"的重大科技攻关战略，维护了中国半个多世纪的发展安全；2006 年颁布的《国家中长期科学和技术发展规划纲要（2006—2020 年）》明晰了"提升自主创新能力""建设创新型国家"的发展方向，在金融危机爆发后的全球产业链重构中，有效推动了中国企业的自主创新。

　　据世界知识产权组织统计，中国 2020 年的综合创新指数跃居全球第 14 位，已经进入全球创新型国家行列。世界之变、时代之变、历史之变正以前所未有的方法展开。逆全球化浪潮盛行，以美国为首的贸易保护主义和单边主义抬头，并对创新能力正在崛起的中国等新兴经济体展开贸易、科技甚至是金融的脱钩。对于创新体量大但众多关键核心技术仍依赖从发达经济体进口的中国而言，国内的产业链、供应链和创新链都面临着前所未有的冲击和挑战。企业未来的创新之路如何选择是当下亟待解决的重大课题。

　　本章首先从历史和比较的视角出发，总结新中国成立初期三十年、改革开放之后三十年以及 2008 年之后的十余年这三个阶段中国企业的创新模式；其次，结合创新经济学的相关研究，搭建一个一般化、综合性的理论分析框架，梳理和归纳决定中国企业创新的内外部因素；最后，基于中国企业创新的理论思考和当前的国内外形势，为未来政府如何扶持企业的创新发展提供一些政策思考。

---

　　① 周鹏系合肥工业大学经济学院副教授，郭一帆系武汉大学经济与管理学院博士研究生。

第一节   举国体制下的企业创新

新中国成立初期，经过第二次世界大战和内战的消耗，国内经济衰败、百废待兴。在冷战的大背景下，西方各国对中国实施政治孤立、经济制裁与军事封锁，中国无法充分利用西方充足的资本和先进的技术进行经济建设。在如此严峻的国内外形势下，从依托苏联援助到自力更生，新中国不仅完成了诸如"两弹一星"的国之重器，在重工业企业创新上也取得了巨大成就[①]。例如，青岛四方机车车辆厂在1952年成功制造出新中国第一台仿制蒸汽机车；鞍山钢铁公司在1953年成功试轧出中国第一根无缝钢管；长春第一汽车制造厂1956年成功生产第一辆汽车（"解放牌"）；沈阳飞机厂在1956年成功试制中国第一架喷气式歼击机——"中0101"等。

（一）企业的创新模式

举国体制即在特定条件下和一定时限内，通过强有力的统筹和协调机制，向既定的战略目标集中资源和力量，以攻关重大战略任务或紧急科技课题的做法，是一种非市场化的创新模式。

1. 政府完全决策

在新中国成立初期，我国工业基础薄弱，物资和科技人才匮乏，为了打破西方的科技封锁，保障国家安全和促进工业发展，具有战略远见的第一代中央领导集体，以重大任务为导向，制定了一系列的发展计划和科技规划。例如，为了构筑社会主义工业化的初步基础，1951年，周恩来和陈云开始主持制定《第一个五年计划》。其中明确指出，要集中主要力量，以苏联的援助项目为中心，大力发展重工业；为了系统地引导科学研究为国家建设服务，1956年，在周恩来领导下的国务院成立了科学规划委员会。同年，科学规划委员会组织全国600多位专家学者，通过"以任务带学科"的模式，制定出全国第一个科技发展长远规划——《1956—1967年科学技术发展远景规划》。新中国成立前三十年，几乎所有的创新成就都是在此类政府完全决策的模式下产生的。例如，长春第一汽车制造厂的组建是由毛主席1953年签发的《中共中央关于力争三年建设长春汽车厂的指示》所决定的，并作为首批重点工程被纳入第一个五年计划中；"两弹一星"的重大战略是在第一个长远规划中确定的，且中央为此专门成立"中央专委"进行统一领导。

---

① 在科技创新的推动下，中国实现了国内生产总值年均7.3%的高速增长，建立了独立完整的工业体系和国民经济体系。在短短三十年内走完了西方发达国家上百年才能走完的工业化道路。

2. 举全国之力

在计划经济体制下，中央政府在生产资料的分配和协调上具有绝对的话语权，使得"集中力量办大事"的策略能够顺利推进。例如，在鞍山钢铁厂的组建中，党中央提出"全国支援鞍钢"的口号，并允许其从全国各地抽调科技人员和跨区招聘人才。1950 年初，全国各地近两万名干部和科技人才支援鞍钢[①]。每天都有物资源源不断地运到第一汽车制造厂建设工地。"三大改造"建立了社会主义生产资料的公有制，工人成了国家和工厂的主人，以建设社会主义新中国为奋斗目标的爱国统一战线形成。再加上，当时的劳动模范、先进工作者、三八红旗手等模范人物的"旗帜作用"，忘记自我和建设国家的无私奉献精神极大地鼓舞了工人的创新创业热情。在这种国家与工人阶级共同奋斗的时代背景下，鞍钢的"孟泰精神"、大庆的"铁人王进喜"精神等作为劳动模范的精神风貌逐步形成了。另外，大批爱国的海外华人克服重重困难回国援建。据统计，截至 1957 年，海外归国人员达到 3000 多人，约占新中国成立前出国人员的一半。中国科学院选定的第一批 233 名院士中，2/3 都是这一批归国华人。他们大多数都成为新中国科技发展的奠基人或开拓者。由此可见，新中国成立初期的创新"举国体制"之所以能成功，政府强大的组织和协调能力、广大知识分子和工人无私的爱国奉献精神二者缺一不可。

（二）企业的创新路径

1. 苏联的技术援助

苏联的援建为中国输入了大量的资金、技术和科技人才，是新中国成立初期诸多创新项目的基石。具体地，新中国成立之初，经过党中央的多次谈判和协商，苏联和中国签订了《中苏友好同盟互助条约》，多次为中国提供大量的低息贷款，并在抗美援朝期间答应在工业领域对中国援建 156 个项目，包括民用企业 106 个、国防企业 44 个。这 156 个项目，门类齐全、自成体系，帮助新中国建立起了一个完整的工业体系。鞍山钢铁公司、长春第一汽车制造厂、华北制药厂以及南方动力机械公司等都是在苏联的援助下建立起来的。在援建中，苏联向中国提供的大量先进工业设备和输入的上万科技人才，对新中国成立初期中国企业在诸多领域实现重大科技突破起到了重要的作用。以沈阳飞机厂为例，截至 1956 年有 56 名

---

① 一曲壮丽的钢铁史诗——鞍钢与共和国风雨同行 70 载实录，http://www.gov.cn/xinwen/2019-07/09/content_5407585.htm。

苏联专家在厂工作，总工程师顾问是苏联专家，主要科室和车间都配有专家。不仅为中国第一架喷气式歼击机（"中 0101"）的生产提供了从"模仿到自主创新"的科学方案，也为中国培养了大量军工科技人才，大大缩短了"中 0101"的试制周期。

2. 从模仿到自主创新

新中国成立初期的科技方针是"争取外援为辅、自力更生为主"，即注重并坚持"引进—消化—吸收"。以新中国第一架喷气式歼击机的试制为例，在试制时制定了一个"四阶段平行交叉作业"的方案：第一阶段，使用苏联提供的部件装配成飞机；第二阶段，使用苏联提供的组合件装配成飞机部件，再装配成飞机；第三阶段，使用苏联提供的零件，装配成组合件和部件，再装配成飞机；第四阶段，使用自制零件装配成组合件和部件，完成飞机的国产化（寇俊松，2021）。在爱国主义的激励下，当时在全国形成了一股刻苦学习技术和文化知识的好风气，培养了一批国内专业科技人才，对苏联专家的技术依赖逐渐减弱。例如，在"中 0101"的试制过程中，沈阳飞机厂成立了学习委员会，通过举办俄文阅读速成班、大力组织业务学习和进行"平行交叉作业"锻炼，在短期内就培养出了生产所需的 80% 的熟练工人，大幅缩短了第一架喷气式歼击机的试制周期。

3. 从全国支援到反哺全国

苏联援建的 156 个项目之所以能够按时完成，离不开全国人民的援建，同样，在"一五"计划后，这些建成项目也为全国输送了大量的管理和科技人才，实现了从"全国援建"到"援建全国"（谢伟，2014）。例如，第一汽车制造厂在建成投产后就担负起了同类企业的员工培训工作。截至 1959 年，第一汽车制造厂中支援国家建设的技术干部、老工程师和工程技术人员的占比分别高达 35%、52% 和 72%。从 20 世纪 50 年代起，鞍钢向全国各地输送了超过 12 万名专业人才，参与了 20 余个大型钢铁企业和 13 个省市冶金工业的建设，几乎每一个著名钢铁厂都有鞍钢人的贡献，鞍钢因此被誉为"新中国钢铁工业的摇篮"。

第二节　从内需驱动的模仿创新到对外开放驱动的集成创新

1978 年召开的党的十一届三中全会做出了以经济建设为中心的改革开放的伟大决策。改革开放的前三十年，在经济形式由计划经济转向社会主义市场经济的过程中，政府在创新中所扮演的角色由技术引进主体转向创新服务主体，企业的创新模式由单一内需驱动的模仿创新转向内需和对外开放双重驱动的集成创新，主要的创新路径是"引进消化吸收再创新"。

（一）改革开放至加入 WTO 前（1978~2000 年）

自改革开放到中国加入 WTO（World Trade Organization，世界贸易组织）这一时段，中国的科技政策是引进技术和引进外资，具体的策略包括前期的"以资金换技术"和后期的"以市场换技术"。然而，由于一系列的原因，这一时期的技术引进对企业创新的促进效应并不明显，创新产出以产品和工艺创新为主。

在转轨经济中，技术引进和招商引资都由政府主导，作为经营主体的微观企业没有决策权，投资和经营主体分离。这种投资主体错位，导致政府以大量的资金和市场份额换取了大量落后的技术和老化的设备，且这些技术和设备大多分配给了效率低下的政府部门或国有企业。由于内部动力和外部压力缺乏，企业轻视消化吸收和后续研发，大多陷入"引进—落后—再引进—再落后"的死循环。从内部动力来看，在转型经济中，国内消费呈现明显的"压抑—释放"特点，人们对低端产品的消费需求旺盛，对高科技产品的需求较少。企业通过不断地引进全套设备，能在短期扩大生产能力，获得大量的超额利润。再加上，企业普遍面临融资约束和产权保护机制不完善的问题，没有动力去进行高风险的消化吸收再创新。从外部压力来看，一方面，在中国加入 WTO 之前，企业在国家的保护中成长，没有国外竞争者的威胁；另一方面，技术引进管理体制存在弊端，技术引进与消化吸收分属不同部门管理，没有形成统一的管理及监督机制。

这一时期我国技术引进的主要方式包括四种：关键和成套设备引进、顾问咨询和技术服务、合作生产，以及技术许可（图 7-1）。平均来看，将近 80% 的投资都用在了关键和成套设备的引进上，即使在 1998 年这一份额有所下降，其占比也高达近 69%。对于企业自主创新有实质性帮助的合作生产和技术许可的投资占比均低于 20%。就专利申请活动而言，从 1987 年到 1999 年，工矿企业的专利申请量由 3078 件增长到了 32 636 件，然而其中增长较快的主要是创新含量比较低的实用新型和外观设计专利，尤其是没有实质性创新的外观设计专利（图 7-2）。从占比上看，从 1987 年到 1998 年，发明专利和实用新型专利的份额都是显著下降的，前者从 18% 降低到了 9%，后者从 70% 降低到了 33%；反观外观设计专利的占比则呈现指数型上涨，从 12% 爆发增长到 58%。可见，这一时期的技术引进主要激励了企业的模仿创新。

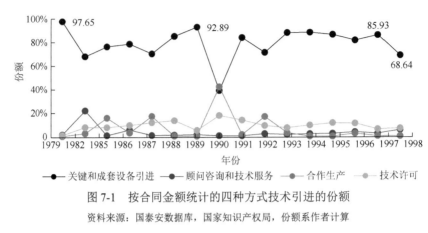

图 7-1　按合同金额统计的四种方式技术引进的份额
资料来源：国泰安数据库，国家知识产权局，份额系作者计算

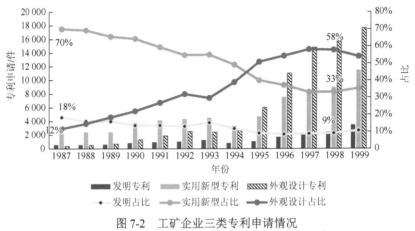

图 7-2　工矿企业三类专利申请情况

（二）加入 WTO 至 2008 年国际金融危机前（2001～2008 年）

进入 21 世纪，中国企业面临的内外部形势发生了较大的变化，企业发展面临着更为严峻的挑战，企业的创新驱动由政府推动转变为市场驱动，企业的创新模式主要表现为对外开放驱动的集成创新。

（1）中国加入 WTO 后，进口关税大幅度削减，大量国外的高质量中间品和最终产品涌入国内，促进了企业的创新活动。第一，最终产品关税的降低给内资企业带来了巨大的进口竞争压力（罗长远和张军，2012）。据国家统计局数据，从 2001 年到 2007 年，制造业的平均进口关税从 16.6% 下降到了 10.3%，进口总额增长了近三倍（从 2435.5 亿美元到 9559.5 亿美元）。在这种巨大的进口竞争冲击下，内资企业要么选择快速地进行产品创新，要么被迫退出市场。第二，中间产品的关税削减，一方面会加剧企业上游行业的竞争，降低企业原材料的成本和提高企业的利润，使得企业有更多的资源用于研发活动，产生"成本效应"（李平和姜丽，2015）；另一方面，会增加高质量的中间品的供给，有助于企业在此基础上进行集成整合，做进一步的产品创新，具有一种"进口学习效应"（Grossman and Helpman，1991）。

（2）2002 年党的十六大确定了坚持'走出去'与'引进来'相结合的方针，鼓励有竞争优势的企业进入国际市场、参与国际竞争。就"引进来"而言，2001～2017 年，虽然中国外商直接投资额（foreign direct investment，FDI）增长了近 60%（从 468.78 亿美元到 747.68 亿美元），但 GDP 占比较低（3.5%以下），且呈现直线下降的趋势，FDI 对企业创新的正向促进作用明显减弱（王红领等，2006；范承泽等，2008）；就"走出去"而言，在战略推动下，一些有实力的企业开始整合国外的资金、技术和人才，通过在国外购买或建立研发中心、收购国外创新型企业或者与国外创新型企业合作等方式来创建自己在国际市场上的核心竞争优势。对于后发国家而言，"走出去"战略能够促进国外先进的技术和知识向国内企业逆流，产生显著的"逆向技术溢出"效应（赵伟等，2006；毛其淋和许家云，2014）。

就专利申请而言，2000 年到 2008 年，企业申请的发明专利的占比由 18.1%稳步增长到了 32.4%，实用新型专利占比和外观设计专利占比分别由 32.5%和 49.4%下降到了 30.9%和 36.7%，但创新含量较低的非发明专利的占比依然高达 2/3（图 7-3）。就专利引用而言，2000 年到 2008 年，中国企业专利的被引用次数从约 10.5 万次增长到了约 58.5 万次，增长了约 4.6 倍。但就单个专利的平均被引用次数而言，2000 年企业专利的平均被引用次数仅有 1.38 次，到 2008 年，也只有 1.68 次，增长速度缓慢，且远低于创新型国家的水平（图 7-4）。可见，虽然中国企业的创新模式已由低技术的模仿创新转向创新成分较大的集成创新，整体创新实力显著增强，但涉及关键核心技术的自主创新依然很少。

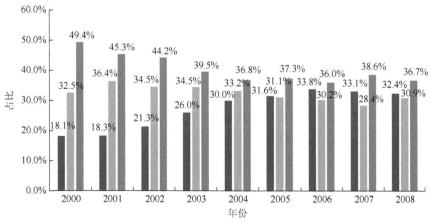

图 7-3　2000～2008 年企业申请的三类专利的占比分布

资料来源：国家统计局

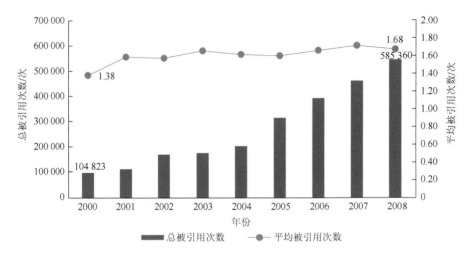

图 7-4　2000～2008 年中国企业的专利被引用情况

这一时期的企业创新具有一些鲜明的特点。

第一，非公有制经济在创新中的作用逐渐凸显。1978 年在农村推行的家庭联产承包责任制改革为中国私有产权的存在突破了一个口子。自此，个体工商户、私营企业以及外资企业等非公有制企业登上中国经济的舞台。经过改革开放几十年的探索，非公有制经济已经成为社会主义市场经济的重要组成部分，对经济增长的贡献率超过了 60%。吴延兵（2012）指出，在国有产权主导的国有企业中，由于所有者缺位，对管理层的监督和激励机制缺乏，委托代理问题普遍较为严重，存在生产效率和创新效率双低的问题；李春涛和宋敏（2010）发现，相比于国有产权，私有产权委托代理问题较小，企业创新的激励更强。

第二，政府的创新政策更加市场化。在经济转轨的过程中，政府在创新中的作用由主导技术引进转变为政策服务主体。其中，比较有代表性的两个政策是 1988 年开始批准建立国家级高新技术产业开发区和 1999 年启动的科技型中小企业技术创新政府专项基金。高新技术产业开发区建立之后，通过税收优惠、创新补贴和土地支持等优惠政策迅速吸引了一批外商直接投资和国内高新企业集聚（苏依依和周长辉，2008；蔡庆丰等，2021）。这种政府引导的产业集聚，促进了创新资源的整合，不仅有利于内资企业更好地吸收外资企业的技术溢出，也有利于区域内企业之间的创新合作，进而促进企业的创新活动（彭向和蒋传海，2011；范剑勇等，2014）；截至2007 年底，国家级开发区数量已经由 1990 年的 27 个增长到了 54 个，区内的企业也由 1600 多家发展到了 4.8 万家，成为企业创新的集聚地①。

---

① 改革开放 30 年报告之十四：科技创新取得了举世瞩目的巨大成就，https://www.stats.gov.cn/zt_18555/ztfx/jnggkf30n/202303/t20230301_1920473.html。

科技型中小企业技术创新基金是面向中小企业的，旨在解决科技型中小企业在产业化初期虽然拥有一些技术含量高和市场前景的项目，但因为风险较大、商业性资金进入尚不具备条件的问题，政府通过无偿拨款、贷款贴息和资本金投入等方式扶持和引导科技型中小企业进行创新活动，加速其创新成果的转化和产业化。截至2007年，政府共资助资金超过70亿元。张杰等（2015）发现科技型中小企业技术创新基金有助于弥补地区知识产权保护的不完善，对私人研发具有一种"挤入效应"；且贷款贴息政策可以有效弥补地区金融市场不发达导致的创新投资不足。

第三节 创新生态不断完善，企业自主创新实力不断增强

2008年国际金融危机的爆发对中国企业的创新活动产生了一定的负面冲击，企业的创新活动面临的外部市场不确定性显著增加。为此，中国企业在不断完善的国内创新生态下，通过开放式创新整合各种外部资源，不断提高自主创新能力。

（一）特征事实分析

从研发投入上看（图7-5），2008～2019年企业R&D投资总额从3381.7亿元增长到了16 921.8亿元，在全社会中的占比也从73.3%增长到了76.4%，企业创新的主体地位日益凸显。从专利产出上看（图7-6），2019年企业三类专利的申请数据分别为80.8万、164.7万、36.6万件，相较2008年分别增长了8.4、18.0和3.4倍；从结构上看，这一时期企业的发明专利占比在30%上下波动、实用新型专利占比由30.9%持续增长到58.4%、外观设计专利占比由36.7%持续下降到了13.0%。专利结构持续优化，企业的自主创新能力在不断增强。

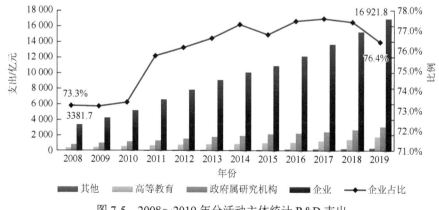

图7-5 2008～2019年分活动主体统计R&D支出

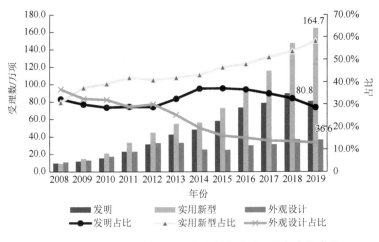

图 7-6　2008～2019 年企业三类专利申请受理数与占比变化

对于创新能力较强的上市公司，2008 年到 2018 年，研发强度（研发投资比销售收入）从 0.63% 增长到了 6.72%，增长了近 10 倍；专利产出数量从 20 751 件增长到了 257 676 件，增长了逾 11 倍（表 7-1）。除此之外，研发强度的标准差在不断增加，表明企业之间的创新活动日益差异化；发明专利和探索性专利的占比都在显著增加，在 2014 年前者超过 45%，后者超过 31%，表明自主创新能力在不断增强；核心业务领域的专利产出维持在 1/3 左右，表明上市公司始终在坚持主要产品的自主创新；2008 年至 2015 年合作专利的占比有上升趋势，在 2005 年接近 20%，而后略有下降但未低于 15%，表明上市公司利用外部资源进行开放式创新的意识在不断增强。

表 7-1　2008～2018 年上市公司专利申请情况

年度	样本	研发强度		专利				
		均值	标准差	申请量	发明	核心	探索	合作
2008	1 715	0.63%	2.08%	20 751	39.59%	37.18%	11.17%	14.59%
2009	1 864	0.73%	2.33%	30 300	39.20%	36.27%	11.35%	15.82%
2010	2 218	1.63%	3.57%	48 754	39.11%	36.05%	24.32%	17.48%
2011	2 452	2.36%	5.52%	73 538	39.15%	34.71%	25.72%	16.11%
2012	2 580	3.16%	5.58%	92 316	40.57%	34.50%	28.34%	15.87%
2013	2 624	3.79%	12.35%	99 495	44.82%	34.88%	30.88%	18.90%
2014	2 739	3.71%	6.55%	118 614	45.44%	34.01%	31.07%	18.41%
2015	2 927	4.49%	24.43%	152 672	46.52%	34.98%	—	19.15%

续表

年度	样本	研发强度		专利				
		均值	标准差	申请量	发明	核心	探索	合作
2016	3 221	4.43%	7.68%	196 829	47.68%	35.77%	—	17.63%
2017	3 598	4.73%	17.37%	242 326	46.54%	35.42%	—	16.06%
2018	3 690	6.72%	73.20%	257 676	45.02%	35.90%	—	16.01%

资料来源：国家知识产权局和国泰安数据库，上市公司专利指标系作者计算得到

（二）企业自主创新典范——华为

作为中国的科技巨头，华为一直以卓越的自主创新能力引领中国企业。一方面，华为在研发投入上持续加大力度，致力于突破技术瓶颈。华为2023年度报告显示，华为在2023年的研发投入达到1647亿元人民币，占其总收入的23.4%，这一比例在科技行业中名列前茅。2024年4月，华为副董事长、轮值董事长、CFO孟晚舟在数智亚太峰会提到"华为重视研究与创新，过去十年研发投入超过一万亿人民币"。

另一方面，基于研发投入的支持，华为申请的专利数量更是领跑全球。华为每年申请的专利数量均居世界前列，其中不乏具有重大影响力的核心技术专利。根据世界知识产权组织公开的通过《专利合作条约》（PCT）体系提交的专利申请数据，2023年中国稳固了其作为全球最大PCT申请国的地位，提交了高达69 610件的申请，其中华为以6494件专利位居第一。[1] 这些专利涵盖了从芯片设计、通信协议到智能终端等多个领域，充分展示了华为在技术创新方面的全面实力。不仅如此，从《国家知识产权局2022年度报告》中可以发现，华为以5805件发明专利位居2022年国内企业发明专利授权量第一，体现了华为在核心技术研发上的深厚底蕴。

此外，除了研发投入和专利申请，华为还通过全球研发网络、产学研合作等多种方式加强自主创新。华为在北京、上海、瑞典斯德哥尔摩等地设立了八家研究所，与全球顶尖高校和研究机构建立了紧密的合作关系，共同推动科技进步。

得益于华为在科技自主研发做出的不懈努力，在面对美国对华的科技制裁时，华为依旧在5G、AI、云计算、半导体等多个领域发挥出色，居于世界领先水平。

[1] 世界知识产权组织公布去年全球知识产权申报统计数据 中国是国际专利申请最大来源国，https://www.gov.cn/yaowen/liebiao/202403/content_6939177.htm。

（三）驱动中国企业自主创新的因素分析

创新具有高投入、高风险、高信息不对称以及高外部性的特征（Arrow，1962），普遍面临因融资约束和激励不足而导致的投资不足和效率低下的问题（Hall，2002）。如何激发企业的创新活力一直是学术界和政策制定者关注的焦点。结合中国实际和相关文献，本章进一步从内部和外部两个方面归纳驱动中国企业自主创新的主要因素（图7-7）。

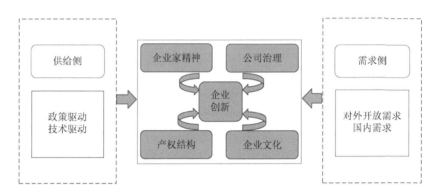

图 7-7　驱动中国企业创新的内外部因素

1. 内部激励因素

1）企业家精神

熊彼特在 1912 年出版的《经济发展理论》中，开创性地将创新与企业家联系起来，指出微观企业是创新的主体，企业家精神是激发创新活力的关键。熊彼特认为，企业家是有能力把各种生产要素整合到一起并实现"新组合"的一类人，其基本职能和精神核心在于"创新"。Knight（1921）指出，除创新精神之外，企业家还应具有冒险精神和创业精神，就是应对不确定性和承担风险的能力、善于发现并充分利用市场中分散的知识及信息去获利的能力。这些特质精神有助于不断激发企业家的创新活力。

聚焦企业家的创新精神，虞义华等（2018）发现，上市公司发明家高管的比例约为 25%，发明家总经理和发明家董事长的占比均为 20%。实证分析表明，发明家高管可以提供专业知识、提高管理层多元化程度、减轻管理层短视以及向内部发明家传递激励信号，进而显著提高企业的研发强度、创新产出以及创新效率；聚焦企业家的冒险精神，胡国柳等（2019）发现董事高管责任保险，显著降低了企业高管的非正常离职概率，促进了企业的自主创新行为，且这一积极作用在投资者保护、降低诉讼风险以及民营企业中更加明显；聚焦企业家的创业精神，庄子银（2007）和李宏彬等（2009）把企业家创业精神引入内生技术创新模型，发现企业家的创业精神对经济增长有显著的促进效应。

为了适应创新驱动高质量发展的需要，习近平总书记在 2020 年 7 月的企业家座谈会上指出，新时代企业家精神的内涵及培育要求应该包括爱国、创新、诚信、社会责任、国际视野等五个方面。① 为中国特色的企业家精神培育提供了理论指导。

2）公司治理

在现代公司治理框架下，企业的所有权和经营权是分离的（Berle and Means，1932）。企业的所有者（企业家）往往将企业委托给专业的管理人（职业经理人）去打理。然而，在这一制度安排下，管理者往往会因为追求个人利益最大化而牺牲所有者的利益，导致委托代理问题（Fama and Jensen，1983）。与一般投资活动不同，企业的创新投资额度大、周期长、风险高、收益不确定（Hall，2002），管理者和所有者在创新的风险承担和利益分配上存在较大的不对等。就创新风险而言，所有者可以通过多元化投资策略来降低创新失败的风险，但管理者却会因项目失败而失去现有的工作岗位；就创新收益而言，所有者能通过创新项目的成功获得高额的垄断利润，但管理者则没有分享相关收益的权利。因此，企业的所有者有动机去进行创新，但管理者则为了其职业生涯的安全而少做或不做创新，创新活动的委托代理问题较为突出。

公司治理是缓解委托代理问题的关键，是企业创新活动开展的制度基础（Belloc，2012）。完善的公司治理机制能够缓解经理人的短视，促进企业创新（鲁桐和党印，2014）。2008 年以后，上市公司的独立董事和薪酬激励等制度不断健全，内部治理机制不断完善。①独立董事是独立于管理层和内部股东的，一方面，能够保护公司不受高级管理人员欺诈行为的侵害，具有监督功能；另一方面，能够就公司所采取的战略方向向管理层提出建议，具有顾问功能，有利于促进企业的创新（冯根福和温军，2008；李姝等，2018）。2001 年，证监会发布《关于在上市公司建立独立董事制度的指导意见》标志着独立董事制度在中国正式建立；2005 年《公司法》的修订，从法律上明确了上市公司设立独立董事，加强了对中小股东合法权益的保护；2013 年中共中央组织部印发《关于进一步规范党政领导干部在企业兼职（任职）问题的意见》清退了在原管辖地区或业务相关的企业兼职（任职）独立董事的退休领导干部，进一步促进了独立董事职能的发挥。在此之后，上市公司和非上市公司都在不断建立健全独立董事制度，以完善内部治理。②合理的激励制度组合，包括薪酬激励计划和政治晋升激励等，有助于增加经理人对失败的容忍，缓解经理人的短视，促进企业创新（李春涛和宋敏，2010；Lin

---

① 习近平主持召开企业家座谈会并发表重要讲话，https://www.gov.cn/xinwen/2020-07/21/content_5528789.htm。

et al., 2011; Manso, 2011; 周铭山和张倩倩, 2016; 田轩和孟清扬, 2018; 解维敏, 2018)。2005 年 12 月 31 日, 中国证监会颁布《上市公司股权激励管理办法（试行）》, 标志着中国股权激励制度的开始。2008 年证监会连续出台了三份股权激励有关事项的备忘录, 对股权激励计划的方案和授予的细节进行了规范。自 2011 年起, 公告股权计划的上市公司每年都超过百家, 2018 年最高突破了 400 家。

　　3）产权结构

　　产权结构与资源分配、治理结构安排以及激励方式选择等密切相关（Jensen and Meckling, 1976）。合理的产权结构安排能有效促进企业的投资、管理和生产效率。产权性质也会影响企业的研发活动和创新产出。中国特色社会主义市场经济制度下的"公有制为主体、多种所有制经济共同发展", 决定了中国企业常见的三种产权性质——国有产权、民营产权以及外资产权。相较于民营企业而言, 国有企业是国家所有制, 委托代理问题较为突出（钱颖一, 1999; 李春涛和宋敏, 2010）, 再加上政策负担较重（Lin et al., 1998）, 普遍存在生产和创新效率双低的问题（吴延兵, 2006; 吴延兵, 2012）。对于内资企业而言, 外资企业往往拥有较为先进的技术和管理经验（张伟等, 2011）。因此, 民营企业在创新投入和专利创新效率上处于领先地位, 外资企业在新产品创新效率和生产效率上拥有显著优势, 而国有企业在创新投入、创新效率和生产效率上均缺乏竞争力（Lin et al., 2011; 吴延兵, 2012）。

　　改革开放以后, 为了激发国有企业的创新活力, 我国不断推进混合所有制改革。1992 年党的十四大确定了转换国企经营机制是中国市场化改革的中心环节; 2005 年中国证监会启动了股权分置改革的试点工作, 通过证券市场引入了非国有资本; 2013 年 11 月 9 日党的十八届三中全会《中共中央关于全面深化改革若干重大问题的决定》提出"积极发展混合所有制经济", 鼓励非公有资本和集体资本参与国有资本。截至 2016 年底, 中央企业混合所有制企业占比已达到 67.7%, 地方国企中混合所有制企业占比也超过了 50%。李文贵和余明桂（2015）在混合所有制的视角下探究了民营化对企业创新的影响。研究发现: ①非国有股权促进了民营化企业的创新绩效; ②个人持股比例和法人持股的比例越高, 这种作用越明显; ③缓解委托代理问题是主要的影响机制。Tan 等（2020）使用 2005 年中国的股权分置改革这一准自然实验识别了民营化和企业创新之间的因果关系, 发现除了缓解委托代理问题——将政府代理人的利益与私人股东的利益更好地结合起来, 提高公司股票价格的信息含量是另一个潜在的影响机制。陈林等（2019）研究发现, 在混合所有制企业中, 国有资本的终极控制权更有利于推动大型企业创新, 非国有资本取得终极控制权反而更有利于小企业的创新。

　　4）企业文化

　　企业文化是企业的共有观念和核心价值观, 包括企业意识、员工意识、团队意识、创新意识、核心观念、顾客意识、目标愿景等七个维度（王国顺等, 2006）。

企业文化会直接影响企业家精神的形成、职业经理人的决策以及发明人的创新活动。不同企业之间创新活动的差异，归根结底还是企业文化的差异。对中国企业而言，其企业文化的形成是在中华传统文化、马克思主义中国化以及西方公司治理文化的碰撞中融合发展而来的。三种文化的碰撞和融合，造就了当下中国企业文化的多样性，有助于激发企业的创新活力（潘越等，2017）。

就传统文化而言，已有研究发现，传统宗教、儒家文化会显著影响企业代理问题（陈冬华等，2013；古志辉，2015）、风险承担（金智等，2017）和创新活动（徐细雄和李万利，2019）。例如，徐细雄和李万利（2019）研究表明，儒家文化倡导的"忠信"伦理思想有助于缓解企业代理冲突，儒家文化重视教育、尊重知识和人才的优良传统能够提高人力资本投资水平，儒家"义利观"和"诚信"思想有助于降低专利侵权风险，这三者都能显著促进企业的创新产出。研究发现，多种文化之间的交流和碰撞有助于促进企业的创新。

就马克思主义中国化而言，已有研究主要聚焦国有企业中党组织的治理作用。对于国有企业而言，党组织通过与董事会之间的"双向进入、交叉任职"来参与公司治理①。这种中国特色的公司治理安排，能有效提升董事会的决策作用（柳学信等，2020）、抑制企业的高管薪酬和缩小内部薪酬差距（马连福等，2013）、有效防止并购中的国有资产流失（陈仕华和卢昌崇，2014）、促进国有企业更好地承担解决就业和纳税等社会责任（李明辉等，2020）。对于非公有制企业而言，政府通过鼓励非公企业建立党组织的方式，来引导和支持其健康发展②。已有研究发现，民营企业党组织具有一种监督和引领作用，能有效促进企业进行环保社会责任投资（Zhou et al.，2021）、减少民营企业财务违规（郑登津等，2020）、缓解委托代理问题（郑登津等，2020）。尚没有学者探讨，党组织参与治理对国有企业和民营企业的创新活动的影响。也没有研究同时将中国传统文化、马克思主义中国化和西方治理制度纳入一个分析框架来分析三种文化的碰撞对中国企业的治理和行为决策的影响。

2. 外部激励因素

1）需求侧：国内需求和对外开放需求

市场需求是企业自主创新的动力之源，是企业改善生产工艺、开发新产品的

---

① 《中共中央组织部、国务院国资委党委关于加强和改进中央企业党建工作的意见》（中办发〔2004〕31 号）正式提出"双向进入、交叉任职"的概念，即党委（党组）书记、董事长由一人担任，党委成员通过法定程序分别进入董事会、监事会和经理班子，董事会、监事会、经理班子中的党员依照有关规定进入党委会。从 2013 年开始，国务院不断出台了一系列政策文件以细化具体要求。

② 中共中央办公厅于 2012 年 5 月下发了《关于加强和改进非公有制企业党的建设工作的意见》，根据党章和公司法等，就加强和改进非公有制企业党建提出了七条意见。

直接动因。在成本最小化和利润最大化的目标约束下，只有不断地研发新工艺、新产品，企业才能降低生产成本、提升生产能力，扩大市场占有率获得垄断利润。Arrow（1962）比较了在垄断和完全竞争下企业从事研发得到的收益，发现对垄断企业而言，创新的收益变化表现为垄断租金的增加；然而对竞争性企业而言，创新带来的是垄断租金从零到一的变化。因此认为事前充分竞争的产业格局会为创新提供更高的激励。Aghion 等（2013）构建了一个渐进性创新模型，发现只有在企业的技术水平相近的行业中，竞争才能激励企业的创新活动。因为，在企业技术存在差距的行业中，作为跟随者的企业在进一步创新后与作为领导者企业的技术差距仍然很大，创新的收益很低，激烈的竞争会抑制此类企业的创新。常中阳和宋敏（2010）通过文献分析方法研究发现：第一，在技术平稳进步的行业，初始的领先地位会为企业在后续的 R&D 竞赛中创造多项优势；第二，不管是研发阶段还是产品市场上的竞争都会挫伤跟随者赶超的积极性，但会激发领先者的创新热情；第三，竞赛双方的技术差距有类似作用；第四，选择风险较大而又与对手相关程度较小的项目，会使得跟随者在 R&D 竞赛中获利更多，对于领导者则恰恰相反。这些研究成果对作为技术赶超国的中国有一定的启示意义。

伴随着经济全球化和国际分工专业化，企业和国家之间的竞争日益激烈、产品生命周期大大缩短。国内需求增长和对外开放的需要已经成为中国企业自主创新的双重驱动机制。①2001 年中国加入 WTO，进口关税大幅下降，大量国外高质量的产品涌入中国，一方面为国内企业带来了一个负向的国外竞争冲击，另一方面也刺激了国内对高技术产品的消费需求，促使企业加速创新转型升级（王红领等，2006）。诸竹君等（2020）研究发现在外资进入的冲击下，国内企业选择了一种"重数量、轻质量和高效率"的创新策略，同时分析外资进入对产业链关联的上下游企业创新的影响。张杰和郑文平（2017）则发现进口会促进一般贸易企业的创新活动，但抑制加工贸易企业的创新活动。②2008 年金融危机后，中国企业"走出去"平稳发展，为了打造企业的国际竞争力，维持并扩大国际市场占有率，企业通过融入全球创新网络、整合全球创新资源来提升自主创新能力。毛其淋和许家云（2014）研究发现，中国企业对外直接投资（outward foreign direct investment，OFDI）能显著促进企业的创新能力，且这种促进效应具有持续增长的趋势。

2）供给侧：政策驱动和技术驱动

从政策驱动来看，技术创新具有高度的不确定性、长期大量持续的资金投入、较高的外部性等特征，如果完全通过市场机制来驱动，则会导致投资不足和低效率等诸多问题（Hall，2002）。因此，需要政府参与引导，来缓解这种市场失灵。就不确定性而言，创新的周期较长，有很多因素都可能会导致项目失败，风险巨大，私人投资不足。政府的政策支持能够增加企业对创新风险的容忍；就资金投入而言，企业创新活动的高风险和信息高度不对称，决定了创新相比一般投资活动面临更大的外部融资约束，再加上私人资本的短视、导致创新融资存在严重的期限错配。政府提供的资金支持或培育的耐心资本市场有助于缓解企业创新的融资约束。就外部性而言，创新活动产生的新知识不仅会使得当前企业受益，还会使得社会其他个体受益，产生外部溢出效应（Arrow，1962），导致一些企业创新动力不足。然而，从政府的角度，其更愿意看到创新技术的扩散，因为这种技术溢出是经济增长的源泉（Romer，1986），因此政府有动力去不断优化企业的创新生态。

鉴于改革开放前三十年中国企业在创新上已经有了一定的积累，为了激励企业进行自主创新、努力建设创新型国家，国务院于 2006 年颁布了《国家中长期科学和技术发展规划纲要（2006－2020 年)》（简称《纲要》），并围绕这一规划纲要从科技投入、税收激励、金融支持、政府采购、引进消化吸收再创新、创造和保护知识产权、人才队伍、教育与科普、科技创新基地与平台、加强统筹协调等方面出台了配套政策。寇宗来和刘学悦（2020）发现《纲要》这一重大创新政策显著促进了中国企业专利产出数量和质量的提升，但对于企业的规模、所在地和出口状态并没有表现出显著的异质性。

新时代以来，以习近平同志为核心的党中央审时度势，发挥新型举国体制优势，在促进科技创新方面做出了一系列重大决策部署。2015 年，《关于深化体制机制改革加快实施创新驱动发展战略的若干意见》推进了制造强国的建设。2016 年，为贯彻党的十八大提出的实施创新驱动发展战略，国务院印发的《国家创新驱动发展战略纲要》确立了创新驱动发展的"三步走"战略目标。2019 年在中共中央、国务院印发的《粤港澳大湾区发展规划纲要》中，提出了将粤港澳大湾区打造成为"具有全球影响力的国际科技创新中心"。2021 年，《中华人民共和国国民经济和社会发展第十四个五年规划和 2035 年远景目标纲要》把创新放在了具体任务的第一位，指出要强化国家战略科技力量，制定科技强国行动纲要，打好关键核心技术攻坚战。同年 12 月，工业和信息化部、国家发展和改革委员会等八部门联合印发《"十四五"智能制造发展规划》提出了我国智能制造"两步走"战略与一系列具体目标。这些政策体现了新时代下的中国政府对科技创新依旧保持着高度重视，旨在通过科技力量推动国家经济的持续健康发展，并在全球科技竞争中占据有利地位。

基于中国企业的相关研究大多表明，政府补助既具有挤入效应、能促进企业进行更多的研发投资（张杰等，2015)，又具有信号传递效应、增加企业的市场资源获取（安同良等，2009；杨洋等，2015；郭玥，2018)；政府的产业政策能够通过信贷、税收、政府补贴和市场竞争机制促进重点鼓励行业中企业的技术创新，尤其是民营企业的技术创新（黎文靖和郑曼妮，2016；余明桂等，2016)；中国知识产权保护执法力度的加大，则可以减少研发溢出损失和缓解外部融资约束（史宇鹏和顾全林，2013；尹志锋等，2013；吴超鹏和唐菂，2016；龙小宁等，2018）；政府对企业的环境规制，具有"波特效应"，显著促进了企业的创新转型（杜龙政等，2019；陶锋等，2021）；营商环境的优化显著降低了企业的寻租活动、促进了企业的创新活动（张璇等，2017；夏后学等，2019）；银行业发展和结构调整以及资本市场的发展有效缓解了企业创新的融资约束（蔡竞和董艳，2016；钟腾和汪昌云，2017；张璇等，2019）。

从技术驱动来看，纵观世界科技史，历次全球科技中心的转移都离不开工业或科技革命的推动。随着人工智能、区块链、云计算、大数据等技术的不断涌现，2008 年金融危机爆发后，全球产业链重塑，第四次信息革命悄然爆发，数字科技成为全球企业技术变革的重要突破点。根据中国信息通信研究院发布的《全球数字经济白皮书（2022 年）》，2021 年美国数字经济规模蝉联世界第一，达 15.3 万亿美元，中国位居第二，规模为 7.1 万亿美元。在此次数字技术革命的推动下，中国的信息技术产业，包括国内通信设备、光纤光缆、智能手机等，快速崛起、不断壮大。

数字变革显著推动了中国企业的技术创新。其一，金融科技"赋能"传统金融机构，有效缓解了银行和企业之间的信息不对称，增加了信贷配给效率（宋敏等，2021），缓解了企业创新活动面临的融资约束（李春涛等，2020；唐松等，2020）；其二，区块链技术"赋能"供应链金融，能有效发挥供应链的金融属性（龚强等，2021），进而促进企业的创新活动（凌润泽等，2021）；其三，企业的数字化转型，能够为信息搜集、解读、输出提供更有力的工具支持，不仅能改善信息不对称并强化市场的正面预期，还能够帮助企业识别出技术创新演替的最优路径，提高技术创新的成功率（吴非等，2021）。

第四节　理论意义与政策思考

中国政府是一个创新型政府和发展型政府。从政府指令下的科技举国体制，到政府创造市场下的模仿集成，再到政府缓解市场失灵下的自主创新，中国企业在政府的大力支持下走出了具有中国特色的创新模式和路径，具有独特的经济理论价值。

第一，当创新关乎国家安全时，市场化机制会失灵，政府的科技举国体制尤为关键。相较于政府而言，市场是短视的，缺乏战略眼光。当国家安全受到威胁时，创新的目标将发生变化，由个体的利润最大化，转变为集体福利的最大化。此时的最佳策略应该是由政府出面，通过科技举国体制，整合各种制度和社会资源，对特定创新项目进行集体攻关。然而，现有企业创新的理论分析框架并未考虑国家安全这一重要因素，也未对不同类型经济体制下的科技举国体制进行深入剖析。

第二，政府在创新中的作用是动态变化的，既包括缓解市场失灵，又包括创造新市场。中国政府在企业创新中的作用是伴随着中国特色的社会主义市场经济体系的建立动态变化的。在国家安全受到威胁以及整体经济实力较为落后的计划经济时期，政府在企业创新中的作用是绝对指令式的，其主要作用是主导企业创新和创造市场；在社会主义市场经济体制建立后，政府在企业创新中的作用，逐渐由"主导者"转变为"服务者"，主要是致力于完善创新生态以缓解创新中的市场失灵。但对于外部性极强的特定类型的技术创新而言，如颠覆性技术创新和共性技术创新，政府的作用依旧是创造市场，执行主体是政府性研究机构和国有企业。

第三，基础研究在创新中的价值日益凸显，政府的推动尤为关键。改革开放后，中国企业很容易通过跨国知识流动这一渠道获得国外的前沿的基础研究成果，并以此为基础进行模仿—集成—再创新。对基础研究的忽略，导致了中国企业自主创新能力提升缓慢，关键核心技术"卡脖子"风险暴露。在世界正经历百年未有之大变局的新形势下，跨国知识流动严重受阻，政府应加大对基础研究的投入，为基础研究构建一个包括政府性研究机构-大学-国有企业的多元化的执行主体。

第四，企业创新的驱动是一个系统工程。从需求侧来看，对外开放和内需驱动同样重要，在新形势下坚持对外开放变得尤为重要；从供给侧看，政策驱动与技术驱动同时作用；从企业内部来看，自主创新能力的提升离不开企业家精神、公司治理、产权结构和企业文化的共同作用。本章搭建了包含以上因素的一个综合性理论分析框架，并指出一些极具中国特色的创新驱动因素尚未被进行深入研究，如多元文化冲击下的企业创新、混合所有制改革的创新效应以及党组织对创新的引领作用等。

因此，本书认为，在中国企业的自主创新之路正面临百年未有之大变局的重大冲击这一独特情境下，政府应该通过异质性创新激励策略，充分发挥政府性研究机构、国有企业、民营企业在各类创新中的不同作用。

外部性是创新的本质。根据外部性大小，创新可以被分为颠覆性技术创新、关键核心技术创新、共性技术创新以及一般性技术创新四类（图7-8）。对不同类型的创新，主体应有所差异，激励策略也应有所不同。颠覆性技术创新是对现有主流技术产生根本性替代进而引发行业巨变并创造新市场的全新技术。颠覆性技术创新的产生需要大量的基础研究和应用研究投入，再加上其应用范围之广、外部性极强，应该由政府性研究机构来承担。关键核心技术创新，是指在创新网络中处于重要节点，短期内又难以寻找替代的技术创新。对于关键核心技术来说，一旦落在其他国家控制主要节点的创新网络中，就很容易出现被"卡脖子"问题，这对一国的产业链和供应链安全至关重要。应该发挥社会主义"集中力量办大事"的优势，通过市场化机制下的"新型科技举国体制"来攻关。政府性科研机构、相关领域的大型国企和特大科技型民企应是项目承接主体。共性技术创新是在整个技术创新链条中处于基础性地位的创新，外部性较强，具有公共产品的属性。对于共性技术的研发和平台搭建，地方政府的引导和协调作用尤为重要，可以使用"揭榜机制"，引导拥有大量的资金、技术和人才的国有企业和少数的大型民营企业，搭建共性技术平台，发挥其对产业内其他企业的带动作用。一般性技术创新是指容易被市场化的创新，大多由市场需求引致。企业为了追求市场占有率和利润最大化，有动力开展相关创新活动。在数量上占比较大的民营企业应为一般性创新的主体。对于此类创新，政府和市场的界线应该明晰，政府的作用应该是为企业创新培育一个良好的创新生态，缓解创新活动中的市场失灵。

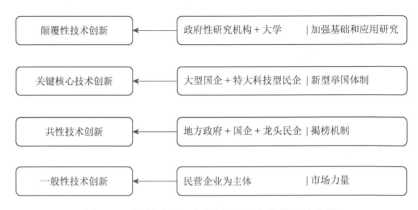

图 7-8　不同主体在不同类型创新中的异质性作用

参 考 文 献

安可. 2016. 日本明治维新时期的科技政策改革及影响[D]. 太原：山西大学.

安同良，周绍东，皮建才. 2009. R&D 补贴对中国企业自主创新的激励效应[J]. 经济研究，44（10）：87-98，120.

蔡竞，董艳. 2016. 银行业竞争与企业创新：来自中国工业企业的经验证据[J]. 金融研究，(11)：96-111.

蔡庆丰，陈熠辉，林海涵. 2021. 开发区层级与域内企业创新：激励效应还是挤出效应？——基于国家级和省级开发区的对比研究[J]. 金融研究，(5)：153-170.

常中阳，宋敏. 2010. 技术领先会持续吗？——非择时无溢出 R&D 竞争研究综述[J]. 经济研究，45（12）：125-138.

陈春. 2004. 技术预见与日本的成功实践[J]. 世界科技研究与发展，(6)：87-90.

陈冬华，胡晓莉，梁上坤，等. 2013. 宗教传统与公司治理[J]. 经济研究，48（9）：71-84.

陈方正. 2009. 继承与叛逆：现代科学为何出现于西方[M]. 北京：生活·读书·新知三联书店.

陈林，万攀兵，许莹盈. 2019. 混合所有制企业的股权结构与创新行为：基于自然实验与断点回归的实证检验[J]. 管理世界，35（10）：186-205.

陈强. 2015. 德国科技创新体系的治理特征及实践启示[J]. 社会科学，(8)：14-20.

陈仕华，卢昌崇. 2014. 国有企业党组织的治理参与能够有效抑制并购中的"国有资产流失"吗？[J]. 管理世界，(5)：106-120.

陈志武. 2017. 体制改革：日本明治维新的金融故事[J]. 中国中小企业，(10)：64-67.

戴本博. 1990. 外国教育史[M]. 北京：人民教育出版社.

邓小平. 1983. 邓小平文选：二卷[M]. 北京：人民出版社.

邓元慧. 2018. 日本建立科技强国的轨迹和发展战略[J]. 今日科苑，(2)：35-46.

底晶. 2017. 德国创新产业政策演进及对中国的启示[J]. 上海经济，(1)：64-79.

董军成. 2008. 清末留日教育的发展及其对中国教育近代化的影响[D]. 西安：陕西师范大学.

杜龙政，赵云辉，陶克涛，等. 2019. 环境规制、治理转型对绿色竞争力提升的复合效应：基于中国工业的经验证据[J]. 经济研究，54（10）：106-120.

樊春良. 2017-07-19. 头号科技强国是怎样炼成的：科学政策的作用[N]. 中华读书报，(9).

樊春良. 2018. 建立全球领先的科学技术创新体系：美国成为世界科技强国之路[J]. 中国科学院院刊，33（5）：509-519.

范承泽，胡一帆，郑红亮. 2008. FDI 对国内企业技术创新影响的理论与实证研究[J]. 经济研究，43（1）：89-102.

范剑勇，冯猛，李方文. 2014. 产业集聚与企业全要素生产率[J]. 世界经济，37（5）：51-73.

方晓东，董瑜，金瑛，等. 2019. 法国科技评价发展及其对中国的启示：基于 CoNRS 和 HCéRES

评价指标的案例研究[J]. 世界科技研究与发展，41（3）：294-306.

方在庆. 2001. 德国的研究开发体系与创新系统[J]. 自然辩证法研究，（9）：42-46.

冯根福，温军. 2008.中国上市公司治理与企业技术创新关系的实证分析[J]. 中国工业经济，（7）：91-101.

冯昭奎，张可喜. 1997. 技术立国之路 科学技术与日本社会[M]. 西安：陕西人民教育出版社.

高树仁，宋丹. 2021. 高等教育外部治理：历史源流、基本范畴与问题意识[J]. 高等教育研究，42（1）：39-45.

龚强，班铭媛，张一林. 2021. 区块链、企业数字化与供应链金融创新[J]. 管理世界，37（2）：22-34，3.

古志辉. 2015. 全球化情境中的儒家伦理与代理成本[J]. 管理世界，（3）：113-123.

郭玥. 2018. 政府创新补助的信号传递机制与企业创新[J]. 中国工业经济，（9）：98-116.

韩凤芹，景婉博. 2017. 以体制改革推动科技创新：韩国的实践与启示[J]. 经济研究参考，（27）：26-33，44.

胡国柳，赵阳，胡珺. 2019. D&O 保险、风险容忍与企业自主创新[J]. 管理世界，35（8）：121-135.

胡智慧，王溯. 2018. "科技立国"战略与"诺贝尔奖计划"：日本建设世界科技强国之路[J]. 中国科学院院刊，33（5）：520-526.

黄辰. 2018. 韩国创新驱动发展路径与政策分析[J]. 今日科苑，（1）：56-71.

黄宁燕，孙玉明. 2018. 从 MP3 案例看德国弗劳恩霍夫协会技术创新机制[J]. 中国科技论坛，（9）：181-188.

黄阳华. 2015. 德国"工业4.0"计划及其对我国产业创新的启示[J]. 经济社会体制比较，（2）：1-10.

金珊珊，雷鸣. 2013. 日本科技创新金融支持体系的发展模式及启示[J]. 长春大学学报，23（9）：1098-1101.

金智，徐慧，马永强. 2017. 儒家文化与公司风险承担[J]. 世界经济，40（11）：170-192.

鞠晓生，卢荻，虞义华. 2013.融资约束、营运资本管理与企业创新可持续性[J]. 经济研究，48（1）：4-16.

寇俊松. 2021-05-14. 跃进喷气时代[N]. 沈阳日报，（5）.

寇宗来，刘学悦. 2020. 中国企业的专利行为：特征事实以及来自创新政策的影响[J]. 经济研究，55（3）：83-99.

黎文靖，郑曼妮. 2016. 实质性创新还是策略性创新？——宏观产业政策对微观企业创新的影响[J]. 经济研究，51（4）：60-73.

李斌，林莉，周拓阳，等. 2014. 美国联邦实验室与大学、工业界的关系[J]. 实验室研究与探索，33（4）：150-154.

李春涛，宋敏. 2010. 中国制造业企业的创新活动：所有制和 CEO 激励的作用[J]. 经济研究，45（5）：55-67.

李春涛，许红梅，王立威，等. 2020. 卖空与创新：A 股公司融券试点的证据[J]. 会计研究，（2）：133-142.

李春涛，闫续文，宋敏，等. 2020. 金融科技与企业创新：新三板上市公司的证据[J]. 中国工业经济，（1）：81-98.

李丹琳. 2017. 日本科技创新研究[D]. 长春：吉林大学.

李浩东. 2018. 日本半导体产业发展得失以及对中国的启示[J]. 中国经贸导刊（理论版），（17）：16-19.

李宏彬，李杏，姚先国，等. 2009. 企业家的创业与创新精神对中国经济增长的影响[J]. 经济研究，44（10）：99-108.

李明辉，刘笑霞，程海艳.2020.党组织参与治理对上市公司避税行为的影响[J]. 财经研究，46（3）：49-64.

李平，姜丽，2015. 贸易自由化、中间品进口与中国技术创新：1998—2012年省级面板数据的实证研究[J]. 国际贸易问题，（7）：3-11，96.

李姝，翟士运，古朴. 2018. 非控股股东参与决策的积极性与企业技术创新[J]. 中国工业经济，（7）：155-173.

李文贵，余明桂. 2015. 民营化企业的股权结构与企业创新[J]. 管理世界，（4）：112-125.

李晓秋. 2009. 美国《拜杜法案》的重思与变革[J]. 知识产权，19（3）：90-96.

林学俊. 1990. 美国科研组织形式的演变及特点[J]. 科学技术与辩证法，（3）：30-34.

凌润泽，潘爱玲，李彬. 2021. 供应链金融能否提升企业创新水平？[J]. 财经研究，47（2）：64-78.

刘清华. 2000. 英国的创新支持体系及措施[J]. 全球科技经济瞭望，（3）：20-21.

柳学信，孔晓旭，王凯. 2020. 国有企业党组织治理与董事会异议：基于上市公司董事会决议投票的证据[J]. 管理世界，36（5）：116-133，13.

龙小宁，易巍，林志帆. 2018. 知识产权保护的价值有多大？——来自中国上市公司专利数据的经验证据[J]. 金融研究，（8）：120-136.

鲁桐，党印. 2014. 公司治理与技术创新：分行业比较[J]. 经济研究，49（6）：115-128.

罗长远，张军. 2012. 中国出口扩张的创新溢出效应：以泰国为例[J]. 中国社会科学,（11）：57-80，204-205.

马连福，王元芳，沈小秀. 2013. 国有企业党组织治理、冗余雇员与高管薪酬契约[J]. 管理世界，（5）：100-115，130.

毛其淋，许家云. 2014. 中国企业对外直接投资是否促进了企业创新[J]. 世界经济，37（8）：98-125.

聂志鹏. 2015. 日本企业融资结构分析[D]. 长春：吉林大学.

潘越，肖金利，戴亦一. 2017. 文化多样性与企业创新：基于方言视角的研究[J]. 金融研究，（10）：146-161.

彭向，蒋传海. 2011. 产业集聚、知识溢出与地区创新：基于中国工业行业的实证检验[J]. 经济学（季刊），10（3）：180-201.

钱凤根. 2006. 英国之鉴：产业转型中的创新环境政策因素[C]. 北京：2006年中国科协年会.

钱颖一. 1999. 激励与约束[J]. 经济社会体制比较，（5）：6-12.

沈建明，刘晓清. 2008. 英国生产性服务业考察报告[J]. 政策瞭望，（6）：12-16.

史世伟. 2011. 从国家创新系统角度看集群的创新作用——以德国为例[J]. 欧洲研究，29（6）：64-83，5.

史宇鹏，顾全林. 2013. 知识产权保护、异质性企业与创新：来自中国制造业的证据[J]. 金融研究，（8）：136-149.

宋敏. 2021. 创新型政府：中美创新政策的比较研究[J]. 北京工商大学学报（社会科学版），36（6）：41-52.

宋敏，周鹏，司海涛. 2021. 金融科技与企业全要素生产率："赋能"和信贷配给的视角[J]. 中国工业经济，（4）：138-155.

苏依依，周长辉. 2008. 企业创新的集群驱动[J]. 管理世界，（3）：94-104.

汤柳. 2019. 德国应对贸易冲突的货币金融政策回顾[J]. 银行家，（8）：104-106.

唐松，伍旭川，祝佳. 2020. 数字金融与企业技术创新：结构特征、机制识别与金融监管下的效应差异[J]. 管理世界，36（5）：52-66，9.

陶锋，赵锦瑜，周浩. 2021. 环境规制实现了绿色技术创新的"增量提质"吗：来自环保目标责任制的证据[J]. 中国工业经济，（2）：136-154.

田轩，孟清扬，2018. 股权激励计划能促进企业创新吗[J]. 南开管理评论，21（3）：176-190.

汪超，张慧智. 2018. 韩国发展半导体产业的成功经验及启示[J]. 东北亚经济研究，2（5）：44-53.

王国顺，张仕璟，邵留国. 2006. 企业文化测量模型研究：基于 Dension 模型的改进及实证[J]. 中国软科学，（3）：145-150.

王红领，李稻葵，冯俊新. 2006. FDI 与自主研发：基于行业数据的经验研究[J]. 经济研究，41（2）：44-56.

王镜超. 2016. 日本科技创新政策发展的历史演进与经验借鉴[D]. 北京：北京交通大学.

王铁成. 2018. 英国科技强国发展历程[J]. 今日科苑，（1）：47-55.

吴超鹏，唐茚. 2016. 知识产权保护执法力度、技术创新与企业绩效：来自中国上市公司的证据[J]. 经济研究，51（11）：125-139.

吴非，胡慧芷，林慧妍，等. 2021. 企业数字化转型与资本市场表现：来自股票流动性的经验证据[J]. 管理世界，37（7）：130-144，10.

吴延兵. 2006. R&D 与生产率：基于中国制造业的实证研究[J]. 经济研究，（11）：60-71.

吴延兵. 2012. 国有企业双重效率损失研究[J]. 经济研究，47（3）：15-27.

吴延谬. 1994. 日本史[M]. 天津：南开大学出版社.

伍聪. 2016. 英美金融道路衰败的历史启示[C]. 北京：IMI 研究动态.

伍莺莺，张昭. 2016. 英国科研评价体系探析及其启示[J]. 科技进步与对策，33（12）：138-142.

武学超. 2011. 美国大学国家实验室技术转移治理与模式[J]. 高教探索，（6）：78-82.

夏后学，谭清美，白俊红. 2019. 营商环境、企业寻租与市场创新：来自中国企业营商环境调查的经验证据[J]. 经济研究，54（4）：84-98.

谢伟. 2014. 从全国支援到支援全国：20 世纪 50 年代东北工业发展的历史考察[J]. 学术交流，（4）：195-199.

谢雨桐. 2015. 给美国国家实验室更多自由[J]. 世界科学，（12）：52，61.

解维敏. 2018. 业绩薪酬对企业创新影响的实证研究[J]. 财贸经济，39（9）：141-156.

徐海燕. 2011. 中日近现代专利制度的比较[J]. 专利法研究，（9）：39-52.

徐细雄，李万利. 2019. 儒家传统与企业创新：文化的力量[J]. 金融研究，（9）：112-130.

杨洋，魏江，罗来军.2015. 谁在利用政府补贴进行创新？——所有制和要素市场扭曲的联合调节效应[J]. 管理世界，（1）：75-86，98.

叶小梁.2000. 美国科研管理体制研究[J]. 科学新闻，（17）：18.

尹志锋，叶静怡，黄阳华，等.2013. 知识产权保护与企业创新：传导机制及其检验[J]. 世界经济，36（12）：111-129.

余静文，周艺.2022. 金融赋能制造业高质量发展的路径展望：基于日本案例的分析[J]. 工信财经科技，（5）：20-30.

余明桂，范蕊，钟慧洁.2016. 中国产业政策与企业技术创新[J]. 中国工业经济，（12）：5-22.

虞义华，赵奇锋，鞠晓生.2018. 发明家高管与企业创新[J]. 中国工业经济，（3）：136-154.

臧红岩.2018. 二战后日本、韩国、中国台湾、德国引进高技术的国际经验[J]. 科技中国，（8）：71-73.

张赤东.2016. 韩国创新赶超的"三步走"成功路径与政策启示[J]. 全球科技经济瞭望，31（8）：27，32-60.

张杰，陈志远，杨连星，等.2015. 中国创新补贴政策的绩效评估：理论与证据[J]. 经济研究，50（10）：4-17，33.

张杰，郑文平.2017. 全球价值链下中国本土企业的创新效应[J]. 经济研究，52（3）：151-165.

张伟，李虎林，安学兵.2011. 利用 FDI 增强我国绿色创新能力的理论模型与思路探讨[J]. 管理世界，（12）：170-171.

张璇，李子健，李春涛.2019. 银行业竞争、融资约束与企业创新：中国工业企业的经验证据[J]. 金融研究，（10）：98-116.

张璇，刘贝贝，汪婷，等.2017. 信贷寻租、融资约束与企业创新[J]. 经济研究，52（5）：161-174.

赵奇锋，赵文哲，卢获，等.2018. 博彩与企业创新：基于文化视角的研究[J]. 财贸经济，39（9）：122-140.

赵伟，古广东，何元庆.2006. 外向 FDI 与中国技术进步：机理分析与尝试性实证[J]. 管理世界，（7）：53-60.

赵晓敏.2017. 二战后美国科技体制的形成与变迁[J]. 人民论坛，（21）：128-129.

郑登津，谢德仁，袁薇.2020. 民营企业党组织影响力与盈余管理[J]. 会计研究，（5）：62-79.

郑登津，袁薇，邓祎璐.2020. 党组织嵌入与民营企业财务违规[J]. 管理评论，32（8）：228-243，253.

郑宏.2011. 美国《国防教育法》的制定及其历史作用[J]. 江西社会科学，31（1）：158-161.

中华人民共和国国史学会两弹一星历史研究分会.2013. "两弹一星"工程的成功经验与启示[J]. 当代中国史研究，20（5）：41-49.

钟腾，汪昌云.2017. 金融发展与企业创新产出：基于不同融资模式对比视角[J]. 金融研究，（12）：127-142.

周铭山，张倩倩.2016. "面子工程" 还是 "真才实干"？——基于政治晋升激励下的国有企业创新研究[J]. 管理世界，（12）：116-132.

周小丁，罗骏，黄群.2014. 德国高校与国立研究机构协同创新模式研究[J]. 科研管理，35（5）：145-151.

朱淑华. 2009. 美国研究型大学崛起中的借鉴与超越：遵循科学发展建设高等教育强国[C]. 杭州：2009 年高等教育国际论坛.

诸竹君，黄先海，王毅. 2020. 外资进入与中国式创新双低困境破解[J]. 经济研究，55（5）：99-115.

庄子银. 2007. 创新、企业家活动配置与长期经济增长[J]. 经济研究，（8）：82-94.

Aghion P，Van Reenen J，Zingales L. 2013. Innovation and institutional ownership[J]. American Economic Review，103（1）：277-304.

Arrow K J. 1962. The economic implications of learning by doing[J]. The Review of Economic Studies，29（3）：155.

Belloc F. 2012. Corporate governance and innovation：a survey[J]. Journal of Economic Surveys，26（5）：835-864.

Berle A A，Means G C. 1932. The Modern Corporation and Private Property[M]. New York：Routledge.

Chesbrough H. 2003. Open Innovation：the New Imperative for Creating and Profiting from Technology[M]. London：Harvard Business School Press.

Chu Y Q，Tian X，Wang W Y. 2019. Corporate innovation along the supply chain[J]. Management Science，65（6）：2445-2466.

Demirgüç-Kunt A，Klapper L F. 2013. Measuring financial inclusion：explaining variation in use of financial services across and within countries[J]. Economics，2013（1）：279-340.

Fama E F，Jensen M C. 1983. Agency problems and residual claims[J]. The Journal of Law and Economics，26（2）：327-349.

Fang V W，Tian X，Tice S R. 2014. Does stock liquidity enhance or impede firm innovation?[J]. The Journal of Finance，69（5）：2085-2125.

Grossman G M，Helpman E. 1991. Quality ladders in the theory of growth[J]. The Review of Economic Studies，58（1）：43.

Hall B H. 2002. The financing of research and development[J]. Oxford Review of Economic Policy，18（1）：35-51.

Hillier D，Pindado J，de Queiroz V，et al. 2011. The impact of country-level corporate governance on research and development[J]. Journal of International Business Studies，42（1）：76-98.

Hirshleifer D，Low A，Teoh S H. 2012. Are overconfident CEOs better innovators?[J]. The Journal of Finance，67（4）：1457-1498.

Jensen M C，Meckling W H. 1976. Theory of the firm：managerial behavior，agency costs and ownership structure[J]. Journal of Financial Economics，3（4）：305-360.

Knight F M. 1921. Risk，Uncertainty and Profit[M]. Boston：Houghton Mifflin.

Lin C，Lin P，Song F. 2010. Property rights protection and corporate R&D：evidence from China[J]. Journal of Development Economics，93（1）：49-62.

Lin C，Lin P，Song F M，et al. 2011. Managerial incentives，CEO characteristics and corporate innovation in China's private sector[J]. Journal of Comparative Economics，39（2）：176-190.

Lin J Y，Cai F，Li Z. 1998. Competition，policy burdens，and state-owned enterprise reform[J]. The

American Economic Review, 88 (2): 422-427.

Manso G. 2011. Motivating innovation[J]. The Journal of Finance, 66 (5): 1823-1860.

Porter M E. 1992. Capital disadvantage: America's failing capital investment system[J]. Harvard Business Review, 19 (4): 65-82.

Romer P M. 1986. Increasing returns and long-Run growth[J]. Journal of Political Economy, 94 (5): 1002-1037.

Schumpeter J A. 1942. Capitalism, socialism, and democracy[J]. American Economic Review, 3 (4): 594-602.

Tan Y X, Tian X, Zhang X D, et al. 2020. The real effect of partial privatization on corporate innovation: evidence from China's split share structure reform[J]. Journal of Corporate Finance, 64: 101661.

Zhou P, Arndt F, Jiang K, et al. 2021. Looking backward and forward: political links and environmental corporate social responsibility in China[J]. Journal of Business Ethics, 169 (4): 631-649.